ダークウェブ・アンダーグラウンド

社会秩序を逸脱するネット暗部の住人たち

カバー写真　**Kenta Cobayashi**「Green Mist #smudge（2015）」

目次

序章　もう一つの別の世界

Prologue Another Alternative World

Chapter 1

Concept of Cryptography

第1章 暗号通信というコンセプト

Chapter 2

The Bright and Dark

Sides of Black Mar
ket

第2章 ブラックマーケットの光と闇

Chapter 3

Wandering Creepyp
astas

第3章 回遊する都市伝説

Chapter 4
Pedophile Community
第4章 ペドファイルたちのコミュニティ

Appendix I
Internet in Japan

with no ideology

補論1　思想をもたない日本のインターネット

Chapter 5

The Rise of Neoreaction

第5章　新反動主義の台頭

Chapter 6

Transcending The Modern State

第6章　近代国家を超越する

Appendix 2

Fiction permeates Reality

補論2 現実を侵食するフィクション

Anot
Alter
Worl

序章　もう一つの別の世界

分断されたインターネット

1990年代にワールド・ワイド・ウェブが登場してから30年近くが経とうとしているが、インターネットをめぐる状況はその進歩と裏腹にどんどん憂鬱をもたらすものになりつつあるように見える。

かつてインターネットは、ネットワーク同士が繋がることで、情報のフラットなやり取りを可能にする、ある意味で民主主義の理念そのものを体現するシステムとして歓待された。さながらインターネットは、マーシャル・マクルーハン〈※1〉が1960年代に提唱した、地球規模の電子メディアネットワークから成る「地球村(global village)」のように、世界中の人々を平等に繋ぐものとして捉えられていた。

たとえば、2010年代初頭の「アラブの春〈※2〉」や、それに続くウォール街のオキュパイ運動は、SNSが世界中の人々を連帯させたという意味で、そんなインターネットが夢見た理念がついに到来したかのように見えた。

しかし、それから現在に至るまで、事態は私たちの願望を裏切るかのように進展してきた。「アラブの春」の後に台頭してきたのは、中東の平和ではなく「イスラム国」であり、インターネットのアンダーグラウンドには「イスラム国」による斬首死刑動画やリクルート情報がペストのように広がっていった。人々を連帯させたはずのSNSは、フェイクニュースと移民排斥

※**1 マーシャル・マクルーハン**
(1911〜1980)カナダのメディア論者。メディアは媒体であると同時にそれ自体がある種のメッセージであるとする「メディアはメッセージである」というフレーズが特に有名。活字メディアが人間の知覚や思考様式に与えた影響を研究した『グーテンベルクの銀河系』では、地球上に覆いかぶさる情報のネットワークを指して「地球村」の誕生を予言した。

※**2 アラブの春**
2010年から2012年にかけてアラブ諸国で巻き起こった反独裁政権運動。フェイスブックやツイッターといったソーシャルメディアの浸透がこれまでにない形での大衆の動員に繋がった。

を訴えるヘイトで溢れかえり、2016年にはついにドナルド・トランプ大統領を誕生させた。

SNSやモバイルアプリの隆盛によって加速するウェブの細分化と断片化は、私たちを自閉的なコミュニティに閉じ込めていった。たとえば、フェイスブックやツイッターのタイムラインは自分にしか見えないので、私たちは自分のフォロワーがどんなタイムラインを見ているのか想像することしかできない。「クラスタ」といった蛸壺化したグループを介して、なんとなく一体感や共同性を可視化することはできても、結局のところそれは錯覚でしかなく、個々人が自分だけの「世界」を形成して孤立していることに変わりはない。

『WIRED』誌元編集長のクリス・アンダーソン〈※3〉は、クローズドな領域が急速に増加していくウェブ空間を見て嘆息混じりに「ウェブの死」を宣言したが、確かにその意味では、フリーかつオープンにアクセスできる、いわばすべての人々が一つの視点を共有することができるような、そういった「公共空間」としてのインターネットの理念は今や失効しているのかもしれない。

かつてグーグルが夢見た、検索エンジンによるウェブ（＝www）の統一化という理念は、アップルによるiPhone用アプリケーションや、ツイッターやフェイスブックなどのSNSによって、崩壊に追いやられていった。これは別の見方をすれば、「世界中の情報を体系化すること」を創業理念としていたグーグルが、自社の検索システムの下で支配できる領域が減っているということでもあり、グーグルの覇権構造そのものの終焉であるともいえる。

※3 クリス・アンダーソン
（1961〜）編集者。アメリカのテック系カルチャー雑誌『WIRED』の元編集長。2010年8月のWEB版「WIRED」において「WEBは死んだ」と宣言した。著書に『ロングテール』『フリー──〈無料〉からお金を生みだす新戦略』など。

とはいえ、グーグルの検索システムそれ自体にすでに断片化と孤立化の兆候が内包されているので話はややこしい。たとえば『閉じこもるインターネット――グーグル・パーソナライズ・民主主義』（早川書房）の著者イーライ・パリサー〈※4〉は、「フィルターバブル」という言葉でグーグルの検索システムを根底から批判している。フィルターバブル、すなわち「私たちは泡の中に閉じ込められているようなものだ」というのだが、どういうことなのだろうか。

パリサーによれば、２００９年12月にグーグルが検索エンジンに導入した一つのアルゴリズムによって私たちのウェブ経験は一変してしまったという。「パーソナライゼーション」と呼ばれるこのアルゴリズムは、ログインした場所、使っているブラウザ、過去に検索した言葉など、57種類に及ぶ「シグナル」を用いることで、各ユーザーがどういう人物でどういうサイトを好んでいるかを推測することができる。

各ユーザーの選好に沿った情報を自動的に取捨選択してユーザーに提示するフィルタリング技術の登場。情報過多の現代には欠かせない、一見便利に見えるこれらの技術だが、しかしパリサーはこの「完璧すぎるパーソナライズ」が行き着く未来を、民主主義すら脅かす憂鬱なディストピアとして描き出す。

パリサーは言う。結局、自分の好きな情報しか流れてこないということは、その分、新しい知見をもたらしてくれる情報と出会える機会を少なくするということであると。

たとえば、保守的なニュースメディアやブログを好んで読んでいる人には、それに適したと

※4 イーライ・パリサー
（1980〜）リベラル系オンラインニュースサイト「アップワーシー（Upworthy）」の最高責任者。2004年から2008年にかけてアメリカ最大のリベラル系市民政治団体の一つ「ムーブオン（MoveOn.org）」のエグゼクティブ・ディレクターを務めていた。

思われる検索結果をアルゴリズムが返すようになる。そうすると、その人はますます自分の思想傾向が正しいという確信を抱くようになる。そうなれば、アルゴリズムはますますその人が好むであろう検索結果を提供するようになり……。

このフィードバックループという名の鏡地獄には、極言すれば自分の似姿＝鏡像しか存在しない。私たちはアルゴリズムが提供する情報によって、自分のあずかり知らぬところで自分たちの選好を育み、そして、それが再びアルゴリズムに反映されていく。このフィルタリングされた「バブル」の中に閉じ込められている限り、自分を変えてくれるような新しい「知見」や「他者」と出会う回路はあらかじめ絶たれている。

このような状況は、憲法学者であるキャス・サンスティーン〈※5〉が2001年の著書『インターネットは民主主義の敵か』（毎日新聞社）においてすでに予言していた。サンスティーンは、インターネットにおけるコミュニティの集団極性化現象を「サイバーカスケード」と呼んでいる。簡単にいえば、人は似た者同士で群れたがる、ということだ。人は自分と同じ思想的傾向を持つコミュニティに入り浸り、そこで自分の思想をさらに確かなものとして再確認する。

このサイバーカスケードという言葉は、現代のSNSにも充分に当てはまる。たとえばツイッターのタイムラインは、自分と似た考えや趣味の持ち主のツイートだけが流れてくるように構築することができる。

そこでは、自分のタイムラインだけが「世界」だと錯覚してしまう。当然、世界はタイムラ

※5 キャス・サンスティーン
（1954〜）法学者。ハーバード大学ロースクール教授。主に憲法、行政法、環境法、法と行動経済学などを扱う。オバマ政権期の2009年から2012年までホワイトハウスの情報・規制問題局（OIRA）局長に就任していた。著書に『インターネットは民主主義の敵か』『選択しないという選択――ビッグデータで変わる「自由」のかたち』『#リパブリック――インターネットは民主主義になにをもたらすのか』など。

インの数だけあるはずなのだが、自分のタイムラインだけをなぜか絶対視してしまう。外の世界には目を向けず、自分の見たい情報だけしか見ない、というか見えない。それこそがSNSの本質なのだとすれば？

こうした「見たいものしか見ない」というフィルタリング特性と、「言論の自由〈※6〉」が組み合わさることによって、ネット上におけるコミュニティは往々にして感情に基づく先鋭化と過激化を伴っていく。今でいうSNSにおける炎上、ネット右翼やオルタナ右翼〈※7〉の勃興等々、思い当たる節はいくらでもあり、サンスティーンの先見性は今もアクチュアリティを保っている。

フィルターにコントロールされた「自由」

グーグルもSNSも根底にある問題は同じであり、フィルタリングと孤立化の現象はインターネット全体を覆っているといっても良い。あなたが見ているネットは、私が見ているネットと同じではない。それはツイッターのタイムラインからウェブの検索結果や広告まで、ほとんどすべての領域にわたっている。

結局、問題になっているのは「個人」なのだ。いかにしてパーソナライゼーションによってサイバースペースから「個人」の選好を掬《すく》い出し対象化するか。

※6 言論の自由（表現の自由）
「言論の自由」という概念の起源を辿るのは困難だが、1689年に制定されたイギリス権利章典においてすでに「議会における言論の自由」が権利として確立されていたことが確認できる。同様にフランス革命時に採択されたフランス人権宣言においても「言論の自由」が不可侵の権利として記されている。現在のアメリカでは、合衆国憲法修正第一条が「言論の自由」の権利を記しており、「言論の自由」論者にとっての主要な論拠となっている。

※7 オルタナ右翼
アメリカにおいて2010年代以降に顕在化してきた右翼思想の一種。既存の共和党的保守本流と相容れないという点では共通するが、数々のグループや潮流から

もちろん、そこにはマーケティングも横たわっている。各ユーザーに最適化されたウェブ広告を表示すること。アマゾンにおける、消費者の購買履歴から関連書籍を自動的に推薦してくる「おすすめ商品」や「この商品を買った人はこんな商品も買っています」機能もその例に漏れない。インターネット上のマーケティング戦略は、ある社会階層や世代ではなく、もっと抽象的な「個人」をターゲットにしている。

このターゲット広告の出現によって、インターネットは巨大なデジタル・マーケティングの場と化した。インターネット上に遍在する膨大な量の個人データ。このビッグデータを収集して解析することで、莫大な金が動く。私たちは、知らず知らずのうちに自分たちのプライバシーを企業に売り渡している。

元モルガン・スタンレーのアナリスト、メアリー・ミーカーの調査によれば、アメリカ国民の25%が自身のメリットのためなら個人データを提供してもいいと答えているという（ちなみに中国はさらに高くて38%）。

おまけに、インターネットは不断に私たちに「個人」であることを要求してくる。私たちは、ＳＮＳのアカウントごとに別々の「個人」を演じ、表現させられている。加えて、さらに憂慮すべきこととして、そうした「個人」がデータに還元され、その「個人」に最適化されたウェブ広告がタイムラインに表示されるだけでなく、それが翻って政治にまで利用されているとすれば……？

成っており、決して一枚岩ではない。しかし大雑把にいえば、ポリティカル・コレクトネス（↓Ｐ１７９）、リベラリズム、フェミニズム、アイデンティティ・ポリティクス（ジェンダー、人種、性的指向などの特定のアイデンティティに基づく集団の利益を代弁して行う政治活動）、エスタブリッシュメント（支配階級）などに対する反発が彼らのベースとしてある。２０１６年の大統領選挙では主にこの層がドナルド・トランプを支持していた。

2016年のアメリカ大統領選挙期間中、イギリスの選挙コンサルティング会社ケンブリッジ・アナリティカが、フェイスブックから8700万人に及ぶユーザーの個人データを不正に濫用していたことが発覚したスキャンダルは記憶に新しい。フェイスブック上での性格診断テストを通じて収集した個人データ、その膨大なビッグデータを分析することで、ユーザーの政治的傾向を割り出す。そうして解析して得られたデータは、ターゲット広告やフェイクニュースの作成など、トランプ陣営が選挙戦を有利に進めるためのネット世論の構築に用いられた。フェイスブックは本人の許可なく個人データを第三者に流出させたとして国際的な非難を浴び、ネット上ではフェイスブックの利用をボイコットしようと呼びかける運動も広がった。今回の騒動以前にも、フェイスブックにおけるフェイクニュースの蔓延は問題視されていた。

他方で、フェイスブックは2017年度には400億ドルもの広告収入を得ている。フェイスブックは事実上、グーグルに次いで2番目のデジタル広告市場シェアを誇っていた。

ともあれ、ここにあるのはやはり個人を対象とするターゲティングとフィルターバブルの問題、さらにいえば「自由意志」の問題だ。私たちは、本当に自分の意志で物事を選択し決定しているのだろうか。知らず知らずのうちに、外からフィルタリングされた情報によって選好や行動を規定され方向付けられているのかもしれない、云々。

フィルターバブルによって私たちは「個人」に閉じ込められ、さらにその「個人」は抽象的なデータにまで還元されマーケティングや政治に利用される。それでは私たちにはもはや「自由」は残されていないのだろうか。

「唯一にして限界なき空間」

そもそものはじめ、インターネットは人々に新しい繋がりをもたらすものとして私たちの前に現れた。ウィリアム・ギブスン〈※8〉のサイバーパンク〈※9〉SFから採られた「サイバースペース」は、こことは異なるもう一つの別の世界、「彼方」の空間としてのインターネットを顕揚するための概念として機能した。

> サイバースペース。これは新しい宇宙だ。世界中のコンピュータと通信回線を使って生み出され維持されるパラレルユニバースだ。知識、秘密、度量法、度量指示手段《インジケータ》、娯楽、そして人間の分身としてのエージェントの全世界的な交通が具体的な形象となって現われる世界。これまで地球上に決して出現したことのない光景、音、存在の現前が今や広大な電子の夜のなかに花開きつつある。(a)

1991年に原書が出版されたマイケル・ベネディクト編『サイバースペース』(山田和子、鈴木圭介訳、NTT出版)の序文からの引用だが、現在からするといささか楽観的すぎるほどの熱

※8 ウィリアム・ギブスン
(1948〜)アメリカのSF作家。1982年に発表した短編『クローム襲撃』の中で「サイバースペース」という概念を造り上げ、翻訳者の黒丸尚によって「電脳空間」という訳語が当てられた。1984年の初長編『ニューロマンサー』はサイバーパンクSFの金字塔とされる。

※9 サイバーパンク
フィリップ・K・ディックやJ・G・バラードなど、60年代から70年代のニューウェイヴSFにルーツを持つSFジャンル。代表的作家にウィリアム・ギブスン、ブルース・スターリング、ルーディ・ラッカーなどがいる。映画ではリドリー・スコット監督の『ブレードランナー』(1982年 ↓P188)、アニメでは大友克洋のマンガを原作とする『AKIRA』(1988年)がそれぞれサイバーパンクを象徴する作品といえる。近未来的なガジェットが登場することが多く、サイバースペースと

気とハッピーな高揚感が伝わってきて、サイバースペースに託されていた当時の雰囲気が窺《うかが》える。サイバースペース――唯一にして限界なき空間。新しい精神共同体が作り出す革命――等々。

もちろんそこには、アメリカ西海岸のカウンターカルチャーからの影響もある。たとえば、ヒッピー文化華やかなりし１９６８年に編集者スチュアート・ブランドによって創刊された『Whole Earth Catalog』という雑誌は、その後の西海岸カルチャーに決定的な影響を与えたとされ、アップルのスティーブ・ジョブズも若い頃に愛読していたというエピソードはよく知られている。

日本語で「全地球カタログ」と訳せるこの雑誌は、その名の通りヒッピーのための役立つ情報や書物、商品の入手方法を紹介するカタログである。今でいうグーグルとアマゾンが一体になったような雑誌、といえばわかりやすいだろうか。また、同雑誌の創刊号にはノーバート・ウィーナーの『サイバネティクス』〈※10〉（岩波文庫）のレビューが掲載されるなど、その後のウェブ文化やハッカー文化ともリンクするような内容だった。

サイバースペースの思想家にアメリカ西海岸出身者が多いのはおそらく偶然ではない。サイバースペース――それは開拓されるべきフロンティアであり、しかもそのフロンティアは物理的／空間的な限界を持たない、まさしく永遠の地平なのであった。

こういったカウンターカルチャーに支えられたユートピア精神は、１９９６年に発表された

現実世界の混交や、機械化した人体といった世界観が特徴。当時のハッカー文化からも多く影響を受けている。

※10『サイバネティクス』
アメリカの数学者ノーバート・ウィーナーによる１９４８年の著作、およびそれに端を発する生物と機械におけるシステム系を統一的に扱うための学際的な学問分野。「サイバーパンク」や「サイバースペース」の語源にもなっている。

「サイバースペース独立宣言」においてもっとも端的に表れている。このステートメントは、アメリカ政府によるインターネット規制の法案「通信品位法」に反対するために起草されたものであり、国家政府からのサイバースペースの独立を訴える苛烈なアジテーションに満ちている。

> 我々が作りつつある世界はどんな人でも入ることができる。人種、経済力、軍事力、あるいは生まれによる特権や偏見による制限はない。
> 我々が作りつつある世界では、誰もがどこでも自分の信ずることを表現する事が出来る。それがいかに奇妙な考えであろうと、沈黙を強制されたり、体制への同調を強制されたりすることを恐れる必要はない。（b）

ハッカー系ウェブサイト「デフ・コン・ゼロ（DEF CON ZERO）」に転載された日本語訳からの引用だが、引用箇所の一段落目では、誰もが参加できるフリーでオープンな空間という「公平性」が、そして二段落目では「表現の自由」が説かれている。通信品位法は、インターネット上のわいせつ文書や画像などを規制することを目的とした法案だった。それに抗して、自由なユートピア空間としてのサイバースペースを擁護し顕揚したのがサイバースペース独立宣言だった。

ちなみに、この宣言の起草者であり、またグレイトフル・デッド〈※11〉の作詞家としても知ら

※11 グレイトフル・デッド
1965年にカリフォルニアで結成されたサイケデリック文化を象徴するロックバンド。ファンによるコンサートの自由な録音とテープの交換を許可するなど、フリーミアムやシェアといったのちのインターネットの理念に繋がる活動モデルを取り入れていた。

れるジョン・ペリー・バーロウは、インターネットにおける自由権の促進を目的とした非営利団体、電子フロンティア財団の共同設立者の一人でもある。

インターネットという、本来的に自由であり、かつ常に開拓されるべき空間には政府や国家権力が介入する余地はないというリバタリアニズム〈※12〉的発想は、インターネットがもともと中央集権的でない自律分散型システムとして考案された歴史的背景を考えれば当然といえるかもしれない。

しかし、そのようなインターネットの理念がいつまでも保たれるわけではない。たとえば、児童ポルノは常に規制の対象になってきたという意味で、完全なる「表現の自由」は存在していない。また、誰もが平等に参加できる「公平性」に関しても、ネットワーク中立性規則が2018年6月に撤廃された現在、脅かされている。

ネットワーク中立性とは、一言でいえばインターネット上のすべてのデータは平等に扱われるべきだとする考え方だ。たとえば、あるプロパイダが特定のコンテンツや個人に対して通信速度を遅くしたり速くしたり、あるいはブロックすることは、このネット中立性の考えに違反する。極端な話、ネットワーク中立性のないところでは、特定の個人、団体、企業がインターネットを独占することすら可能性としてはありえる。つまり、ネットワーク中立性は、インターネットにおける公平性と民主主義を担保する思想であり、だからこそインターネット誕生以来、常に議論されてきた。

※12 リバタリアニズム
自由至上主義。個人の自由権を重視し、それを制約する国家の役割を最小限に抑えようとする政治思想。市場への介入や再分配、法的規制などによる社会的平等を重視する「リベラリズム（自由主義）」とは一線を画すため注意。リバタリアニズムを主張する者をリバタリアンと呼ぶ。

そんなネットワーク中立性は、バラク・オバマ政権下の2015年に明確に定められることとなったが、ドナルド・トランプ政権下においてネットワーク中立性廃止論が活発化。そして、2017年11月に連邦通信委員会のアジット・パイ委員長がネットワーク中立性規則の撤廃に向けた方針を発表した。

ネットワーク中立性の撤廃は、平等かつオープンな空間というインターネット黎明期の理念と真っ向から対立する。一部の人間がインターネットのトラフィック〈※13〉を独占することで、富めるものはますます富み、貧しいものはますます貧しくなる、という現実社会の構造がそのままサイバースペースに導入されることになる。もちろん、このような構造はネットで活動するスタートアップ企業にとっても重大な参入障壁になりうる。

撤廃の方針に対して、グーグル、アマゾン、フェイスブック、マイクロソフト、ネットフリックスなどの大手ネット企業は揃って反対の立場を表明している。同様に、「言論の自由」を擁護するアメリカ自由人権協会も、プライバシーの観点から、ネットユーザーの行動が不当に監視される可能性があるとして反対を表明している。

※13 **トラフィック**
一定時間内に通信回線上で転送されるデータ量。

日本での議論

このネットワーク中立性の問題はなにもアメリカだけではなく、日本にも当てはまる。たとえば、2018年に入って問題化した、違法アップロードサイト「漫画村」の「ブロッキング」に関する議論がそれだ。

「漫画村」は、2016年に開設された、「登録不要と完全無料」を謳《うた》った海賊版サイトで、大量の漫画や書籍が違法にアップロードされ誰でも閲覧できるようになっていた。ウィキペディアによると、2017年の時点で月間利用者数は9800万人に及んでいたという。

2018年4月、事態を重く見た政府は、各プロバイダに対して「漫画村」へのアクセスを遮断するいわゆるブロッキング処置を要請した。そして実際に、4月23日、NTTコミュニケーションズ、NTTドコモ、NTTぷららの三社は、政府が「悪質」と認めた三つの海賊版サイトに対するブロッキングを実施する声明を発表した。

このような流れに対して、専門家などから政府とNTTの方針を疑問視する声が上がり、議論が沸騰した。ここでは簡単に議論の前提を確認しておく。まず、日本では憲法で「表現の自由」と「通信の秘密」が定められていて、これを侵すことは何人たりとも許されていない。このうち「通信の秘密」については、通信を媒介するプロバイダは、通信の内容によって検閲したり、差別してはいけない、ということも含まれており、前述したアメリカにおけるネットワーク中立性の議論とも親和性があることがわかる。

つまり、プロバイダが一方的に特定のサイトへの接続を遮断することは明確に「違法行為」なのだが、実はこれには例外も認められていて、たとえば児童ポルノサイトなどの場合である。

言い換えれば、児童ポルノといった緊急性を要する害悪に対処するために一時的にブロッキングすることは許されている。

今回の政府主導の海賊版サイトブロッキングも、この「ブロッキングによる緊急避難」ロジックが用いられていた。要するにブロッキングを主導する政府側の主張としては、児童ポルノのような深刻な人権侵害に対して一時的に「通信の秘密」を侵害することが許されるように、海賊版サイトのような著作権侵害に対しても一時的に「通信の秘密」を侵害することが許される、というわけである。

これに対して、法学者の宍戸常寿は、著作権保護のためのブロッキング措置は、「ブロッキングによる緊急避難」の拡大解釈であると批判している。刑法37条で認められた「緊急避難」は、極めて厳格な要件の下でのみ認められており、自殺の防止や生命の救助等を除けば、児童ポルノのブロッキングが限界である、という。

同様に、公開の議論を重ねて、正当性と実効性のある立法措置をとらず、「緊急性」という傘のもとになし崩し的にブロッキング措置を断行した政府の姿勢を宍戸は痛烈に批判する。「公開の議論もなく性急に決着を付けることで、そのツケを国民全体の『通信の秘密』『知る権利』に回そうというのは、私にとっては理解しがたいことです」(c)

今回のブロッキング措置が前例となることで、国内のインターネットにおける「通信の秘密」や「表現の自由」が不断に脅かされることになるかもしれない。そうなったとき、インターネットにとって「自由」とは果たして何なのだろうか。

インターネットのもっとも奥深い領域

以上に見てきたように、現在のインターネットに蔓延する、ある種の閉塞感のようなものは日本も海外も変わらない。私たちはフィルターバブルに閉じ込められ、SNSでの行動はビッグデータとして収集され、ネットワーク中立性は撤廃され、「通信の秘密」は侵害されようとしている。だとすれば、オープンかつ自由な空間としてのサイバースペースの夢は、今では単なる過去のノスタルジーでしかないのだろうか。

そうかもしれないが、そうではないともいえる。インターネットには、政府の監視も、グーグルのアルゴリズムも、企業やコンサルティング会社によるターゲティングも、さらには法律の手すらも及ばない不可視の領域が存在している。インターネットが現実社会そのものと変わらなくなってしまった現在、まるでかつてのサイバースペース独立宣言の夢を取り戻そうとするかのように、インターネットの内側に「もう一つの別の世界」を打ち立てようという意志が、仄《ほの》暗い空間に渦巻いている。それが、これから紹介するダークウェブと呼ばれる世界である。

ダークウェブとは、通常と異なる手段によってしかアクセスできないインターネット上の特定の領域を指す。特殊な技術によりアクセスした者の身元を秘匿化することができるので、法の手が及ばない形であらゆるアウトローな悪徳が営まれている。違法薬物と児童ポルノが蔓延し、麻薬の売人、ハッカー、詐欺師が暗躍するインターネット・アンダーグラウンドである。

しかしこのダークウェブでは、単なるイリーガルな領域として切り捨てることのできない独自の文化圏が、何よりも至上とされる「自由」の旗印のもとで形成され、うごめいている。

本章に移る前に、本書全体の簡単な見取り図を提示しておこう。第1章は、ダークウェブの土台を成す暗号技術に焦点を合わせ、カウンターカルチャーが「暗号」をどのように取り扱ってきたのかを確認する。私たちはそこで、暗号空間としてのダークウェブに、かつてのサイバースペースの夢があたかも回帰するかのような事態を見るだろう。

続く第2章、第3章、第4章は、ダークウェブという舞台に現れた様々なサイトや人物たちと、そこで起こったドラマの数々を見ていくことを通してダークウェブの光と闇を考察する。

第5章は、新反動主義と呼ばれる、インターネット上のコミュニティを震源とする思想を扱う。新反動主義がどのようにオルタナ右翼に影響を与え、現在のインターネットの「空気」を醸成しているのかを説明する。

終章となる第6章では、インターネットの未来を考えるためにブロックチェーンを例に取り上げて論じる。思想とインターネット技術が絡み合うことで、私たちの現実社会すら根本から書き換えていくさまを幻視しようと思う。

補論では本章で取り上げきれなかったトピックを扱う。補論1では日本におけるダークウェブの実態と日本とインターネット思想の関係を、続く補論2ではインターネット・ミーム〈※14〉という観点からフィクションと現実の関係を再考する。

もちろん、本書だけで広大なインターネットという領域をすべて網羅することは不可能だ。ただ、本書を通じてインターネットのもっとも奥深い領域の一端に読者の方々が触れていただければ幸いである。

※14 インターネット・ミーム
インターネットで流行している画像やフレーズ、定型文など。進化生物学者のリチャード・ドーキンスが提唱した概念である「ミーム」については補論2の本文で触れる。

第1章 暗号通信というコンセプト

ダークウェブとは何か

ダークウェブという言葉を耳にしたことがあるかもしれない。たとえば近年では、コインチェック騒動において、犯人が流出させたNEM（ネム）コインを他の暗号通貨〈※1〉に交換するためにダークウェブを利用していたことは記憶に新しい。

暗号通貨交換業者コインチェックから約580億円相当の暗号通貨「NEM」が流出していたことが発覚したのは2018年1月16日のことだった。暗号通貨の流出事件としては、2014年に日本を拠点とするビットコイン交換業者マウントゴックスが、第三者のハッキングによって75万ビットコイン、被害総額にして114億円相当分の暗号通貨を消失させた事件があるが、今回の事件はそれを上回る被害規模だった。

NEMコインを盗み出した犯人は、ダークウェブ上で独自の交換所を開設。NEMコインを他の暗号通貨と交換することで資金洗浄を図っていたようだ。ダークウェブは後述するように、匿名性が高く、個人の身元を追跡するのは極めて困難な空間である。犯人はその匿名性を利用し、法による監視の目をかいくぐりながら暗躍していた。

今回の事件では、流出したNEMコインの行方と犯人の動向を、いわゆるホワイトハッカーと呼ばれる人々が独自に追いかけ、それを随時ツイッターなどのSNSで発信していたことでも話題になった。ホワイトハッカーとは、IT工学やネットワークセキュリティに精通し、悪

※1 暗号通貨
cryptocurrencyの訳語。他の日本語訳としては「仮想通貨」などがあるが、本書では原語により忠実な「暗号通貨」で統一している。

意のあるハッカーを監視したり、サイバー攻撃を防ぐための技術を開発したりする人々のことを指す。彼らは犯人の口座を追跡し、取引記録とメッセージを逐一監視。すると、犯人も負けじと追跡の難しいダークウェブに活動の場を移していった。犯人とホワイトハッカーの攻防は物珍しいものだったらしく、メディアでも幾度も取り上げられた。

具体的にダークウェブについて見ていく前に、簡単に言葉の定義を確認しておく。

まず、混同されがちなディープウェブとダークウェブの違いについて。公式に定義が厳密に定まっているわけではないが、ディープウェブとはグーグルなどの検索エンジンのクローラーがインデックス化することのできない領域にある文書やWEBサイトを指す。グーグルの検索エンジンがクロールできる領域は、今ではインターネット全体の4%に過ぎないといわれ、それ以外の、WEBメール、登録制のサイト、有料コンテンツ、学術データベース、イントラネット〈※2〉、ツイッターの鍵アカウントなど多岐にわたる領域は何らかの意味でアクセスが限定されている。クリス・アンダーソンが「ウェブの死」を嘆いてみせたように、サイバースペースの思想家がかつて夢見た無限のフロンティアは、今ではすっかり区画整理が行き渡ってしまったかのようだ。この、グーグルが影響を及ぼすことのできる4%の領域を表層ウェブ、そして残りの96%の広大な領域をディープウェブと呼ぶ。

ダークウェブは、この96%のうちに含まれるという意味ではディープウェブの一部といえるが、性質はディープウェブとまったく異なっている。ダークウェブはアクセスにTor（トーア）

※2 **イントラネット**
企業や研究所などの組織内におけるプライベートネットワーク。

ブラウザやI2Pなどの専用のソフトウェアを必要とする。逆にいえば、専用のソフトウェアを導入すれば誰でもアクセスが可能であるということでもある。ダークウェブが表層ウェブとディープウェブの二つの領域ともっとも異なるのは、そこにアクセスした人間の身元、またそこに存在するサイトのサーバーの身元を秘匿してくれる点にある。

通常、あるWEBサイトにアクセスすると、サーバー側にアクセス者のIPアドレス〈※3〉がアクセスログとして残る。なので、法執行機関などがプロパイダに情報の開示を要求すれば、アクセス者の身元を容易に割り出すことができた。簡単にいえば、インターネットは一般に思われているほど匿名性が保証されている空間ではまったくないということだ。

匿名性を高める手段としては、たとえばProxyと呼ばれる中継サーバーを介してインターネットに接続するというのがある。Proxyサーバーを中継すると、自分の代わりにProxyサーバーのIPアドレスが接続先のサイトに残る。とはいえ、自分のIPアドレスはProxyサーバーに残っているので、同様に照合されてしまえば結局身元が割れてしまうため、これも匿名性を充分に担保してくれるとは言いがたい。

他方、Torは「オニオンルーティング」と呼ばれる技術を採用している。詳述は避けるが、これは入り口ノード（ネットワークの中継点）と出口ノードの間に幾多もの中継ノードを経由させ、その過程で（さながらタマネギの皮のように）通信に何重もの暗号化を施すことでアクセス経路の匿名化を図るというもの。アクセスしたサイト側に残るのは最後に経由した出口ノードのIP

※3 IPアドレス
ネットワーク上の機器を識別するために割り当てられる番号。

アドレスだけなので、それ以前に経由したルートが暗号化されている限り発信者の身元を割り出すことは不可能、というのがオニオンルーティングの大まかな理論だ。

このように、ディープウェブとダークウェブは語感こそ似ているが、まったく性質を異にしていることがわかるだろう。なにより、規模的に言ってもディープウェブがダークウェブを圧倒している。

たとえば、ダークウェブ上に存在するサイト群（秘匿サービス）をマッピングして可視化する「ダークウェブ・マップ（Dark Web Map）」というサイトには、2018年1月時点で6608のダークウェブのサイトがマッピングされている。実際に存在するサイト数はこれよりも上回るだろうが、それでも普段私たちが閲覧している表層ウェブと比べても圧倒的に少ない規模だ。

もう一つは、ディープウェブは限られた人間しかアクセスできないが、ダークウェブはTorブラウザなどの専用ソフトウェアを使えば基本的に誰でも自由かつオープンにアクセスできる（もちろん登録制のフォーラムなどはあるにせよ）という点。これらを押さえておくことは、ダークウェブを理解する上でもとても重要だ。

ダークウェブについて少し調べたことのある向きならば、表層ウェブ／ディープウェブ／ダークウェブの三つの領域を氷山にたとえた図式を見たことがあるだろう。海面に顔を出した氷山の表層ウェブ、海面からは見えない領域のディープウェブ、そして海の奥底へと続いていく領域のダークウェブ……。ダークウェブを紹介するブログやメディア記事などで、この氷山のアナロジーはとてもよく使われている。

これらは一見とてもわかりやすいものの、このように現在のウェブの有り様を「深さ」の隠喩で表現することが果たして正確なのか疑問に思える。というのも、こういった「深さ」の隠喩を用いると、あらぬ誤解を生んでしまう恐れがあるからだ。

一つには、ディープウェブとダークウェブが質的に連続していると思ってしまう誤解。見てきたように、ディープウェブとダークウェブは端的にいってまったく別の領域である。ディープウェブはクローズドで不可視の領域だが、ダークウェブは（条件付きではあるにせよ）オープンな領域だ。ところが、ダークウェブはディープウェブよりも「深い」場所にあるというように連続的に捉えてしまうと、両者の質的差異を取り逃がしてしまうどころか、ダークウェブはディープウェブ以上に不可視でクローズドな領域であるといった誤った認識をしてしまいかねない。

もう一つは、ディープウェブよりさらに深い領域にダークウェブという不可視で広大な領域が広がっている、といった「幻想」。見てきたように、ダークウェブは規模的には大したことがない。ディープウェブを海面下の巨大な氷山にたとえるのなら、ダークウェブはその周りを泳ぐシロイルカ程度だろう。

この、「ディープウェブより深くて広大なダークウェブ」という誤った図式を真に受けてしまうと、たとえば「マリアナウェブ」といった、ダークウェブのさらなる奥底に存在する領域を呼び寄せてしまいかねない。マリアナ海溝を名前の由来とするマリアナウェブは、少数の選ばれた人間しかアクセスできず、かつそこにはスナッフフィルム〈※4〉や拷問を中継するライブストリーミング、人間の臓器を取り引きするブラックマーケットや奴隷市場など、この世のあらゆる酸鼻を極めた悪徳が詰まっているという。だが、もちろんそのような領域は存在しない。荒唐無稽な単なるインターネット都市伝説に過ぎない。

イメージと実情

このように、ウェブを「深さ」の隠喩で語ろうとすることには往々にして誤謬《ごびゅう》が含まれるのだが、しかし今や多くの人々がウェブを「深さ」の次元で捉えようとしていることも確かである。

かつてのサイバースペースは単一であって、かつ限界のない「宇宙」として捉えられていた。ところが現在のサイバースペースはもはや一枚岩ではない、いくつもの層にわたる領域で構成された階層構造として捉えられてきている。

同時に、そのような「語られ方」の変遷は、またインターネットをめぐる「文化」にも少なからず影響を与えているのではないか。言い換えれば、「マリアナウェブ」のようなインターネット都市伝説の類も、ウェブを階層構造として捉える言説が生み出した文化と解することが

※4 スナッフフィルム
殺人の様子を撮影した映像。

できるのではないか。

ここで、一般メディアやマスコミによるダークウェブの「語られ方」について具体的に見てみよう。たとえば、2018年5月14日の「日刊大衆」の記事「『闇ウェブの世界』あなたの知らないインターネットの最深階層」では「興味本位の閲覧は絶対NG」と念を押した上で、次のようなおどろおどろしい記述が続く。

ここまで読んで「自分も、どんなものか、闇ウェブを見てみたい」と思った読者諸兄もいることと思うが、それだけは絶対にやめたほうがいいというのが、今回、話を伺ったすべての識者の一致した意見だ。「私が捜査の過程で一度見たのは、〝人体実験の記録〟と銘打って阿鼻叫喚の動画がアップされた、あまりにおぞましいサイトでした。多くの人には精神的にきついと思います」（某県警捜査員）

「安全面でもやめてください。うちの技術者が興味本位で闇ウェブにアクセスしたところ、トップ画面がすぐに〝パソコンを見ている自分の動画〟に切り替わり、〝君はブライアンだね。住所は……ああ、セタガヤか〟など、リアルタイムで自分の情報が。恐ろしくてモニターを破壊しそうになったそうです」（セキュリティ企業社員）（a）

日本のマスコミが報道するダークウェブのイメージはほぼこのような感じといって間違いな

い。ちなみに、ここに書かれたことは明らかに正確な取材に基づいたものではないので信じてはいけない。スナッフフィルムも存在しないし、アクセスしただけでマルウェア〈※5〉に感染することもない。

このように、ダークウェブはとかくアングラや都市伝説的なイメージが先行しがちであり、往々にして大して調査もしていないジャーナリストが貧困な想像力を精一杯に駆使して書き飛ばした扇情的な記事が出回ることになる。

ただ、この「語られ方」と「文化」の相互関係は、「鶏が先か卵が先か」であって因果関係が特定できるわけではない。実際、ダークウェブ上には違法ドラッグのマーケットや児童ポルノのフォーラム、さらには殺人請負サイトなど、グレーどころか完全にアウトなコンテンツがはびこっている。

しかし、ダークウェブの土台を成すＴｏｒネットワークの設計理念は、実はそうしたものからは遠く隔たっていた。そもそもＴｏｒネットワークは、意外に思えるかもしれないが、１９９０年代中頃に米国海軍研究所が開発に着手したことに始まる。米国海軍研究所とは、アメリカ海軍とアメリカ海兵隊による共同研究所で、ヴァンガード計画をはじめとして冷戦期のアメリカにおける宇宙計画に携わったり、最近では量子コンピュータやレーザー兵器の研究開発を行っている。

初期のＴｏｒネットワークは政府主導による開発で、その目的は政府によるオンライン上の

※5 マルウェア
コンピュータウィルスなど、不具合を起こさせるべく悪意を持って作成されたソフトウェア。

諜報活動を支援するためだった。２００４年にはオープンソースとして民間に開発コードが委託され、その後は電子フロンティア財団の支援によって開発が続行された。序章で言及した、「サイバースペース独立宣言」のジョン・ペリー・バーロウが設立した、あの電子フロンティア財団である。政府が諜報活動を行うためのツールが反体制的な思想をもつ人々の手に渡り、政府の監視に抗うためのツールになるとは、奇妙な歴史の巡り合わせといえる。

インターネットも、もともとはアメリカ軍の国防高等研究計画局〈※6〉（ＤＡＲＰＡ）の前身である高等研究計画局（ＡＲＰＡ）が開発に携わっていた。ときは冷戦時代、核攻撃を想定し、情報を一つの巨大コンピュータに集中させるのではなく、なるべく複数の箇所に分散させ通信をネットワーク化しようという構想が持ち上がった〈※7〉。そこでＡＲＰＡが開発したのがいわゆるARPANETで、その後は民間に払い下げられ現在のインターネットが形作られたという歴史があるのだが、それはともかく。

それにしても、なぜ民間に払い下げられたＴｏｒネットワークを電子フロンティア財団が支援したのだろうか。それは、Ｔｏｒネットワークの分散的な匿名化システムが電子フロンティア財団の理念とうまく適合したからである。

電子フロンティア財団が「インターネットの自由」を掲げていたことを思い出そう。また、設立者の一人ジョン・ペリー・バーロウのサイバースペース独立宣言では、ビッグブラザーによる監視と検閲に反対し、代わりに「情報の自由な流通」が保証されたサイバースペースを寿《ことほ》

※6 国防高等研究計画局
軍隊使用のための新技術開発および研究を行うアメリカ国防総省の機関。

※7 ときは冷戦時代…
インターネットが核攻撃に耐えるために開発された、といった見方は俗説であるとする専門家もいる。たとえば、喜多千草は『インターネットの思想史』の中で、現行のインターネットは、核攻撃下でのネットワーク耐力の向上を目的とした開発思想を直接継承していないと論じている。

いでいた。

Ｔｏｒ開発プロジェクトのサイトに書かれた開発理念を見てみよう。そこには、Ｔｏｒネットワークは個人や団体のセキュリティとプライバシーを向上させるためのツールである旨が最初に書かれている。たとえば、言論の自由が抑圧されている政府のもとでは、インターネットが制限されたり、監視または検閲されたりしている。しかしＴｏｒを用いれば、痕跡を残すことなく反体制派のサイトやリベラルな報道メディアに自由にアクセスすることが可能になるだろう。現に、「プロパブリカ」や「ニューヨーク・タイムス」などのメディアや、マルクス主義やアナーキズム〈※8〉に関する書籍を収集しているアーカイブサイト「マルキスト インターネットアーカイブ」などは、Ｔｏｒ経由でアクセス可能なミラーサイト〈※9〉を運用している。

これらの事実は、ダークウェブ＝犯罪のイメージしかなかった読者にとっては意外に思えるかもしれない。しかし、Ｔｏｒネットワークの根底には、ジャーナリスト、市民運動家、内部告発者といった「自由」を求めて闘う人々を支援するためのツールとしての側面があることも確かなのだ。余談だが、Ｔｏｒは２０１１年にフリーソフトウェア財団の社会貢献プロジェクト賞を受賞している。受賞理由には、「アラブの春」においてエジプトの反体制派を支援したことなどが挙げられている。

※8 アナーキズム
無政府主義。国家をはじめとする一切の権威を否定し、自由な諸個人の合意のみを基礎にする社会を目指そうとする政治思想。

※9 ミラーサイト
インターネット上で公開されているWEBサイトと全く同じ内容を複製したサイト。主にアクセス集中による負荷を分散する目的で作成されるが、政府などの検閲・公開禁止といった規制の回避や、過去の記録の保持を目的に作成されるケースもある。

「情報はフリーになりたがる」というテーゼを残したのは、序章でも紹介した『Whole Earth Catalog』のスチュアート・ブランドだが、フリー（free）には二つの意味がある。一つは「自由」、もう一つは「無料」だ。この「自由」と「無料」という二重の意味を伴った「フリー」は、アメリカ西海岸の空気を通底しているといっても過言ではない重要なキーワードである。要は情報を皆でフリーに共有《シェア》することでイノベーションに繋げようという、今ではオープンソース運動やフリーウェアに受け継がれている相互扶助の精神だ。

スチュアート・ブランドやジョン・ペリー・バーロウ、そして電子フロンティア財団やTorは、この西海岸的空気が育んだ同じ土壌から生まれてきた血を分けた兄弟のようなものといえよう。

ここにもう一人、キーとなる人物を加えるならば「ウィキリークス（WikiLeaks）」創設者のジュリアン・アサンジ〈※10〉は外せないだろう。

ジュリアン・アサンジが内部告発サイト「ウィキリークス」を設立したのは2006年だった。「ウィキリークス」はサイトに寄せられた内部告発情報を世界中に公開することで「あらゆる地域の政府、企業の非倫理的な行為を暴こうと望むすべての人々の役に立ちたい」。そして「この透明性が全ての人々にとってより良い社会を創造する」（b）過去にはケニア元大統領

※10 ジュリアン・アサンジ
（1971〜）オーストラリアのプログラマー。2006年に内部告発サイト「ウィキリークス」を設立。2010年に同サイトで公開された、イラク戦争時における米軍攻撃ヘリによる民間人への攻撃映像は世界的な反響を巻き起こした。

の汚職、アメリカ軍の機密資料、タックスヘイブンの銀行をめぐる内部資料など、数々のリークを行い、社会に動揺と衝撃を与えてきた。特筆すべきは、ジュリアン・アサンジはジャーナリストであると同時にハッカー気質も持ち合わせた人物であるという点だ。アサンジの狙い、それはインターネットと工学知、そして「言論の自由」を用いて政府や大企業の権力を転覆させることにあった。ちなみに、「ウィキリークス」も情報提供者にTorの使用を推奨しており、現に「ニューヨーク・タイムス」などと同じくTorの秘匿サービス上に「ウィキリークス」のミラーサイトを持つことで政府や第三者の攻撃から身を守っている。

また、アサンジはエドワード・スノーデン〈※11〉のロシア亡命にも協力している。2013年にスノーデンが英メディア「ガーディアン」にリークしたアメリカ国家安全保障局（NSA）の機密書類の内容は世界中を震撼させた。そこには、NSAによる偏執的といってもいいほどの世界的かつ大規模な情報収集と監視活動の実態が記されていたからだ。

アメリカ政府は9・11以降、愛国者法の下で国民の監視を強化してきた。犯罪者やテロリストだけではない。国民全員、である。とりわけ、インターネット上における傍受と監視は徹底していた。

たとえば、明らかになった「PRISM」という監視プログラムは、マイクロソフト、グーグル、ヤフー、アップルなど九つに及ぶ企業のウェブサービスにあらかじめバックドア〈※12〉を仕込み、ユーザーのトラフィック情報を収集するというものだった。

※11 エドワード・スノーデン
（1983〜）アメリカ国家安全保障局（NSA）および中央情報局（CIA）の元局員。2013年、NSAの内部から機密文書を持ち出し、「ガーディアン」等複数のメディアを通して政府の情報収集活動に関する手口を告発した。現在は亡命先のロシアに滞在している。スノーデンに関するドキュメンタリー作品としては、ローラ・ポイトラス監督による『シチズンフォー スノーデンの暴露』がある。また16年には、オリバー・ストーン監督による、スノーデンの半生と内部告発までを描いた映画『スノーデン』が公開された。

※12 バックドア
正規の経路や手段を経ずにシステムへ侵入するために設けられる接続経路。

スノーデンはこのリークによりアメリカ政府から追われる身になり、ロシアへ亡命する決断をする。そのときに手を貸したのが誰あろうアサンジだった。

また同様に、Ｔｏｒネットワークの匿名性と暗号化経路を破ろうとＮＳＡが血眼になっていることも明らかになった。対するＴｏｒプロジェクト側もＮＳＡによる突破を許すまじと日々ソフトウェアの改良を続けている。つまり、ここにはＴｏｒ対ＮＳＡという図式がある。

ＮＳＡはアメリカ国防総省の下に置かれた情報機関で、シギント〈※13〉やサイバー作戦を主に手がけている。その存在は１９９９年まで公には伏せられており、ＮＳＡは「No Such Agency（そんな機関は存在しない）」の略、といったジョークまで流布していた。

冷戦時代にトルーマン大統領の極秘命令で設立されたＮＳＡ本部は、メリーランド州のフォート・ミード陸軍基地内に存在し、高圧電流を流した三重の鉄条網が部外者の侵入を拒んでいる。この文字通りの「要塞」の内部では、他国の情報の収集と政府の情報セキュリティの確保を担うために集められた最高峰の技術者やハッカーたちが働いている。

諜報活動において鍵となるのはいわゆる暗号化技術で、ＮＳＡは一時期まで最新の暗号化技術をすべて手中に収めていた。暗号、それは作成（暗号化）する側にとっては通信やコミュニケーションを秘密のものにできるし、解読（復号）する側にとっては相手の秘密のコミュニケーションをこっそり傍受することができるという、これ以上ないほど魅力的な武器だ。たとえば、第二次世界大戦中にドイツ軍が用いていたエニグマ〈※14〉の解読は、連合国側に決定的な優位を

※13 シギント
通信電波・信号を傍受する諜報活動。

※14 エニグマ
１９１８年にドイツ国の発明家アルトゥール・シェルビウスによって発明された電気機械式暗号機械。ひいてはその暗号機械によって生成される暗号。なお、のちのコンピュータの誕生に大きな貢献を残したイギリスの数学者、アラン・チューリングは第二次世界大戦中、エニグマの解読に寄与したことでも知られる。

もたらした。諜報活動において暗号化技術が鍵になるといったのはそのような意味においてである。だから、NSAが暗号化技術を自分たちの手中に収めて外部に決して持ち出さないようにしたのも当然だった。

ところが、ここにNSAによる暗号化技術の独占に立ち向かおうとする在野の暗号学者たちが登場してくる。彼らは孤立無援、徒手空拳でみずから暗号理論を発明し、NSAから市民たちのプライバシーを守ろうとした。歯には歯を、暗号には暗号を、というわけである。この暗号戦争は「Crypto Wars（暗号戦争）」と呼ばれ、政府と民間の間で現在まで続いている。先ほどのTorプロジェクトとNSAの攻防もその一例といえる。

暗号戦争を象徴する民間のハクティビズム〈※15〉運動としてはサイファーパンク（cypherpunk）運動がある。「cypherpunk」とはサイバーパンクとサイファー（暗号）を掛け合わせた合成語で、暗号無政府主義を信奉する彼らは、洗練された暗号化技術によってインターネット上における政府の監視や検閲に対して日夜抵抗運動を続けている。

実はサイファーパンクには、先ほど紹介した「ウィキリークス」の設立者ジュリアン・アサンジも携わっている。サイファーパンクはもともと1992年に著名なハッカーたちが集まって作られたメーリングリストが土台になっているのだが、アサンジは94年頃からそのメーリングリストに参加していた。

他にも、サイファーパンクのメンバーには電子フロンティア財団の共同設立者の一人ジョ

※15 ハクティビズム
ハック（hack）とアクティビズム（activism）を組み合わせた造語。社会変革や政治的な意思表示を行うためにコンピュータやコンピュータ・ネットワークを用いる行為もしくは運動を指す。ハッカー的な文化および倫理観に思想的ルーツを持ち、しばしば「言論の自由」や「情報の自由な流通」といった価値観を前面に押し出す。

ン・ギルモア〈※16〉、Torプロジェクトの元開発者ジェイコブ・アッペルバウム〈※17〉も参加している。つまり、ウィキリークス、電子フロンティア財団、Torといったこれまで言及してきたキーワードがすべて交わる交叉点こそがサイファーパンク運動といえるのだ。

そのアサンジとアッペルバウムを含めた複数人による共著『サイファーパンク――インターネットの自由と未来』（松田和也訳、青土社）は、妄想ぎみのアジテーションが炸裂したサイファーパンク運動マニフェストとして読むことができる。たとえば、序章にはこんなことが書かれている。

インターネットという新世界は、野蛮な原子の旧世界から抽象され、独立を欲していた。だが国家とその仲間はわれわれの新世界を支配すべく動いた――その物理的な基盤を支配することによって。（……）それはわれわれが夢見た独立性を妨害し、光ファイバや衛星の地上基地の周囲に居座り、われわれの新世界の情報の流れを大規模に傍受するだろう――（……）

だがわれわれは発見した。完全な支配に対する一つの希望を。その希望は勇気、洞察、連帯を以て抵抗のために使うことができる。われわれの住む物理宇宙の奇妙な性質である。

宇宙は暗号化を信じている。

情報を暗号化するのは、これを複合するより容易い。

※16 ジョン・ギルモア（1955〜）電子フロンティア財団の共同創設者。90年代にはエリック・ヒューズ、ティモシー・メイらとともに初期サイファーパンク運動に携わっていた。彼らが1992年に立ち上げたメーリングリストは、1994年までに参加者が700人を、1997年には2千人を超していたという。また、彼はフリーソフトウェアの一環であるGNUプロジェクトにも貢献している。他にも、「Usenet」上で「alt.* hierarchy」を立ち上げるなど、その活動は多岐にわたる。

※17 ジェイコブ・アッペルバウム（1983〜）アメリカのコンピュータ・セキュリティ・リサーチャー、アーティスト、ジャーナリスト、ハッカー。Torプロジェクトの元主要メンバーのひとり。ウィキリークスのスポークスパーソンとしても知られる。

われわれは、この奇妙な性質を用いて新世界の法を作ることができると思う。われわれの新たなプラトン時空を、その基盤である衛星や海底ケーブルやその管理者から切り離すのだ。暗号というヴェールの背後でわれわれの空間を強化するのだ。物理的現実を支配する者たちには閉ざされた、新たな地を作るのだ。（……）

そしてこのようにして独立を宣言する。（c）

まるで1996年のサイバースペース独立宣言を思わせる軽躁的な筆致に驚かされるが（ちゃっかり独立まで宣言している）、この『サイファーパンク――インターネットの自由と未来』の原著は2012年に出版されている。その意味では、サイバースペースの「夢」（あるいは妄想？）は今も生き続けている。ただし、今やサイバースペースの宇宙は「暗号化」を欲しているらしい。サイバースペース独立のための戦場は、インターネット上に打ち立てられた暗号宇宙にその主戦場を移しつつある。そしてその暗号宇宙こそがTorネットワークであり、そしてそこに生成されるダークウェブという空間であるとすれば……？

だが先を急ぎすぎることはない。そもそも、先の引用文の「情報を暗号化するのは、これを複合するより容易い」とは、「この奇妙な性質」とは、一体何を意味するのだろうか。実は、ここには彼らサイファーパンクが武器とする暗号理論の要諦が含まれている。だがその詳細を知るためには暗号戦争の発端にまで遡る必要があるだろう。以下に続く節では、主にスティーブン・レビー『暗号化——プライバシーを救った反乱者たち』（紀伊國屋書店）などを参照しながら、暗号戦争の経緯と暗号化技術について確認していく。

革新的な暗号化技術の誕生

ときは1976年。すでに述べたように、セキュリティやプライバシーはひとえに暗号の強度に依存している。しかし当時は、現代暗号理論に関するあらゆる情報は国家機密であり、NSAという砦の向こう側に隠されていた。

当時の政府が定めようとしていた標準暗号化規格としてはDES（Data Encryption Standard）というデータ暗号化標準が存在していた。このNSAも開発に関与していたとされる標準暗号化規格は、現在では後継となるAES（Advanced Encryption Standard）がSSL／TLS〈※18〉などのウェブセキュリティ・プロトコルに幅広く応用されているが、当時の在野の暗号学者たちにとっては疑惑の対象だった。なぜ暗号のアルゴリズムや設計思想が国家機密なのか。もしかしたらNSAによるバックドアがアルゴリズムに仕掛けられているのではないか。つまり、DESのアルゴリズムそのものが市民を傍受するための大規模な策略なのではないか、等々。

こうした議論を追いかけていた二人の暗号学者がいた。ホイットフィールド・ディフィーとマーティン・ヘルマンという在野の暗号アナーキストは、政府に依存しない独自の暗号方式の

※18 **SSL／TLS**
通信相手の認証、通信内容の暗号化、改ざんの検出を提供する通信手順。

開発に乗り出す。

ディフィーもヘルマンも、デジタル情報化社会が到来すれば、民間による暗号が必要になると確信していた。コンピュータと電話回線の巨大なネットワークができれば、政府はそこから半ば自動的に莫大なデータを吸い取ることができるようになるだろう。これを防ぐには、結局のところ暗号化技術の革命が必要になる。

彼らがのちに発明することになるブレイクスルーを紹介する前に、当時一般に用いられていた暗号方式を簡単に確認しておこう。

秘密のメッセージのやり取りには二人の人物が最低でも必要になる。ここでは送信者と受信者としておく。まず、送信者はメッセージを暗号化して中身を読めなくする。この際、メッセージは鍵ソースによって暗号化される。暗号化されたメッセージは受信者のもとへ送られ、受信者は同一の鍵ソースを用いてメッセージを元の状態に戻す（復号）。要するに、鍵ソースとは、メッセージがどのような法則に従って暗号化されているかを示した解読表のようなものだ。これで、送信者は受信者に秘密のメッセージを送ることができた。何も問題はない。

ところが、この送信者と受信者との間に、メッセージを傍受しようとする敵の暗号解読者が潜んでいたらどうだろう。このときに一番の弱点となるのが鍵ソースだ。というのも、文章を暗号化するために用いる鍵と、元の平文に戻すために用いる鍵は同一なので、送信者と受信者は事前に鍵を共有していなければならないからだ。このとき、もしこの二人が知り合いではなかった場合、事前に送信者は受信者に何らかの手段で鍵を送る必要があるだろう。しかし、もしこの過程で悪意を持った第三者に鍵の情報が漏れてしまったら一体どうなるか。第三者は、この鍵という暗号解読表を用いて好き放題に送信者が受信者に送ったメッセージの内容を盗み見ることができるようになる。卑近な例でいえば、ZIPファイルにかけたパスワードが流出してしまったケースを考えればいい。

このような脆弱性は、用いる鍵が一つである限り、なくならない。こうした「鍵」を相手に渡す過程で第三者に傍受されてしまうというボトルネックを「鍵配送問題」といい、送信者と受信者が一つの共通鍵を用いる暗号手法を「共通鍵暗号方式」という。ちなみに先のDESもこの共通鍵暗号方式を用いていた。

ディフィーとヘルマンは、この鍵配送問題をなんとか解決したかった。どんなに強力な暗号を施しても、鍵を受け渡す過程で鍵が盗まれてしまっては意味がない。そもそも、インターネットが到来するデジタル時代においては、当事者の双方が事前に同じ鍵を共有しておくという面倒な段取りからして圧倒的に不向きではないか。

結局問題は、秘密が鍵に内在している点にある。鍵が盗まれた時点で、秘密もすべて解かれてしまう。したがって、来るべき暗号理論においては暗号そのものに秘密が内在していなければならない。ディフィーとヘルマンはそう考えた。

そんな中、ディフィーはとある興味深い数学的特性に目をつける。それは一方向性関数である。ある方向では簡単に計算できるが逆方向の計算は難しいという特異な数学的特性を持つ関数のことだ。のちにある暗号研究者は、それを割られた皿にたとえている。「ディナー皿をたき割るのは簡単だ。だが、粉々になったかけらを集めて元の皿に戻すのは簡単でない」(d)

代表的な一方向性関数としては、たとえば素因数分解がある。要は、二つの素数の掛け算は簡単だが、そこから元の素数を割り出すのは難しいというものだ。この一方向性関数を利用することで鍵配送問題を解決できないだろうか。そしてある日の午後、ディフィーはついにひらめいた——鍵を二つに分けるというアイデアを。

先に述べたように、それまでの暗号の世界では、一つの共通鍵が暗号化と復号の両方に用いられていた。それに対して、ディフィーは一つの共通鍵ではなく、鍵の「ペア」を使うという方法を思いついた。このことはまさしく暗号理論における革命だった。

詳しく見ていこう。まず受信者は公開鍵とそれに対応する秘密鍵からなる鍵のペアを用意する。その際、受信者は自分の公開鍵をあらかじめ全世界に公開しておく。送信者は、受信者の公開鍵を使ってメッセージを暗号化する。暗号化されたメッセージは公開鍵と数学的に紐付けられた受信者の秘密鍵によってしか復号できない。

厳密にいえば、公開鍵の情報のみから復号することは原理的には可能なのだが、あたかも割れた皿を元通りにすることが難しいように、あるいは巨大な二つの素数を掛け合わせるのは簡単だが、その逆のプロセス(素因数分解)は難しいように、スーパーコンピュータを使ってさえ途轍もない年月が必要であり、現実的ではない。

この方式の肝は、公開鍵はその名の通りオープンに公開してもいいという点にある。逆に、秘密鍵は決して外部に漏洩しないように各人が厳重に保管しておく。従来の暗号理論からすると鍵をオープンにさらけ出すのというのはありえない発想であり、まさしくコロンブスの卵であった。

公開鍵暗号方式の利点は、先の鍵配送問題を完璧にクリアしている点だ。送信者と受信者が共有するのは公開鍵だけであり、秘密鍵を事前に受け渡しする必要性がない。だから、秘密鍵が外部に漏洩する危険性を極限まで低くすることができる。

この偉大な発見ののち、ディフィーはヘルマンの協力を経て、現在の公開鍵暗号方式の原型となる「ディフィー＝ヘルマン鍵共有」の概念を提示した論文「暗号化技術の新しい方向」を発表する。これが1976年のことであった。

とはいえ、ディフィーとヘルマンの論文はまだ概念レベルの段階にとどまっており、具体的なアルゴリズムは提示されていなかった。また、後述するデジタル署名に応用する手段も欠いていた。

これをさらに数学的に洗練させ実装化レベルにまで高めたのが、マサチューセッツ工科大学（MIT）のロナルド・リベスト、アディ・シャミア、レオナルド・エーデルマンという三人の若い助教授だった。のちに三人の頭文字を取ってRSA暗号方式と呼ばれることになる理論では、素因数分解とオイラーの定理からなる数学的／数論的基盤が与えられた。

なぜ公開鍵をオープンにばらまくことができるのだろうか。大雑把にいえば、それが本質的に二つの素数の積で成り立っているからだ。たとえ公開鍵で暗号化されたメッセージを傍受しても、その情報だけでは解読の役に立たない。そのメッセージを元の情報に復号するためには――つまり秘密鍵を作るためには、元の素数を知る必要があるからだ。だが巨大な二つの素数の積から元の素数を割り出すことは量子コンピュータでもなければ現実レベルでは不可能なので、言い換えれば素因数分解が困難な作業である限り、この暗号方式の安全性は保証されていることになる。

つまり、暗号の秘密性／安全性を従来のように鍵に内在させるのではなく、素因数分解の困難性という数学的非対称性そのものに内在させているのが、公開鍵暗号方式が達成したブレイクスルーといえるのだ。

また、この公開鍵暗号方式にはもう一つの面白い特性があった。むしろ、こちらのほうが後の歴史を考えると重要かもしれない。それはデジタル署名である。

確認してきたように、公開鍵暗号方式においては、公開鍵によって公開者以外の誰でも同じ暗号作成を行うことができる。しかし、その暗号を解読（復号）できるのは、秘密鍵を持っている公開者だけなのであった。

今度はこれの逆のプロセスを考えてみよう。誰かが自分の秘密鍵でメッセージ（ここでは署名）

を暗号化したとする。生成された暗号文はその秘密鍵にただ一つ紐付けられた公開鍵でしか元に戻せない。この特性を証明システムに応用することで、なりすましや改ざんを防止することができる。

たとえば、アリスと名乗る人物からメッセージを受け取ったとしよう。このとき、この送信者が本当にアリス本人かどうか確認するには、そのメッセージに添付されたデジタル署名、つまり秘密鍵で暗号化された署名が、アリスの公開している公開鍵で復号できるかどうかを試してみるだけでいい（この作業を署名の検証という）。というのも、アリスの公開鍵で復号できる署名を作れるのは、それに対応する秘密鍵を持つアリス自身だけだからだ。公開鍵は文字通り公開されているので、暗号化という点ではまったく意味をなさない。しかし、「その公開鍵で復号化できる」という事実そのものが、確かに当人の秘密鍵で暗号化されたという「証明」になるわけである。

要するに、メッセージを自分の秘密鍵で暗号化すれば、自分の名前をサインしたのと同じことになる。これがデジタル署名の特性である。この方式の強みは、相手の秘密鍵がない限り決して署名を偽造できない点にある。

実はこの本人証明のメカニズムが、ビットコインに代表される暗号通貨にも応用されている。暗号通貨の取り引きにおいて、送信者Aが受信者Bにコインを転送する際、送信者が自分のIDを自分の秘密鍵を使ってブロックの中にデジタル署名する。受信者側はブロックチェーンの記録から送信者の公開鍵を用いてデジタル署名を送信者のIDに戻すことができる。しかし、そのデジタル署名を作ることは秘密鍵を持つ送信者Aにしかできない。かくして、暗号通貨の所有者であるAがBにコインを譲渡したことが証明されるのである。

暗号通貨もサイファーパンクと切り離せない。というのも暗号通貨の構想は、2008年にサトシ・ナカモトという正体不明の人物がサイファーパンクのメーリングリストに投稿したメッセージが発端になっているからだ。その構想の基盤にあったのは、B-moneyという90年代にサイファーパンクのメンバーが考案したデジタル通貨構想だったので、当然その周辺の人物だろうと予想されたが、現在に至るまでサトシ・ナカモトの正体はわかっていない。

暗号通貨は、分散型台帳と呼ばれる取引記録と、それらをブロック単位で繋げたブロックチェーンという技術を土台にしている。暗号通貨の最大の特徴は、貨幣を中央で管理する者（たとえば中央銀行）がいない点にある。各取り引きは今述べたような仕組みでブロックチェーン上に逐一記録され、この台帳をすべてのユーザーが共同管理することで、記録の改ざんや二重取引などの不正を防ぐことが可能となる。サイファーパンクたちは以前から匿名的なデジタル決済システムを構築しようとしていたが、サトシ・ナカモトによってついにそれが実現したのだ。

他方で、サトシ・ナカモトが発明した暗号通貨は、「匿名」という概念を塗り替えるものでもあった。暗号通貨が用いている公開鍵暗号方式には、一見正反対とも見える二つの側面があったことを思い出してほしい。一つは情報を「匿《かく》す」こと（これが通常の暗号の使用法だった）。もう一つはデジタル署名によって同一性を「証《あか》す」こと。暗号通貨を考える際により重要なのは後者のほうだ。

さらにいえば、このデジタル署名によって証される「自己同一性」なるものは、（一般的な電子マネーのように）現実空間における特定の個人を直接指し示すものではなく、あくまで匿名的な「自己同一性」に過ぎない。どういうことかというと、暗号通貨の持ち主を示すアドレスは公開鍵のハッシュ値〈※19〉がベースになっているが、このアドレスは現実空間における人格的個人と一対一対応する必要はなく、極端にいえば複数の人格によってアドレスを使い分けたりすることができる。つまり、完全に匿名的な自己同一性なのだ。さらに、そこでの自己同一性証明のメカニズムは、素因数分解の困難性という、文字通りの数学的メカニズムによって自動化される。

言い換えれば、「信用」も「承認」も「合意形成」も必要としない、人間的なあたたかみを欠いた冷たくて無味乾燥な「証明」のシステムがここにはある。理性を伴った主体同士による合意形成といった近代的な人間観が完全に否定された、匿名的なアドレス同士が数学的な証明によって繋がりあう、「信頼なき信頼」によって成り立つ空間。この匿名的な主体から構成された閉じた経済圏は、現実世界から独立した「暗号空間」を創出する。

ここで話をもう一度１９７０年代の暗号戦争に戻す。ディフィーとヘルマン、そしてＭＩＴの助教授たちによって体系化された公開鍵暗号の技術は、当然ながらＮＳＡの目には脅威に

※19 ハッシュ値
元のデータをもとに一定の関数を経て算出される数値。

映った。というのも、個人が強力な暗号化技術を手に入れることは、それだけ諜報する側の優位を脅かすことになるからだ。そのうえ公開鍵暗号は厳密な数学的基盤に拠っているので、NSAがあらかじめアルゴリズムに暗号を解読するバックドアを仕掛けておくといった小細工も通用しそうになかった。

そのため、NSAは様々な圧力をかけることで公開鍵暗号を世に広まる前に握り潰そうとした。NSAは、公開鍵暗号が国際武器取引規則（ITAR）に違反していると暗に主張した。この規則は、米国軍事品目リストに記載されている製品や技術の輸出入を規制するために作られたものだった。軍事品といえばスティンガーミサイルや航空母艦を指すものだと思われがちだが、実はそうした兵器に限らず、国防に関わる暗号テクノロジーも軍事品のリストに含まれていた。このような軍事品はすべて国防省から特別な許可が下りない限り国外に持ち出すことは禁じられていた。しかも、この規制は対象にまつわる技術データにまで及んでいたため、たとえば海外で開かれる国際シンポジウムのような場で論文を発表するだけでも輸出違反になる可能性があった。少なくとも、NSAは暗にそのようにほのめかしていた。

しかし抜け道はあった。「言論と出版の自由」は合衆国憲法によって認められており、ITARでも「出版物」に関しては特別に免責事項扱いになっていた。そこで、MITの三人はRSA暗号に関する論文のコピーを封筒に詰めて希望読者に配布するという方法を採った。結果、RSAの論文は何千部も世界中を駆け巡ることになった。

１９９０年代に入ると暗号戦争は新たなフェイズに入る。インターネットの登場である。反核運動家でプログラマーのフィル・ジマーマン〈※20〉は、公開鍵暗号に基づいた、パーソナルコンピュータと来るべきネット時代のための暗号化ソフトウェアを作ろうと思い立つ。１９９１年、「Pretty Good Privacy（なかなかいいプライバシー）」、略してＰＧＰと名付けられたそのソフトウェアは、ジマーマンみずからの手によってオンラインの「Usenet〈※21〉」上で公開された。しかも、フリーウェアとして。つまり、誰でも自由にソフトウェアをダウンロードすることができるようになっていた。

ＰＧＰは数週間の間に世界中の何千もの人々によって共有され、ＰＧＰによって暗号化されたメッセージがネット上を駆け巡るようになっていた。ＰＧＰは暗号化からデジタル署名までを完備したはじめてのパソコン用暗号化ツールとして、一般ユーザー手軽に暗号化したメッセージをやり取りできる手段を提供したのだ。

当然、当局はこの事態を重く見た。１９９３年、米国関税局は、ジマーマンが軍事品を輸出したとみなして訴えようとした。数年にわたる捜査の末、結局ジマーマンに対する刑事告訴は取り下げられたが、その間ジマーマンはただ引き下がっているわけではなかった。その頃、ＭＩＴ出版局を通じて『PGP：Source Code and Internals』と題された一冊の書物が出版された。

※20 フィル・ジマーマン
（１９５４〜）システムエンジニア。暗号化技術の分野を得意とする。１９９１年にＰＧＰを開発し、公開鍵暗号方式を用いた暗号化ソフトウェアとして広く利用された。また、反核運動家としても知られる。

※21 Usenet
コンピュータ・ネットワークの一つで、主にテキストデータを配布・保存するシステムであるニュースグループをホスティングする分散型ネットワークを指す。現在のＷＥＢにおける電子掲示板やインターネットフォーラムの前身といえる。アメリカのコンピュータ科学者トム・トラスコットとジム・エリスによって１９７９年に着想され、翌年に実装された。

その書物には何百ページにもわたってC言語〈※22〉のソースコードが羅列されていた。それはPGPの全プログラムコードで、スキャナと文字認識ソフトがあれば誰でもPGPのコピーを製造することができるようになっていた。「言論と出版の自由」を逆手に取ったクレバーな発想力こそがビッグブラザーの専制に抵抗するための武器だったのだ（現在、こうした反逆的DIYスピリットは、自宅の3Dプリンタで銃器を製造する大学生たちにも受け継がれているのかもしれない）。

2000年代に入ると、暗号の輸出規制はようやく緩和された。ジマーマンたちは勝利したのだ。だが、もちろん暗号戦争そのものが終わったわけではない。メッセージのやり取りを暗号化してくれるPGPは、当局の目をかいくぐるために現在もダークウェブの住人の間で広く用いられている。

暗号通貨、PGP、そしてTor。これまでに言及してきたこれらすべてに公開鍵暗号技術が用いられている。暗号通貨はデジタル署名に、PGPはメッセージ内容の暗号化に、Torは仮想回線構築におけるセッション鍵の交換に、等々。

ここに至って、先ほど引用した「宇宙は暗号化を信じている。情報を暗号化するのは、これを複合するより容易い。われわれは、この奇妙な性質を用いて新世界の法を作ることができると思う」というサイファーパンクたちの言葉の意味がわかるだろう。「情報を暗号化するのは、これを複合するより容易い」という「奇妙な性質」とは、言うまでもなく公開鍵暗号プロトコルを支える一方向性関数という不動の数学的「真理」を指している。サイバースペースの暗号

※22 C言語
プログラミング言語の一つ。汎用性が高くあらゆる分野で用いられており、また使用者が多いためプログラマー同士のコミュニティの層も厚い。

空間化は、このサイファーパンク版カバラ数秘学〈※23〉的「摂理」（!）による必然的プロセスに過ぎない。「国家」も「信用」も「理性」も「善意」も「友愛」も必要としない、ただ一つ「数学」というもっとも美しくかつ純粋な法＝システムによる支配。これこそがサイファーパンクが夢見たユートピアに他ならない。

クリス・アンダーソンは断片化したインターネットを見て「ウェブの死」を宣言し、イーライ・パリサーはSNSに閉じこもる人々を見て「フィルターバブル」という言葉を作った。ツイッターやフェイスブックは運営企業のサーバーによって集中管理され、個人データは知らない間に吸い取られビッグデータとして企業の間で取り引きされている。もちろん、その間にも（スノーデンが暴露したように）NSAは海底ケーブルを傍受し、大手IT企業のサーバーにバックドアを仕掛け市民の通信を日々監視している。

なるほど、こうして見るとインターネットが夢見たサイバースペースの理念は確かに潰えたかに見える。しかし、（あえて「深さ」の隠喩を用いるなら）さながらジークムント・フロイト〈※24〉が探求した人間の「深層意識」のように、インターネットの地下にもう一つのサイバースペースとでも呼ぶべき暗号空間が遍在しはじめている。

Torネットワークは、ボランティアの運営する世界中に散らばった中継ノードを暗号化通路として繋げることで匿名的な通信を可能にする。自己同一性から解き放たれた私たちは、どこかにアクセスするたびに、ウクライナ、シンガポール、ドイツ、ラトビアを一瞬で経由する。

※23 カバラ数秘学
ユダヤ教の伝統に基づいた神秘主義思想から生まれた数秘学。ゲマトリアやノタリコンといった、単語を数字に置き換えたり語順を並び替えて新たな単語を作る暗号解読法を用いることで、聖書の言葉に隠された真理を解き明かすのを目的とする。

※24 ジークムント・フロイト
（1856〜1939）オーストリアの精神科医。人間の意識の埒外にある「無意識」に着目し、精神分析学の創始者として後世に大きな影響を残した。主な著作に『精神分析入門』『夢判断』など。

私たちは、あらゆるところに存在しているともいえるし、どこにも存在していないともいえる。「私は遍在する」〈※25〉

そして、ここにPGPという暗号化ソフトウェアと、ビットコインという匿名的な暗号通貨システムが加わる。私たちは、ブラックマーケット「シルクロード（Silk Road）」において、PGP、ビットコイン、Torという三種の神器が手を取り合うさまを見るだろう。三つの暗号化システムの重なり合いにおいて立ち上がってくる暗号圏、それこそがダークウェブに他ならない。

※25「私は遍在する」
メディアミックス作品『serial experiments lain』におけるキーワード。本作品については補論2で詳述する。

第2章　ブラックマーケットの光と闇

「シルクロード」へようこそ！

快適にご利用していただく前に、まずは「シルクロード」について簡単に紹介させてください。

「シルクロード」という名前は、アジアとアフリカとヨーロッパを繋ぐ旧世界の交易ネットワークの名前から採られました。私たちの現代版シルクロードは、さながら古代の交易ネットワークのように、双方の利益を安全かつセキュアな方法で交換するためのフレームワークを提供します。

あなたは、司法の観点からすると「違法」に見える商品が扱われていることにもしかしたら驚かれるかもしれません。しかし、このことは「シルクロード」が「無法」であることを必ずしも意味しません。それどころか、私たちはユーザーの同意に基づく非常に厳格な規範を共有しています。第一に、誰かに危害を加えたり不当に騙したりしてはいけない。また、いらぬお節介も禁止。この規則の精神に基づいて、以下のものを取り扱うことを禁止します。たとえば、児童ポルノ、盗品、暗殺請負、盗み出した個人情報、等々。全員がこの規則を守ることで詐欺師たちが横行することを防ぎます。

しかしながら、当サイトで安全性を保ちながら素晴らしい時間を過ごしていただくための最良の方法は、「シルクロード」がどのように機能しているかをあなたご自身で学習されること、その上で、「シルクロード」があなたのためにご用意した機能を最大限に活用されることとです。詳しいガイドはあなたのアカウントページのリンクからご確認することができますが、ここでは2、3ばかり。

●必ずエスクローシステムを利用すること！　詐欺師の99%は、偽のベンダー（販売者）アカウントを設定して、売り手に直接支払うことを要求したり、あるいは商品が到着する前に支払うことを要求したりします。

●フォーラムとウィキを読んで有益な情報を手に入れること。私たちのフォーラムは、新規メンバーを手厚くお迎えし、お力添えになるよう努力することを惜しみません。

●まずは少量から始めること。あなたのビットコインを大きな買い物に費やす前に、少量の取り引きから始めて要領を学んでいくことをおすすめします。

「自由は責任を伴う」という古いことわざがあるように、ここ「シルクロード」においても軽率な判断は身を滅ぼすでしょう。とはいえ、私はあなたの判断を尊重します。

楽しく、そして安全に！

あなたの忠実なしもべ

ドレッド・パイレート・ロバート（a）

のちに「ドラッグのeBay〈※1〉」や「闇のAmazon」とも呼ばれることになる「シルクロード」がTor秘匿サービス上に誕生したのは2011年1月のこととされている。Tor秘匿サービスとは、Torネットワーク経由でしかアクセスできない匿名的なサーバー運用を可能とするサービスのことで、URLには「.onion」という擬似的なドメインが使われる。この匿名的なサーバー運用が可能という性質から、犯罪などにも使われやすく、一般に「ダークウェブ」というと、このTor秘匿サービスによるウェブサイト群のことを指すことが多い。上の引用は、「シルクロード」をはじめて訪問したユーザーのためのページで、運営者ドレッド・パイレート・ロバート（DPR）の運営理念がわかりやすく書かれている。

「シルクロード」が扱う商品は多岐にわたる。コカイン、ヘロイン、LSD、ハシシュ、マリファナ、マジックマッシュルーム、エクスタシー、アンフェタミン、等々のドラッグから、発禁本、宝石類、煙草、衣類、アート、デジタル機器まで豊富に取り揃えている。支払いはすべてビットコインで行われる。また、売り手と買い手とのやり取りはすべてPGPによる暗号化

※1 eBay
世界最大級のインターネットオークションサイト。

が推奨されている。

違法ドラッグを扱うオンラインマーケットは当然ながら「シルクロード」以前にもあった。早くは1990年代後半にも、「ザ・ハイヴ（The Hive）」や「リサーチ・ケミカル・メーリング・リスト（Research Chemical Mailing List）」といったドラッグに関する情報を交換するフォーラムが存在していた。参加者の一部はサイファーパンク運動を経ており、薬物の調合や抽出に関する情報交換の傍らで、コンピュータやネットワークセキュリティに関する議論も盛んに行っていた。

2000年代前半には本格的なドラッグ市場がウェブ上にも現れはじめ、2004年には最初のオンラインを舞台にした法執行機関による取り締まり（operation web tryp）が行われ、10人の逮捕者を出している。

また、2006年には買い手と売り手を仲介する匿名電子メールサービス「ファーマーズマーケット（Farmer's Market）」が登場。数年間の間に3千件を超える注文を処理し、34カ国で100万ドルを売り上げた。「ファーマーズマーケット」はその後2010年にTor秘匿サービスに移動したが、2012年4月にアメリカ麻薬取締局の摘発によって閉鎖した。

このように、「シルクロード」以前のブラックマーケットは、個人間でのメールのやり取りがメインだったため充分にオープンとは言いがたかったし、取引相手が本当に信用できるかもわからなかった。それに何より、PayPal〈※2〉などのクレジットカード決済かウェスタンユニオンなどの国際送金サービスに依るしか決済方法がなく、送金詐欺に遭ったり、あるいは匿名性

※2 PayPal
アメリカを中心に世界で広く普及しているインターネットを利用した決済サービス。2002年にeBayに買収されたのち、同社の出身者たちはシリコンバレーにおいて起業家、投資家としてめざましい活躍を見せ、その結束力、影響力から「ペイパル・マフィア」と呼ばれる。なかでも創業者であり、中心的存在とされるピーター・ティール（→P197）については第5章以降で言及していく。

の低さから法執行機関に身元を特定されやすいといった問題を抱えていた。

この問題を「シルクロード」は鮮やかに解決してみせた。「シルクロード」の画期的だったところは、Ｔｏｒと暗号通貨を組み合わせた点にある。このことにより、匿名性を保ちながら公正かつセキュアな取り引きが可能となった。たとえば、「ファーマーズマーケット」のような初期のドラッグマーケットでは前払い方式がよく用いられていたが、この手法では注文したはずの商品が届かない等のトラブルや詐欺に対処できない。

「シルクロード」が採用した「エスクロー」と呼ばれるシステムでは、買い手と売り手との間に第三者を仲介させることでこの問題を解決しようとした。具体的には、買い手は注文を完了させると、自身のビットコインを売り手ではなく「シルクロード」が管理するエスクローウォレットに転送する。エスクローは買い手が無事商品を受け取るまで転送されたビットコインを保持しておき、買い手が商品を受け取ったことを確認したのち売り手のウォレットにビットコインを転送する。

このシステムをさらに洗練させた手法としてはマルチシグネチャ・エスクローがあり、「シルクロード」以後のブラックマーケットで広く用いられている。このシステムでは、売り手と買い手と仲介者であるサイトの三者のうち二者がＰＧＰキーを使って署名したときにだけ送金が行われる。この手法の利点は、仲介者であるサイト管理者による代金の盗難や持ち逃げを防ぐことができる点だ。

さらに、ビットコインによる取り引きの匿名性をより強化するための試みも行われている。ビットコインはすでに述べたように、すべての取り引きはブロックチェーン上に記録される。ビットコインに割り当てられたアドレスと所有者の身元は紐付けられていないので、その意味では匿名的といえる。しかし、ブロックチェーンに記録された取引履歴を丹念に追跡すれば、そこから所有者の情報を割り出しやすくなる。この追跡可能性の高さから、ビットコインはしばしば「疑似匿名的」な通貨といわれる。

この問題に対処するために生まれたのが、coinjoinと呼ばれるミキシング・プロトコルだ。これは同時期に発生した取り引きを混ぜ合わせてから最終的な支払い先に送信するプロトコルで、誰もが最終的には正確な量のビットコインを受け取るが、誰が誰にいくら支払ったのかは誰にもわからない。この仕組みにより、取引履歴の追跡を困難にすることができる。この他にも、DASH、Zcash、Moneroなど、様々な手法で匿名性を強化した暗号通貨が出回っており、ブラックマーケットでの取り引きをより安全かつ洗練されたものにしている。

匿名的なウェブホスティングとブラウジングを可能にするTor、メッセージに署名することで匿名性を保ちながら自己同一性を証明することが可能なPGP、そして匿名的な決済を可能にする暗号通貨、この三者が綿密に絡み合うことで「シルクロード」は成り立っている。

それに加えて、より安全な取り引きを行うための評価システムも「シルクロード」によってはじめて確立された。買い手は商品を5つ星で評価することができ、また具体的なコメントを残すことができるのだ。商品の質をはじめ、商品到着までの早さ、梱包（中身を悟られないためのカモフラージュはとても重要であり、有名なベンダーほどカモフラージュ技法は洗練を極めた。たとえば、ペーパー・アシッド――LSDを染み込ませた紙――は名刺に偽装され、錠剤は気泡緩衝材の気泡に忍び込ませていた）、質問やクレームへの対応、取り引きの安全性、アフターサービス、等々。このカスタマーレビューシステムによって、評判の悪い売り手や詐欺師は早々に淘汰され、逆に良いレビューが付いている売り手に顧客が集まるので、相対的に質の良い商品が出回りやすくなる。

もちろんこういったシステムは、表層ウェブにおけるオンラインストアの世界では一般的に用いられている。しかし違法薬物を扱うブラックマーケットの世界では革命的なことだった。まさに「シルクロード」が「闇のAmazon」と呼ばれる所以である。

「シルクロード」の革新性

それではより具体的に、ダークウェブのブラックマーケットではどのようなカスタマーレビューが行われているのかを見ていきたい。

なお、詳しくは後述するが、「シルクロード」は現存していない。そこで、ダークウェブのブラックマーケットを見ていくにあたり、「シルクロード」以降に登場し、現在も運営されているマーケットを参照する。

ここで取り上げる「ウォールストリート・マーケット〈※3〉(Wallstreet Market)」は、2016年にダークウェブ上に登場した比較的新しいオンライン・ブラックマーケットで、マルチシグネチャ・システムに対応し、Moneroなどの暗号通貨での決済も可能など、セキュリティ面の高さを謳っている。

他のブラックマーケットと同様、まずアクセスするとシンプルかつスマートなデザインのユーザーインターフェイスが目を引き、一見して違法薬物を扱っているようにはとても思えない。トップページには人気の商品が特集され、細分化されたカテゴリから多種多様なドラッグの商品ページにアクセスできる。とりあえず、ここではチーズと呼ばれる大麻の商品ページを見てみよう。ページを開くと、商品に関する簡単な説明文が添えられているのがまず目につく。

> チーズは、その酸っぱい香りから名付けられた、イギリスからのインディカ優勢ハイブリッド種で、その確かな効果と個性的な香りから世界中で高い人気を得ています。(b)

価格は1グラム5ドルで、7グラムから注文することができる。発送は国内(アメリカ)に限られるが、最短で1日から3日で届くようだ。支払いはビットコインかMoneroに対応。購入者による平均レーティングを見ると、コミュニケーション5点満点中5、クオリティ4・9、配送4・8と、高い評価を得ていることがわかる。以下は具体的なカスタマーレビューだ。

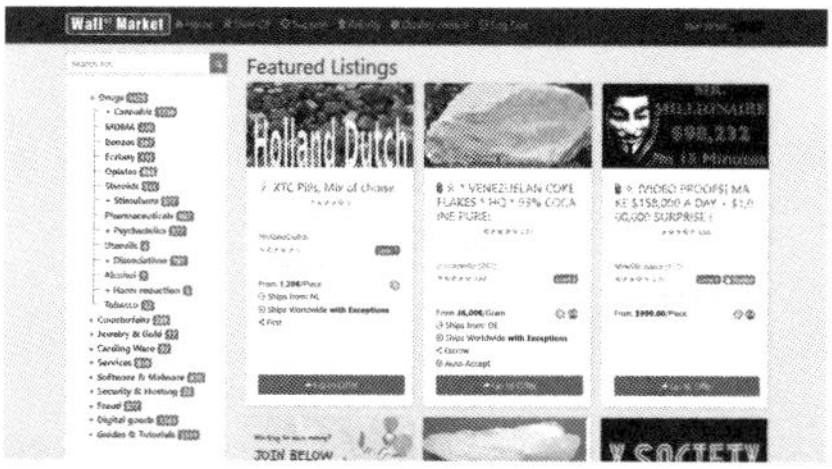

※3 ウォールストリート・マーケット (c)

最高の商品だ。何より香りが素晴らしい!! 秘匿性も完璧だし発送も早かった。A++。

秘匿性が素晴らしい。そして、彼女を開けてみると香りが一気に広がり、まるでtrain(ヘロインを指すスラング)をキメたときのようにガツンときた。これ以上のものは望めないだろう。

かつてないほどのなめらかな「燃える花」だ。迅速な発送。用心深い梱包。このベンダーは間違いなくおすすめ。(d)

この他に、「ウォールストリート・マーケット」では偽造紙幣まで扱っており、もちろんユーザーによる懇切丁寧なカスタマーレビューがついている。たとえば以下のように。

良いクオリティ。でも中央のセキュリティストライプ(紙幣の紙に織り込まれた偽造防止技術)がないので減点1。

ウォーターマーク(透かし)は印刷になっててあまりよくない。でもホログラムは完璧なので容易に「使える」と思う。

普通のプリント紙を触っているようで手触りはあまり本物っぽくないな。手頃な価格なのは評価できる。(e)

「ウォールストリート・マーケット」ではこの他にも、偽造パスポート、流出したクレジットカード情報、PayPalアカウント、ハッキング方法を記した商材、各種マルウェア、ランサムウェア〈※4〉、ボットネット〈※5〉、ハッキング代行サービスまで取り引きされており、明らかに「シルクロード」より商品の種類は増えている。なかには、銃器を販売したり殺人請負を謳っているマーケットも存在しているが、これらは先ほど引用した、「児童ポルノ、盗品、暗殺請負、盗み出した個人情報といった他者に危害を加えたり詐欺行為に関わる商品の取り引きを禁ずる」という「シルクロード」の規則からすると違反しているのではないか。おそらくはそうだろう。「シルクロード」閉鎖後、ブラックマーケットの様相もだいぶ変化してしまった。この点について、『Silk Road』の著者でジャーナリスト兼ダークウェブ・リサーチャーのアイリーン・オムスビー〈※6〉は最近のインタビューの中でこう述べている。

私は「シルクロード」が築き上げたブラックマーケットの黄金時代は終わったと考え

※4 ランサムウェア
コンピュータの機能を制限させるマルウェアの一種。制限を解除することと引き換えに身代金(ransom)を支払うよう要求することからそう呼ばれる。

※5 ボットネット
悪意ある攻撃者により、インターネット経由で遠隔操作されたコンピュータ群で構成されたネットワークの総称。従来の無差別目標的なウィルスとは異なり、コントロールが可能な分散型攻撃システムとして利用される。

※6 アイリーン・オムスビー
オーストラリアの法律家、作家、ジャーナリスト。ダークウェブのリサーチを得意としており、彼女の最初の著作『Silk Road』はダークウェブのブラックマーケット「シルクロード」の興亡を体系的に扱った最初の書物である。2018年には二冊目となる著作『Darkest Web』を刊行した。

ています。現在のダークウェブのブラックマーケットは無秩序な状態です。「シルクロード」以後のマーケットはより大きなものでしたが、自分たちが何を売っているかについて顧みなかったし、ほとんどの運営者は稼げるだけ稼いだらさっさとマーケットを畳むか、そうでなければ法執行機関によって摘発されるかでした。

今ではより小さい規模の、かつ管理されていないマーケットが乱立しています。もはや誰もエスクローにビットコインを保持する者を信用していないし、「シルクロード」によって確立されたシステムも機能不全に陥っています。現在のブラックマーケットは、「シルクロード」が持っていた誠実さも一貫性も持ち合わせていません。ロス・ウルブリヒト（「シルクロード」の運営者の実名、詳細は後述：編注）は、少なくとも「シルクロード」を可能な限り公正に運営しようと努めていたし、ベンダーと買い手にも常に配慮していました。（f）

確かに、「シルクロード」の運営者DPRは一貫した「思想」のようなものを持っていた。「他者に危害を加えてはいけない」という規律は他のブラックマーケットにはないものだったし、それにとりわけ、ドラッグの匿名的で自由な取り引きは、ストリートでの暴力沙汰を伴う取り引きや、国家権力との泥沼化した麻薬戦争を終わらせるものとしてDPRの目には映っていた。

この点について、法学と犯罪学の専門家によって執筆された学術論文「Not an 'eBay for Drugs': The Cryptomarket "Silk Road" As a Paradigm Shifting Criminal Innovation」も、DPRの見立て

を実際に裏付けるデータを提出している。「シルクロード」という「暗号市場」の登場は、近年稀に見る犯罪における革命（criminal innovation）を起こしたというのがこの論文の趣旨だが、とりあえず彼らの言い分を順に見てみよう。

まず筆者は、「シルクロード」は一般にいわれているような「ドラッグのeBay」ではないと主張する。「シルクロード」における取引データを統計分析した結果、ドラッグディーラーとドラッグ消費者との間の取り引きに加え、実はドラッグディーラー同士の間の取り引きも一定以上の割合で行われていたことが判明した。どういうことかというと、バイヤーはベンダーから一定数のまとまった量のドラッグを買い占めると、それをオフラインで転売するか、あるいは異なる「商品」を製造するための材料とするのだという。つまりこれらの場合の取り引きは、消費者との直接的な関係ではなく、卸売業者（あるいは製造業者）と小売業者との関係に近いという意味でeBayやアマゾンとはまったく異なるのだ。

そもそも重度のジャンキーは「シルクロード」を利用しない。理由は単純で、商品が届くまでの間の「時差」をジャンキーは耐えることができないから。それはともかく、以上のような「シルクロード」におけるディーラー間の取り引きの増加は、逆説的に暴力を減らす。というのも、それが本質的にバーチャルな空間における匿名的な取り引きだから、縄張り争いやカルテル同士の紛争といった現実空間における暴力沙汰の起こりようがないのだ。ドラッグの取り引きの舞台は、血なまぐさいストリートの暗がりから、サイバースペース上の暗号市場に移りつつある。つまり、「シルクロード」はドラッグ市場におけるゲームのやり方を根底から変えてしまう可能性を孕《はら》んでいる。これこそが「シルクロード」の革命性なのだ、と筆者らは結論付ける。

思慮深きマーケットの支配者

2013年8月、WEB版「フォーブス」上に掲載されたDPRのインタビュー記事は、「シルクロード」の運営者が表に現れたおそらくほぼ唯一の例という意味でも貴重だが、そこでDPRはドラッグに関する自身の思想を開陳している。

> 人々は自分自身の身体を所有しています。そして、自分の身体に何を入れるか選ぶのはその個人が持つ正当な権利です。だから、そのことについて他の誰か(たとえば国家)がとやかく言うべきではない。選択の自由と自己統治(self-ownership)の尊厳はどこまでも追求されるべきなのです。(g)

また、DPRの思想には明らかにサイファーパンクと共鳴するものがある。サイファーパンクとの繋がりや影響関係については「自分の世界の見方にラベルを貼りたくないのでノーコメント」（h）としながらも、セキュリティとプライバシーこそが焦眉の課題であることを強調している。

地球上の巨大政府に雇われた諜報機関が、人々のプライベートな会話を盗み取っています。しかし今や私たちはそれに対抗できる武器を持っている。PGPによるコミュニケーションの暗号化とTorは、SSLのように、世界中のコミュニケーションにとってのスタンダードになる必要があります。そして、「シルクロード」はこの推移に少しでも貢献したいのです。（i）

DPRは、インターネットと暗号通貨がもたらすテクノロジーが国家との麻薬戦争を終わらせ、社会を変革する力を持っていると信じていた。「人々は今や情報と貨幣の流れを自身でコントロールすることができるのです」（j）

他方で、DPRは「シルクロード」のフォーラム上において、「DPR読書クラブ」と題したスレッドを立て、毎週1冊の本を取り上げてユーザー同士と議論しあう機会を設けていた。そこでは主にリバタリアニズム、無政府資本主義〈※7〉、オーストリア学派経済学〈※8〉、政治哲学等に関する書物が読まれていた。彼らが読んだ本のうち日本でも翻訳紹介されているもの

※7 無政府資本主義
自由市場による自治を重視し、国家の廃止を提唱する政治思想。

※8 オーストリア学派経済学
ウィーン大学を中心に形成された近代経済学系の三大学派の一つ。自由放任主義的な経済政策をおおむね擁護する立場。本書に関連する論者としてルートヴィヒ・フォン・ミーゼス（→P198）など。

から例を挙げると、ウォルター・ブロック『不道徳な経済学――擁護できないものを擁護する』（講談社＋α文庫）、エドワード・グリフィン『マネーを生みだす怪物――連邦準備制度という壮大な詐欺システム』（草思社）などがある。どちらも過激な市場原理主義とリバタリアニズムを掲げた本だ。わけても前者は、貨幣偽造者、投機家、ダフ屋、麻薬の売人、中毒者など、法的に禁止されている多種多様な活動をリバタリアニズムの観点から擁護した本で、「シルクロード」の思想とも共鳴するものがあった。

ちなみにDPRは2012年10月1日の同スレッドでの書き込みにおいて、「シルクロード」はリバタリアニズムの理念を元に設立されていると明確に述べている。リバタリアニズムという、個人の絶対的自由と自己責任をどこまでも顕揚する思想がサイファーパンクと「シルクロード」の両者に共通して流れる通奏低音であったことは間違いない。ベンダー同士の競争原理、分散処理システム、コミュニケーションの暗号化、これらすべての要素がいかなる中枢にも統御されえない自由な個人の力を寿ぐ。「他者に妨害されない生、それこそが私が追い求める夢であり、そしてその同じ自由を他の人々にも共有してもらいたいのです」（k）

今や沈黙を破るときです。世界は、私たちのメッセージを聞く準備が整いつつあります。私たちが行おうとしていることは、ドラッグをせしめることでも権力に反旗を翻すことでもありません。私たちが行おうとしていること、それは私たちの人間としての権利のために立ち上がることであり、正しい行いに対して屈服することなく「正しい」と主張することなのです。「シルクロード」は、このメッセージを届けるための乗り物であり、その他のすべては二次的なことにすぎません。(一)

なるほど、確かにDPRは暗黒界の麻薬王などではまったくなく、むしろあるときは思慮深い哲学者であり、またあるときは扇動的な革命家であり、そして何より圧倒的なカリスマを持つ英雄であった。「シルクロード」、それは単なる違法マーケットではなく、一つの「運動体」であったのだ。

だがその一方で、同じインタビューの中でDPRが銃器の販売についても寛容な姿勢を取っていることも見逃せない。DPRはそこで、銃器がますます国家による規制の対象となりつつある現状を述べた上で、他者に危害を与えることを目的としない、純粋に自己防衛のための所持に限定しながらも、個人には銃器を所持する自由と権利があることを主張している。

DPRの銃器に対する姿勢はしばしば曖昧に見える。確かに設立当初の「シルクロード」では銃器や爆発物の取り引きは禁止されていた。だが、遅くとも2012年初頭の頃には一部の銃器の取り引きが「シルクロード」でも認められるようになり、さらに2012年2月26日には、「シルクロード」の銃器カテゴリを独立させ、新たに「ジ・アーモリー(The Armory:武器庫)」という銃器の取り引きに特化した姉妹マーケットとして設立しなおした。

しかし、「ジ・アーモリー」は「シルクロード」ほどの人気と支持を得られず、半年足らずで閉鎖を余儀なくされている。そもそも「ジ・アーモリー」は、銃器に関する方針転換に憤ったユーザーの批判をかわすために設立したマーケットだった。アメリカのほとんどの州で銃器は合法的かつ安い値段で手に入るので、売り上げが思うように伸びなかったのも一因と見られる（もちろん、高い金額を払ってでも正当な手続きを経ずに銃器を手に入れたい人間も一定数いるのだが）。アメリカ国内における銃器の蔓延が、ダークウェブにおけるブラックマーケットの発展を阻害したとすれば、それは皮肉な話である。「ジ・アーモリー」閉鎖以後、「シルクロード」内で再び銃器の取り引きが許可されることはなかった。いずれにせよ、この銃器に対する譲歩の姿勢は、DPRの思想の変化を示しているといえるのだろうか。

だがその前に、そもそもDPRが本当に一人の人物なのかどうか、という点についても考える必要がある。実際に、DPRはインタビューの中で、自分は「シルクロード」を創設したDPRとは別人であるとはっきり言明している。自分は前任者の意志を受け継いだだけであり、「シルクロード」の運営は共同作業の賜物である、とも。

そもそも、ドレッド・パイレート・ロバートという名前は、ウィリアム・ゴールドマン〈※9〉の小説『プリンセス・ブライド』（ハヤカワ文庫FT）に登場するキャラクターから採られているのだが、そこでの海賊ロバートは後継者へと名前が永遠に受け継がれていく半匿名的な存在として描かれていた。だから、その意味では「シルクロード」のDPRは単独ではなく過去に複

※**9 ウィリアム・ゴールドマン**
（1931〜）アメリカの作家、脚本家。1969年の『明日に向って撃て！』と1976年の『大統領の陰謀』の脚本でアカデミー脚本賞を受賞した。

数人いたという主張自体は自然といえば自然なのだが、もちろん本当のことはわからない。

　DPRの素性についてはこれまでにも様々に取り沙汰されてきた。なかには、DPRの正体はビットコインの創始者サトシ・ナカモトであるという説まで現れた。その根拠としては、「シルクロード」が初期のビットコインの隆盛に貢献したこと、サトシ・ナカモトが姿を消した時期と「シルクロード」が誕生した時期が符号していること、またサトシ・ナカモトが「今は別の仕事に取り掛かっている」という謎めいた言葉を残していたことなどが挙げられている。だが、残念なことにどれも決定的な証拠とはいいがたい。だいたい、サトシ・ナカモトの文体はイギリス英語だったが、DPRのそれはアメリカ英語だった。DPRの正体については、彼の逮捕以後、謎が明かされるどころかますます混迷を極めることになる。

　2013年10月1日、FBIはサンフランシスコのある図書館で一人の若者を逮捕した。若者の名前はロス・ウルブリヒト、29歳。彼は逮捕されたとき、ちょうど「シルクロード」に運営者としてログインしていた。さらに、彼のコンピュータからは2千万ドル相当のビットコインが押収された。FBIは、彼こそが「シルクロード」の黒幕ドレッド・パイレート・ロバートその人であると発表した。

　DPR逮捕の翌日から「シルクロード」は利用できなくなり、代わりにトップページには、サイトが摘発されたことを伝えるメッセージとともにアメリカ司法省とFBIのロゴが掲載された。

当然、「シルクロード」関連のフォーラムは紛糾した。「シルクロード」の摘発とDPRの逮捕ももちろんだが、しかし彼らにとってそれ以上に衝撃的だったのは、麻薬販売、ハッキング、マネーロンダリングといったDPRが課せられた容疑の中に、なんと殺人依頼まで含まれていたことだった。あの知的で思慮深い、そして何よりも暴力への反対の精神を持ち、それを他のユーザーにも共有させようとしていたDPRが、まさか陰で殺人と関わっていた……？　これは一体どういうことなのだろう。前述のアイリーン・オムスビーの著書『Silk Road』、それと「シルクロード」の情報をまとめたアーカイブサイト「シルクロード・テイルズ・アンド・アーカイヴス（Silk Road Tales and Archives）」などを中心に参照しながら、少しこのあたりの事情を追って見ていこう。

DPR逮捕の内幕

2013年1月、「シルクロード」のモデレーター〈※10〉の一人Chronicpainが大量のコカインを所持していた罪で逮捕された。このとき、DPRはほとんどパニックになっていた。というのも、Chronicpainは「シルクロード」の機密情報にアクセスできる権限を持っていたので、Chronicpainを通じて警察に情報が漏れる可能性は充分ありえそうに思えたからだ。そのうえ、ちょうど同時期に「シルクロード」の資産が何者かによって大量に盗まれるという事件も発生

※10 **モデレーター**
フォーラムの管理者で、不適切なユーザーの投稿を制限したり削除する権限を持つ。一般に運営者とは区別される。

していた。もしかしたら、この事件にもChronicpainが関与しているのではないか？

そう邪推したDPRは、Nobという密輸業者を名乗る男に相談を持ちかけるメッセージを送った。DPRは、彼と以前からメッセージのやり取りを行い懇意な関係を築いていた。彼は、世界中の犯罪組織とコネを持っていると自称していた。

Nobの提案はなかなか過激だった。というのも、ちょうど保釈されているChronicpainの自宅に押しかけて、その場で痛めつけて盗んだ金を取り返そう、というものだったからだ。DPRはこの計画に一も二もなく賛同し、その実行をNobに依頼した。

しかし、実行直前になってDPRは計画の変更を持ちかける。痛めつけるだけではもの足りない、いっそのこと殺してしまおう、と。DPRにとっては、実のところ盗まれた金よりも、Chronicpainが警察に「シルクロード」の機密情報を漏らす可能性を懸念していた。それならば、いっそ口を封じてしまったほうが合理的ではないか？　DPRはそう思い至った。

DPRは、前金としてNobに4万ドルを支払い、さらに「仕事」の完了が確認されたら後金として4万ドル、合計8万ドル支払うことを約束した。

Nobはプロの殺人集団を束ねていたので（少なくとも彼はそう言っていた）、この仕事もなんなくこなしてみせた。DPRは、事前に抜け目なく頼んでおいた「証明写真」、すなわちChronicpainの死体写真――日付とDPRが指定していたランダムな数字の羅列が記載された紙切れを添えておくのも忘れない――がNobから送られてくると、一人ほくそ笑んだ。だが結局、盗まれた金は戻ってこなかった。情報を吐かせる前に過度の拷問で死んでしまったからだという。Chronicpainは意外と口が堅かったのだ――おそらく。DPRはその日の日記にこう書いている。「彼を殺さなければならなかったのには、うんざりする。しかし、終わったことは終わったこと。彼があそこまで愚かだったとは私も思わなかった。私はただ、人々にいくらか誠実であることを望んでいただけなのに」(m)

DPRは、Nobに後金を払ったのち、次のようなメッセージを送った。「私は自分が間違ったことをしたとは思ってない。また機会があったら同様のことを依頼するかもしれない。そんな機会が訪れないことを願っているが」(n)

しかし、DPRに平穏が訪れることはなかった。Chronicpainの「処刑」から半月後、DPRはFriendlyChemistと名乗るユーザーから突如脅迫を受けるようになる。「自分は「シルクロード」にハッキングを仕掛け、ユーザー5千人分の個人情報を盗み出した。ネット上にばら撒かれたくなければ50万ドル払え」(o)FriendlyChemistから送られてきたメッセージには、そのように書かれていた。FriendlyChemistは、実際に彼が盗み出したと主張するユーザーの個人情報の一部をDPRに送ってみせた。確かに、彼がユーザー情報を握っているというのは本当らしい。DPRはまたも窮地に立たされた。

DPRが金を出し渋っていると、その1週間後、今度はredandwhiteと名乗る見知らぬユーザーからコンタクトを受ける。redandwhiteは、FriendlyChemistに以前から麻薬を売っていた業者の一人で、彼が滞納していた代金を取り返そうとしていた。不思議なことに、この男はFriendlyChemistがＤＰＲから金を脅し取ろうとしていることも知っており、そのトラブルの調停に来たのだという。ちなみに、Red and White、つまり赤と白は、ヘルズ・エンジェルス〈※11〉のシンボルカラーであり、暗に自分はそのバイカーギャング集団のメンバーであることをほのめかしているようでもあった。少なくとも、ＤＰＲはそう受け取った。よくよく考えると、明らかに奇妙な状況なのだが、ＤＰＲは意に介さず、ヘルズ・エンジェルスの力を借りて脅迫者を消すアイディアに飛びついた。

さっそく交渉を始めると、15万ドルという見積もりが返ってきた。この値段はChronicpainのケースよりもいささか高かったが、背に腹は代えられない。FriendlyChemistは今にも情報をリークするかもしれない。一刻も早い「処置」が必要だ。

２０１３年3月31日、結局ＤＰＲは15万ドル分のビットコイン（当時のレートで１６７０ビットコイン）をredandwhiteに転送した。ちなみに、このときの転送記録はブロックチェーン上に記録されているので、Bitcoinブロックエクスプローラなどで簡単に閲覧確認することができる。

数日後、redandwhiteから約束の「証明写真」が送られてきた。ＤＰＲを脅す人間は無事この世から消え去ったのだ。しかしこれで一件落着……とはもちろんならず、事態は思わぬ方向に展開していく。

さらにその数日後、「仕事」を終えたredandwhiteから再びメッセージが届いた。彼の仲間た

※**11 ヘルズ・エンジェルス**
アメリカンバイクに乗り、集会を開くアメリカのモーターサイクル・クラブ文化を基盤とした犯罪団体。世界各国に支部があり、半世紀以上の歴史を持つ。カウンターカルチャーとの繋がりも深く、反体制のアイコンとしてみなされる一方で白人至上主義を掲げ、ロックコンサート中に黒人の観客が殺害された１９６９年の「オルタモントの悲劇」の引き金となったことでも知られる。

ちがFriendlyChemistに「友好的でないやり方で」尋問した際、共犯者に関する情報を引き出すことに成功したのだという。しかもその共犯者というのが、過去に「シルクロード」のバイヤーたちから総額10万ドル以上もの大金を騙し取り、ほとんど伝説化している悪名高い詐欺師ベンダー、Tony76だというのだ。

Tony76、もちろんDPRにとっては因縁の相手である。そのTony76が、まさかFriendlyChemistと共謀していたとは……。もちろん、三人目のターゲットはすぐさまTony76に決定された。

だが問題が立ちふさがった。情報によれば、Tony76は他の三人の麻薬ディーラーと一緒に住んでいるというのだ。DPRはTony76だけを消したがったが、血に飢えていたredandwhiteは「他の邪魔者三人もまとめてバラして、取り返した金を山分けしよう」(p)と持ちかけた。向こうが提示した依頼金額は、Tony76一人の場合は15万ドル。しかし四人分まとめて依頼した場合は50万ドル。これは明らかにTony76一人を選んだ場合よりも「大変お得」な特別セール価格といえた。結局、後者を選んだDPRは、また新たに3千ビットコインをredandwhiteに転送した。

1週間後の2013年4月15日、redandwhiteからメッセージが届いた。「問題は処理されました。すぐにでも詳細をお伝えしたいのですが、あなたの心配事が一つ減ったということだけは確かです」DPRはすぐに返信をした。「ありがとう、またチャットで会おう」(q)

これらのことは、もちろんすべてDPR逮捕後に明らかになった。DPRが、計6人もの殺人計画に関与していた（しかもそのうち三人はDPRと面識すらない赤の他人だった）。「シルクロード」のユーザーがどれほど戦慄したかは想像に難くない。

あの敬虔な思想家DPR、我々に様々な「教え」を啓蒙してくれた偉大なリバタリアンDPRはどこに行ったのか？　これでは、まるで邪魔者を淡々と排除していく南米あたりの麻薬王と何ら変わるところがないではないか？

しかし、これで話は終わらなかった。さらなるとんでもないどんでん返しが待ち受けていた。2015年3月25日、通信詐欺、国有財産の窃盗、資金洗浄、利益相反行為などの容疑で、元麻薬取締局のカール・フォースが刑事告訴された。

カールは、「シルクロード」におとり捜査のためNobというハンドルネームで潜り込んでいた捜査官の一人であり、虚偽の殺人請負を通してDPRから金を騙して取っていた。つまり、DPRがNobに依頼したChronicpainの暗殺は実際には行われていなかったのだ。

それどころか、Chronicpainを逮捕していたのはカールその人であり、彼は減刑をちらつかせることでChronicpainに協力するよう仕向けた。Chronicpainの精巧な死体写真も、彼の協力の賜物だったのだ。

おとり捜査官が架空の殺人をでっち上げてみせることでDPRから大金をせしめていたと

は、これではどちらのほうが悪漢なのかわからないが、カールはこれ以外にも複数のハンドルネーム（DeathFromAbove, French Maid）を使い分けてDPRを繰り返し恐喝、合計70万ドル以上を巻き上げていた。もちろん、巻き上げた金を自身の懐に収めることも忘れていなかった。

それでは、他の5人の殺人はどうなのか。驚くべきことに（あるいはやはりというべきか）、FBIの調書によれば、同時期に発生した殺人事件を比較検討した結果、DPRが依頼した殺人が実際に行われた形跡はなく、これらの殺人計画に当局のおとり捜査官が関わっている様子もないようだった。

考えられるケースとしては、redandwhiteとFriendlyChemistが同一人物だったという可能性。あるいは、もしかしたらTony76が一人三役を演じていたのかもしれない。彼は、過去に「シルクロード」のバイヤーたちから10万ドル以上の大金を騙し取り、しばらく雲隠れしていた。その後、別の仮面を被ってDPRの前に再び姿を現し、過去に集めた個人情報を武器に、また50万ドルもの大金を巻き上げてみせたのだ。何とも水際立った大芝居であり、まるで三流のピカレスク小説を読んでいるようだが、もしこの仮説が正しいとするなら、Tony76はおそらく稀代の大詐欺師ということになるだろう。

結局、DPRは終始一杯食わされていたわけだ。DPRを取り巻く山師たちは、「シルクロード」という舞台における影の主役ともいえるかもしれない。

インターネットの二面性

しかし見方を変えてみると、これではDPRがあまりにもお粗末なのではないか。胡散臭い話の展開に怪しむことも知らず金を蕩尽《とうじん》し続けたDPRの醜態は、ユーザーの前で見せる思慮深い思想家としてのDPRの姿からは想像もつかない。それどころか、DPRはNobやredandwhiteとメッセージのやり取りを行う際、PGPによって暗号化することすら怠っていたという、にわかに信じがたい体たらくが明らかになった。

DPR逮捕に話を戻すと、DPRが法執行機関に身元を特定された原因も、実はセキュリティ意識の低さが密接に関わっていた。

この点について、FBIは不充分な情報しか公開していないので憶測も含まれるが、たとえば、今述べたPGPの暗号化を怠っていたのもそのうちの一つ。加えて、表層ウェブ上のプログラマー系フォーラムにおいて、本名を用いて秘匿サービスに関する質問をしていたりと、脇の甘さが目立っていた。しかも、そこでのプログラミングコードに関する質問内容は、「シルクロード」で実装されているコードと同様のものだった。

その他にも、「シルクロード」設立当初にビットコイン関連のフォーラム上で「シルクロード」の宣伝が書き込まれた際、その宣伝用アカウントに紐付けられていたGmailアドレスが、あろうことかウルブリヒト本人のものだったりと、凡庸なミスも見受けられる（そのおかげで、FBI

は「シルクロード」設立当初の段階でウルブリヒトに目を光らせることができた)。

つまり大雑把にまとめれば、「シルクロード」摘発の原因は、Ｔｏｒネットワークに内在する脆弱性ではなく、単純なヒューマンエラーに帰着するということが明らかになってきた。Ｔｏｒの匿名性は未だに破られていないという意味ではダークウェブの住人にとって不幸中の幸いともいえる。ちなみに、このヒューマンエラーという問題は、今後も繰り返し見られるダークウェブにおけるボトルネックであることが次第にわかってくるだろう。

単純なセキュリティ管理すら怠り、金に訴えて邪魔者を次々と消そうとした、自己陶酔に溺れた傲岸不遜な若者、ロス・ウルブリヒト。一方で、自由を求める闘士であり、リバタリアニズムの啓蒙家であり、「シルクロード」という運動体を束ねるカリスマＤＰＲ。この二人は本当に同一人物なのだろうか。果たしてＤＰＲは本当に「闇落ち」してしまったのだろうか。「レディット〈※12〉(Reddit)」などにおける「シルクロード」関連のフォーラムでは、当然様々な陰謀論が飛び交った。ロス・ウルブリヒトは身代わりになっただけの犠牲者であり、本当のＤＰＲは別にいるといった替え玉説から、「シルクロード」の影の黒幕はマウントゴックス(前章でも触れた、第三者のハッキングによって114億円相当分の仮想通貨を消失したビットコイン交換業者)のＣＥＯである、といった突飛な説まで。

ウルブリヒトの弁護団は当然ＤＰＲ複数人説を採った。先に挙げたＷＥＢ版「フォーブス」のインタビューでも、ＤＰＲは複数人いると言っていたではないか。ウルブリヒトは「シルク

※12 **レディット**
2005年に開設されたアメリカのソーシャルメディア／「コミュニティサイト。「インターネットの玄関口」を掲げている。ユーザーは自由にサブレディット(subreddit)と呼ばれるコミュニティを立ち上げることが可能。ニュース、学術、映画、音楽、ゲーム、書物、食べ物、等々、様々なジャンルのサブレディットが存在する。日本ではあまり一般的ではないが、英語圏ではインターネット文化に多大な影響力を誇る。

ロード」の設立に関わっただけであり、その後の運営や殺人依頼に関わったDPRは別人に違いない、と。

しかし、結局このDPR複数人説は却下され、検察によるDPR単独犯行説が受け容れられた。そして2015年5月29日、ニューヨーク州マンハッタンの連邦地方裁判所で、ウルブリヒト容疑者に仮釈放なしの終身刑が言い渡された。「シルクロード」の終焉である。FBIの試算によれば、「シルクロード」の総売り上げは12億ドルに及び、そのうち手数料として約8千万ドルをウルブリヒトは稼いでいた。登録ユーザー数は約100万人、総取引数は120万件を超えていたという。

DPRが本当にウルブリヒトただ一人だったのか、真相は闇の中である。ただ、このDPR複数人説が、暗号空間における同一性の性質そのものを表しているようでもあり興味深い。

先に述べたように、暗号空間における同一性は、現実空間における同一性と紐付けされている必要はないのだった。DPRという一つの名前のもとに複数の人間が存在することができるし、また逆に一人の詐欺師が複数のハンドルネームを使い分けることもできる。ただし、それは現実空間と乖離しているだけであって、暗号空間という閉じたシステムの内部では、PGPのデジタル署名によって個々のハンドルネームの「同一性」は厳格に保証されているのである（そうでなければドラッグの取り引きなどできない）。暗号空間における「匿名性」とはそのような種類のものなのだ。

その一方で、「シルクロード」が持っていた二面性についても考えてみたくなる。「シルクロード」は詐欺を根絶するための洗練されたシステムを実装していた。しかし現実には、「シルクロード」にはTony76を筆頭とする詐欺師が常に跋扈《ばっこ》していたし、悪質な荒らしや恐喝、ハッキング攻撃も日常的に行われていた。ダークウェブのブラックマーケットにおける技術は、詐欺師やハッカーとの戦いの中で徐々に整えられていったものだ。

同じように、「シルクロード」の運営者DPRも二面性を持っていた。フォーラム上でユーザーたちに自身の哲学を開陳している裏側で、金を積んで邪魔者を粛清しようとしていた。つまり、「シルクロード」は当たり前だが善良な人間ばかりではなかったし、ドラッグユーザーにとっての永遠のユートピアでも決してなかった。

こういった二面性は、すべての場所に存在している普遍的なものともいえる。たとえば、インターネットがダークウェブという「悪魔の双子」を産み落としたように……。

現在のインターネットに幻滅した人々は、Ｔｏｒネットワークに暗号化されたもう一つのサイバースペースを求めた。少なくとも、初期のサイバースペースの理念の一部をＴｏｒネットワークは補填するものと思われていた。しかし、周知のようにＴｏｒネットワークは犯罪の温床、ダークウェブと呼ばれるようになっていった。この変化を考えるとき、私は「シルクロード」の二面性について思いを馳せてしまう。インターネットの二面性、「シルクロード」の二面性、そしてダークウェブの二面性、これらは果たしてパラレルな現象なのだろうか。

第3章　回遊する都市伝説

殺人請負サイトQ&A

さて、DPRがまんまと一杯食わされた殺人請負詐欺であるが、実はダークウェブにおいて殺人請負はメジャーなコンテンツで、探せば結構な数の殺人請負サイトを見つけることができる。殺人請負サイトとは、その名の通り、ビットコインを支払うことで、暗殺者がターゲットを代わりに始末してくれるというサービスである。もちろん、そのうちの90%どころか、ほぼ100%が詐欺（scam）であり、実際に依頼を受けたヒットマンが殺人任務を遂行したケースは確認できていない。

このことを確認した上で、まず殺人請負の相場はどれくらいのものなのか、といった基本的なデータから見ていきたいと思う。偶然見つけた「ダーク・コントラクターズ〈※1〉(Dark Contractors - The hitmen for hire website)」なる殺人請負サイトにちょうど適当な料金リストが載っていたので参考までに引用する。

一般人の暗殺　5千ドル
地位のある人間（ボディーガードなし）の暗殺　7千ドル
要人（ボディーガード付き）の暗殺　2万ドル
ビッグ・ボス（大勢のボディーガード付き）の暗殺　10万ドル（a）

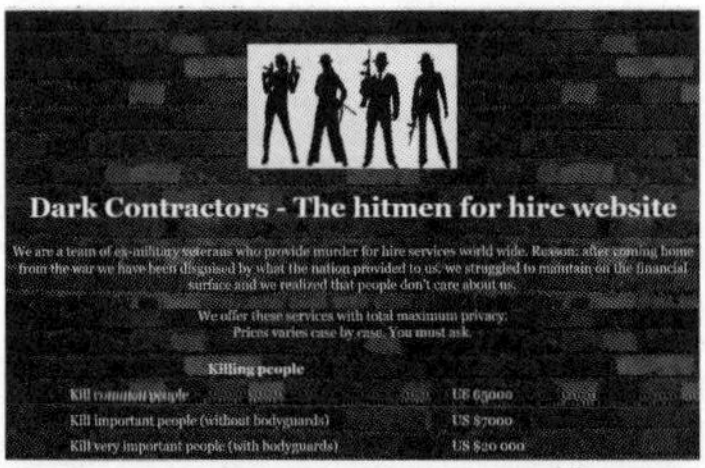

※1 ダーク・コントラクターズ（b）

金さえ積めばアメリカ大統領すら暗殺してくれそうで非常に頼もしい。ちなみにこのサイトではオプションも充実しており、代金を上乗せすることで、事故に見せかけたり、特定の誰かに殺人の罪をなすりつけたりすることもできるそう。至れり尽くせりとはこのことであろう。

別の殺人請負サイトもついでに見ておこう。「シシリアン・モブ〈※2〉(Sicilian Mob)」は2013年から活動しているらしく、登録者数も3千人近くいる。殺人請負界（!）ではなかなかの規模といえるサイトだ。

トップページの背景は黒で統一されており、フードを被ったヒットマンがこちらに銃口を向けている画像に目を奪われる。彼らは退役軍人からなる非常に優れたスキルを持つ暗殺チームを擁しており、安全かつ迅速に任務を遂行することができると謳っている。

しかし、トップページの情報だけでは、この殺人請負サービスが本当に信用に値するものかどうか判断できないだろう。そこで、このサイトでは親切にも「よく訊かれる質問」をまとめたQ&Aを載せることでユーザーの不安を取り除いてくれている。

Q　このサイトが法執行機関によるおとり捜査でない証拠は?

A　シシリアン・モブは警察によるおとり捜査ではありません。なぜならメンバーは全

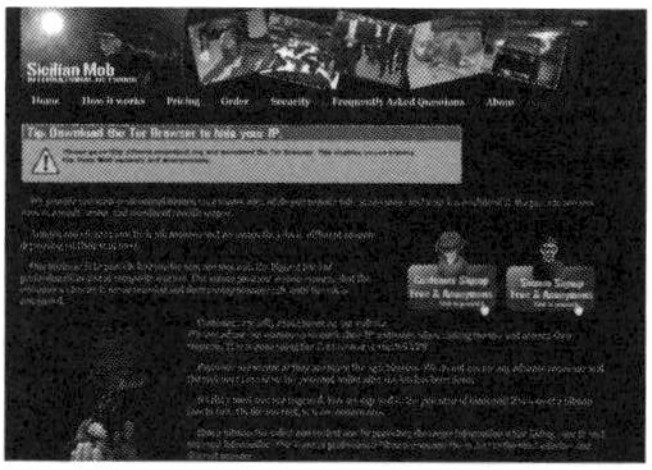

※2 シシリアン・モブ（c）

員匿名だからです。よく知られるように、ダークウェブでは個人の身元を完全に秘匿することができます。よって、我々のヒットマンは別として、顧客の皆様がたは完全に匿名であり、警察どころか誰もあなたの正体を知ることは決してできません。我々は現実世界で顧客の皆様とお会いすることはありませんし、また、お支払いはすべてビットコインでお願いしているので、顧客の皆様の個人情報（本名、クレジットカード番号、銀行口座）を要求することもありません。

Q　暗殺が遂行されたという証明を提示できますか？

A　「証明」の意味合いによるでしょう。もしあなたが我々のヒットマンが仕事を行っている映像をお探しでしたら、答えはＮＯです。しかしながら、注文していただいたお客様には、我々のヒットマンの訓練風景を収めた映像を提供しております。我々は通常、求人に応募してきたヒットマン候補に対し、指定した動画の提出を定めています。その動画とは、実銃を遠くの標的に向けて撃つ様子を撮影したもので、それを見てスキルを判断します。このテストを経ることで、適切でない人間をヒットマン候補からあらかじめ除外することができるのです（ちなみにヒットマンに志願したい人は応募フォームから応募することができます）。

他にも、様々なメディアのニュース記事からも我々の行った仕事の痕跡を確認できるでしょう。これらにはある定まった型があって、それは謎のガンマンが突然どこからともなく現れ、被害者を射殺したのち、バイクか車で逃げ去っていくというものです。これらの事件のほとんどは、我々のヒットマンが関与しています。たとえば、以下の記事も参照。（ロンドンの路上で男性が射殺された事件を報じた「ガーディアン」紙の記事のＵＲＬが貼られている：編注）

Ｑ　ダークウェブにヒットマンは一人もいないという説もありますが、本当でしょうか？

Ａ　そういった噂は、ダークウェブ上に存在する詐欺サイトに引っかかった犠牲者か、または法執行機関が妨害のために振りまいたデタラメにすぎません。

Ｑ　満足した顧客からのフィードバックはありますか？

Ａ　通常、ヒットマンを雇って願いを叶えた人々は、そのことを公の場で語りたがりません。彼らはそのことを秘密にして普通の生活を送ろうと努めます。我々も、お客様の皆様には我々のサービスについて他言しないことを推奨しています。

Ｑ　女性の暗殺も受け付けていますか？

Ａ　はい。我々は女性を殺すヒットマンも擁しています。ジェンダーによって費用が変わることはありません。

Q　子供の暗殺も受け付けていますか?

A　子供の暗殺は受け付けていません。子供は無垢な存在であり、子供の死のために金を払うということはありえない話でしょう。(d)

いかがだろうか。これで「シシリアン・モブ」は詐欺サイトではないという確証が持てたことと思う。殺したいほど憎い人間がいる貴兄は「シシリアン・モブ」の殺人請負フォームに記入してみるといいかもしれない。

顧客情報流出事件

ところで、殺人請負サイトにおける有名な事件といえば、「ベサ・マフィア(Besa Mafia)」がハッキングを受けた事件だ。「ベサ・マフィア」はアルバニア系のギャング集団が運営するとされる殺人請負サイト。インターネットのアンダーグラウンドでは一定の評価を得ているようで、大勢の顧客を獲得していた。

ところが、2016年4月、「ベサ・マフィア」のサイトが何者かによってハッキングされ、大量の機密データが流出した。顧客の個人情報から、ヒットマンのリスト、顧客が指定したターゲットの顔写真、そして運営者と顧客との間で交わされたやり取りまで、あらゆる情報が白日の下に曝《さら》された。なかには、相手の女を事故死に見せかけて殺してほしいという、夫を寝取られて家族を失った女からの生々しいメッセージもあった。

しかし、とりわけ衝撃的だったのは、暗殺請負が嘘っぱちであったばかりか、依頼してきた顧客の情報を法執行機関に引き渡していたという信じがたい事実だった。運営者は、リークされた法執行機関宛てのメールの中で次のような発言をしている。

私たちのサイトでは、殺人請負の依頼を受け付けていますが、実のところ殺人請負はフェイクで、ヒットマンは一人もいません。それどころか、顧客の情報とターゲットの情報を積極的に警察組織に引き渡しています。私たちはヨーロッパに住むプログラマーチームであり、私たちの真の狙いは、一種のおとり捜査を通じて犯罪者たちと闘うことなのです。(e)

ところが不可解なことに、「ベサ・マフィア」の運営者は、同じ法執行機関にもうひとつ別のメールを送っていた。「ベサ・マフィア」の元メンバーを名乗る者が発信したそのメールには、「殺人請負がフェイクである」という運営者の主張自体が嘘で、暗殺は現実に行われており、運営者は取り締まりを逃れるため出まかせを報告している。奴らのいうことを信じるな――という内容が記されていた。運営サイドがなぜこのような相反する内容のメールを送ったのか、その真意は今も謎のままである。

また、ハッカーがリークした情報によって、「ベサ・マフィア」がどのようにしてインターネット上で宣伝や工作活動をしていたか、その実態も明るみに出た。

実際、「ベサ・マフィア」に関する噂は、ダークウェブだけでなく、表層ウェブ上でも広まっていた。とある個人ブログには「ベサ・マフィア」に依頼したと自称する人間によるレポートが書かれており、「ベサ・マフィア」を称賛する文章とともに車の運転席で胸から血を流して死んでいる男性の画像が添えられていた。また、英語版ウィキペディアの「アルバニア・マフィア」の記事には、「アルバニア・マフィアは深層ウェブにおいて物議を醸すサイトを運営している。そのサイトでは、一般人から依頼を募って、暴行や放火、殺人などの暴力的なサービスを行っている」（f）という一文がいつの間にか書き加えられていた。虚構が現実を侵食していく。今やインターネット上のいたるところで、「ベサ・マフィア」の実在性と真正性を証す痕跡や徴《しるし》が見られるようになっていた。

一方で、「ベサ・マフィア」に関するネガティブな噂は奇妙にも消えていく傾向にあった。というのも、「ベサ・マフィア」は、自分たちに対して批判的であったり懐疑的な記事を見つけると、執筆者に少しばかりのビットコインを握らせて記事を削除させていたからだ。

それでも黙らなかった執筆者も当然いた。そのうちの一人、「レディット」の「/r/deepweb」のモデレーターを務め、ブログ「パイレート・ロンドン（Pirate London）」を運営するダークウェブ・リサーチャーのDeku-Shrubは、ブログ上で「ベサ・マフィア」は詐欺サイトであると告発していた。

そうした状況下で事件は起きた。2016年4月10日、一つの動画のURLがDeku-Shrubのもとに送られてきた。動画サイトにアップされたその動画を再生すると、フードを被った数人の男が、夜闇に紛れて車に放火している様子が映し出された。燃え盛る車を背後に、おもむろに一人がカメラに近づき手に持った紙を掲げてみせる。その紙には、「深層ウェブ　ベサ・マフィアからの刺客より　パイレート・ロンドン様へ」というメッセージ、そして「ベサ・マフィア」のURLと日付が書かれていた……。

この放火事件についても、リークされた情報によって現在ではある程度のことが判明している。放火していた男たちは、実は「ベサ・マフィア」にヒットマンとして応募してきた若者（ダークウェブで職探しする若者！）であり、運営者は彼らをうまいこと利用していたようだ。彼らへの指示が事細かく記された文章も見つかっており、「普通の車を選ぶこと。高そうな車でも安そうな車でもいけない」といった指示に始まり、ロケーション、段取り、カメラワークまでが指示に含まれていた。若者たちがその後、正当な報酬を受け取り、あるいは正式にヒットマンとして採用されたかどうかは怪しいが、いずれにせよ放火犯の正体はヒットマンでも刺客でもなく、よくいるダークウェブの雰囲気に憧れを抱いたチンピラでしかなかったようだ。

現在は「ベサ・マフィア」のサイトは閉鎖〈※3〉されており、アクセスすると、固く閉ざされた鉄の扉の背景画像と、短いメッセージが表示されるだけの無味乾燥な跡地に飛ばされる。メッセージには、「ベサ・マフィアは犯罪者たちから総額6万5千ドル分のビットコインを騙し取ったのち閉業しました。誰も痛めつけられていないし、殺されてもいません」とある。

しかし、HTMLのソースコードを覗くと、謎のアスキーアート〈※4〉とともに、とある「YouTube」のURLが隠されていることがわかる。そのURLを開いてみると、『サウンド・オブ・ミュージック〈※5〉』の劇中歌「So Long Farewell（さようなら、ごきげんよう）」がおもむろに流れ出したのだった――。

人身売買オークション

見てきたように、殺人請負もヒットマンも存在しない。存在したとしても、それは詐欺か都市伝説として、である。もちろん、それは人身売買や奴隷市場などの他のダークウェブ都市伝説についても同様で、マリアナウェブなどと同じく、人々がウェブの網目に幻視した束の間の白日夢に過ぎない。

ただし、とあるイギリス人モデルが誘拐された事件に関しては別かもしれない。これから紹

※3 閉鎖後の「ベサ・マフィア」（g）

※4 アスキーアート
テキストの記号や文字などを組み合わせることで表現されたイラスト。顔文字のように数文字で構成される簡易なものから数百字にわたるものまで様々。インターネットにおいてアスキーアートが用いられる際、風刺や皮肉のニュアンスが込められていることがある

介する事件には、単なる都市伝説では割り切れない不気味さが存在しているように見える。

２０１７年夏、イギリス人のモデル、クロエ・アイリーンの告白はイギリス中のタブロイド紙の見出しを飾った。彼女によると、自分はイタリアで二人組の男に突如誘拐され、「ブラック・デス（Black Death）」と呼ばれるダークウェブ上の人身売買オークションサイトで売り飛ばされそうになったのだという。

これだけの話なら、ただの売れないモデル（アイリーンの主な活動場所はインスタグラムだった）が売名行為のためにでっち上げた作り話か、単なる妄想に過ぎなかっただろう。しかし、この話が厄介なのは、誘拐は実際に起こっており、犯人も現に捕まっているという点にある。だからこそ不気味なのだ。

それどころか、「ブラック・デス」という人身売買サイトも実際にダークウェブ上に存在していたことが確認されている。ただし、このサイトの存在が話題になったのは今回の誘拐事件が起こる2年前、テック系のオンラインマガジン「マザーボード（Motherboard）」が記事として取り上げたのがきっかけだった。天井から吊るされたワイヤーで拘束されたブロンドの美女を15万ドル分のビットコインで競り落とすことができるサイト、そしてその背後で暗躍する犯罪組織「ブラック・デス」……。

その「マザーボード」の記事では、サイトの概要的な紹介にとどまっており、サイトの「真正性」についても記者は懐疑的な姿勢を取っていたが、その後に追記された読者からの情報が

※5『サウンド・オブ・ミュージック』
アメリカの映画監督ロバート・ワイズによる、ブロードウェイで上演された作品を原作としたミュージカル映画。

決定打となった。その読者によれば、そのオークションで取り引きされているブロンド美女の写真は、なんと「ポルノハブ〈※6〉(Pornhub)」に上がっているSM動画のサンプル画像と同じだったというのだ!

つまり、たとえ15万ドル分のビットコインを支払ったとしても、スーツケースに入ったブロンド美女が自宅に輸送されてくる可能性は極めて低いといわざるをえない。結局、「ブラック・デス」は他の多くの殺人請負サイトなどと同じく、失笑混じりの微苦笑とともにダークウェブ都市伝説の一つとしてインターネットの闇の中に埋もれていくことになったのだった——。

2年後、売れないブロンド髪のモデルを誘拐した容疑で一人のポーランド人が逮捕される。名前はルーカス・パウエル・ヘルバ、30歳。彼が「ブラック・デス」グループとの関与を認めたことから、都市伝説上の存在でしかなかった闇の人身売買組織の存在が、にわかに実在感を伴いながら再浮上してきた。

それにしても、なぜこのタイミングで突然「ブラック・デス」の名前が表舞台に出てきたのだろうか。だがひとまず、ヘルバ逮捕までの経緯を簡単に確認しておこう。

2017年7月11日、アイリーンは写真撮影の仕事のためにイタリアはミラノを訪れていた。ところが、その仕事の依頼というのはフェイクで、カメラマンを騙った男二人組に襲われ誘拐されてしまう。このときの状況について、後にアイリーンは現地警察に次のように語っている。

「黒い手袋をした男が後ろから近づいてきたと思うと私の口を塞ぎました。すると今度は黒い

※6 ポルノハブ
カナダのポルノグラフィ動画サイト。インターネットにおけるポルノ動画サイトでは最大規模を誇る。

目だし帽を被った二人目の男が私の右腕に注射針を突き立てたのです。次に目を覚ますと、私はどうやら車のトランクの中にいるようでした。手首と足首は縛られ、口はテープで塞がれていました。私はダッフルバッグに入れられていて、バッグに開けられた穴からかろうじて空気を吸うことができました」(h)

アイリーンをトランクに乗せた車は、ミラノ市から120マイル離れた農家の前で止まった。この家で数日間アイリーンは監禁されることになる。

誘拐犯は全部で5人いた。誘拐犯グループは、アイリーンのエージェントに対して身代金30万ドルを要求。もし身代金を払わなければ、彼女をダークウェブ上の人身売買オークションで売り飛ばすことになる、と言い添えることも忘れなかった。

ところがその数日後、計画は突如破綻することになる。アイリーンが一児の母であることが判明したからだ。「我々のルールでは子を持つ母親は除外されることになっている」と誘拐犯はアイリーンに言った。確かに、インスタグラム上のアイリーンの写真には、妊娠中の彼女や子供が写った写真が上げられていた。結局、アイリーンはあっさり解放されることになった。

そして7月17日、誘拐犯の一人とアイリーンがミラノのイギリス領事館に現れた。男はアイリーンを領事館の前で解放した直後に逮捕されたが、その男がヘルバだったのだ。

1ヶ月後の8月6日、事件が公表されるとイギリス中のタブロイド紙がこの絶好のネタに飛びつき、それまでほぼ無名だったアイリーンの名前とピンナップが「ザ・サン」や「ミラー」、「デイリー・メール」などのタブロイド紙のトップを飾った。

以上の顛末の多くはアイリーンの証言から成り、どこまでが本当に起こったことなのか断言するのは困難だ。誘拐の期間中、アイリーンとヘルバが食料品店で仲睦まじく買い物している様子が目撃されていることから、二人による共謀説の線も捨てきれない。彼女は、そのとき恐怖のあまり逃げ出すことができなかったのだと主張しているが。

ともあれ、ヘルバが「ブラック・デス」との関与を認めていること、さらに彼の所持品から「深層ウェブ経由での連絡を」という文章とTorメールのアドレスが書かれた名刺が見つかっており、この誘拐事件がダークウェブと何らかの形で関わっていることは明らかだった。

ところで、その名刺に記載されたメールアドレスを調べてみると、ダークウェブ上の分散型画像掲示板「overchan」でのヘルバの書き込みに行き着く。それは、自分は現在ヒットマンとして採用してくれる殺人請負マーケットを探しているのだけど、なにかいい情報を知らないか？　という内容で、どうやらヘルバは2016年の夏頃からダークウェブで職探しを始めていたらしい。

ちなみに彼はその書き込みにおいて、6年間の軍隊経験と特殊任務部隊経験があること、その後は5年間民間軍事会社において傭兵として経験を積んできたことを自己PRしており、積極的に自分を売り込もうとしていたことが窺える。「ベサ・マフィア」のケースにおける、車に放火してブロガーを脅していた若者を思い出してほしい。彼らもまた、職探しの末「ベサ・

マフィア」に拾われ、いいように「ベサ・マフィア」のプロパガンダに利用されていた。

ヘルバはダークウェブで一番規模の大きい殺人請負マーケットをしきりに知りたがっており、情報を知っている者はこのメールアドレスまで連絡してほしいという書き込みとともに付されていたのが、ヘルバの名刺に記載されていたメールアドレスだったのだ。彼がその後、「ブラック・デス」をみずから探し当てたのか、向こうからコンタクトがあったのかは謎だが、どこかの時点でヘルバと「ブラック・デス」がリンクしたのは確かだろう。

「ブラック・デス」は、実は2015年頃からポーランド語圏のフォーラム上でもたびたび言及されていたことがわかっている。加えて、「8chan〈※7〉」などの表層ウェブ上の匿名掲示板でも、「ブラック・デス」の存在と、そこで実際に人身売買オークションが行われていることをほのめかす怪文書めいた書き込みが目撃されていた。

つまり「マザーボード」が「ブラック・デス」を記事として取り上げた時点ですでに、「ブラック・デス」は一つの都市伝説としてインターネット上である程度知られていたことになる。もっとも、「ベサ・マフィア」のケースと同様、これらインターネット上を回遊していた怪文メッセージが、「ブラック・デス」による自作自演的なプロパガンダではないとももちろん言い切れない。

誘拐犯のグループは、アイリーンを誘拐する前日、「デイリー・メール」に「イギリスのモデルがロシアンマフィアに誘拐された」という文面のメールを送りつけていたとされる。不可解といえば不可解だが、これも話題性を狙ったある種のプロパガンダの一環として捉えること

※7 8chan

アメリカの画像掲示板。「8」は「∞」を表しており「インフィニティ・チャン」と読む。各「板」はユーザーによって管理され、運営者の権限は最小限に抑えられている、言ってみれば掲示板におけるリバタリアニズム的「最小国家」を目指している。この中のゲーマーゲートを扱う板「/gg/」、政治的トピックを扱う板「/pol/」はオルタナ右翼の培養地となったほか、一時期は児童ポルノも多く投稿され問題視された。2018年にはトランプ大統領支持者らによる陰謀論「QAnon」(→P256)の拠点の一つとなった。

もできるだろう。

もっといえば、一連の誘拐事件そのものが、「ブラック・デス」の名前を世間に売り込むための一大キャンペーンだった可能性もある。そして、ヘルバはそのために利用された駒に過ぎなかった。もちろん本命は誘拐の身代金30万ドルだが、たとえそれが失敗しても、メディアが「ブラック・デス」を宣伝してくれれば元が取れるという算段だったのかもしれない。言うまでもなく、「マザーボード」が明かしたように、人身売買は実際には行われていない。しかし、低俗なタブロイド紙が扇情的に書き立てれば、嘘もやがて真になる。

ヘルバは、「ブラック・デス」の運営者を名乗る「ルーマニア人」に指示され、50万ドルの報酬と引き換えに今回の誘拐計画を実行したと供述している。

スナッフ・ライブストリーミング

「赤い部屋」という都市伝説がある。インターネットを閲覧していると、突如「あなたは好きですか?」というメッセージの真っ赤なポップアップ広告が表示され、それを消そうとすると殺されてしまうというものだ。このインターネット都市伝説をテーマにしたFlash〈※8〉作品「赤い部屋」はFlash黄金時代を彩る名作の一つで、読者の中にもトラウマとして記憶に残っている人は多いと思う。

※8 Flash
インターネット上で動画を配信する際に利用されるファイル規格の一つ。転じて、特に2000年代前半に流行した、画像や音声を用いたWEBコンテンツの総称。

この「赤い部屋」の都市伝説は、その後様々なバリエーションを生み出したが、どういう因果か2015年に突如ダークウェブに出現し物議を醸したサイトも、日本の都市伝説に敬意を表するかのように「赤い部屋」の名前を冠していた。その名も「ISIS red room」である。

ある日、「レディット」の住人が「おい！　これマジかよ?·?」というタイトルとともに一つのURLを投稿した。それがダークウェブのサイトであることを示すonionアドレスをクリックすると、「ようこそ！」という歓迎の文と、特定の日付を指し示したカウントダウンが表示される。「あなたはこの世の最悪をまだ見たことがない」（i）

そのサイトは無料のライブストリーミングサイトで、彼らが捕らえてきたISIS（イスラム国）の兵士を拷問し、そして最終的に殺害する様子を全世界に向けて生中継するという。しかも、配信者と視聴者の関係は双方向的であり、視聴者はチャット欄にコメントを打つことを通して拷問の内容を指示することができる、というのだ（少なくともサイトの説明文にはそうあった）。

最初のライブ配信は協定世界時2015年8月29日に行われる。カウントダウンはそのためのものだ。「ISISの豚どもはベーコンになるだろう……」（j）

殺人の様子を撮影した映像のことをスナッフフィルムと呼ぶ。もちろん、CGやトリックを用いない、「本物」の死を映像に収めたものでなければならず、強烈な刺激を求める人々の娯楽用に出回っているものをいう。

スナッフフィルムという言葉が最初に使われたのは、マンソン・ファミリー〈※9〉を扱ったノンフィクション『ファミリー――シャロン・テート殺人事件』（小鷹信光訳、草思社文庫）だとされる。それによれば、マンソン・ファミリーは1969年の夏頃から、スーパー8〈※10〉のカメラを用いて、自身の活動を映したホームムービーのような映画を撮っていたという。それは、メンバーの一人がアシッド（LSD）でトリップしている様子を映したものだったり、ナイフを持って踊り狂っているものだったり、あるいは単にセックスを映しているものだったりした。

また、ファミリーは映画を上映できる機材を借りて、夜になるとロサンゼルスの北や南の人気のない海辺で野外映画上映会をたびたび行っていた。そこで上映された映画には三つのタイプがあり、第一はファミリーの踊りとセックス、第二は動物のいけにえ、そして第三のタイプは人間をいけにえにした映画だった。

『ファミリー――シャロン・テート殺人事件』の著者は、元ファミリーのメンバーだった匿名の人物へのインタビューから、第三のタイプの映画、「海辺に横たわった女性の犠牲者を映した短い映画」の存在を聞き出す。

ええ、まあ、知ってましたよ。一本だけ、殺し《スナッフ》の映画があるってことを。つまり……

――どの殺しの映画のことだ？

※9 マンソン・ファミリー
アメリカのカルト指導者であるチャールズ・マンソンが1960年代後半にカリフォルニア州で率いていた生活共同体。マンソンの教唆による女優のシャロン・テート殺害をはじめ、多数の不可解な死に関わったとされる。

※10 スーパー8
動画用フィルムの規格。

二十七ぐらいの若い娘で、髪は短くて……、ええ、そう、首をはねられていてね、そいつは……

（……）

——どんな連中だ？　首を切られた娘のほかに誰がうつっていた？

顔は全然でていないんだ。みんな、黒い頭巾のついた黒装束をつけてたんでね。

（……）

——（……）娘は縛られていたのか？　自分からすすんでいけにえになったように見えたか？

（……）

死んでいた。死んで、そこにころがっていただけだ。（k）

ただし、この匿名の人物の証言には不明瞭なところがあり、人から聞いた話をしているに過ぎないようにも見える。

――その映画の残りの部分は？

見なかった。おれは、ただ……（l）

他にも同書では、ロサンゼルスの麻薬ディーラーが、ある女性の被害者を映した儀式殺人の映画を、ニューヨークのある高名なアーティストに売ったらしいという噂話が紹介されている。ところで、デヴィッド・ケレケスとデヴィッド・ストレイターによる共著『キリング・フォー・カルチャー――殺しの映像』（フィルムアート社）という、スナッフフィルムなどの「死」にまつわる映像の歴史を体系的にまとめた労作がある。

この本では、先に挙げたマンソン・ファミリーのスナッフフィルムを嚆矢《こうし》として、１９７６年にアメリカで公開されたエクスプロイテーション映画〈※11〉『スナッフ／ＳＮＵＦＦ』、ヤコペッティの『世界残酷物語』〈※12〉を始祖とするモンド・フィルムの系譜、人間の「死」を映

※11 エクスプロイテーション映画
社会問題や性的描写を題材とすることでセンセーショナル性を煽った映画の総称。観客から金銭を搾取（exploitation）することが目的とされる。

※12『世界残酷物語』
イタリアの映画監督グァルティエロ・ヤコペッティによる、世界の野蛮で残酷な奇習・風俗を描いたドキュメンタリー映画。ただし、その演出にはやらせやねつ造が多く含まれている。こうした観客の見世物的好奇心に訴えた映画作品は、本作の原題『Mondo Cane』にちなんでモンド・フィルムと呼ばれる。

してしまったニュース映像など、広範な領域の「殺しの映像」を扱っている。しかし、（偶然人の「死」を撮ってしまったニュース映像は別として）これら商業目的で制作された「殺しの映像」の99％以上はフェイクであり、強烈な刺激を求める人々の欲望を満たすためだけに粗製乱造されたエンターテイメントに過ぎないという。

たとえば、『スナッフ／SNUFF』は南米から密輸される途中で警察に押収されたという曰く付きの映画で、タイムズスクエア付近のナショナル・シアターに貼られた一枚のポスターには、血まみれの女性のヌード写真が切り刻まれたデザインとともに、「南米だからこそ製作できた！　……命の値段が安い南米だからこそ！」というキャプションがついていた。

この「スナッフフィルム」の突然の登場はあまりにもセンセーショナルで、映画館の前では上映に反対する抗議デモまで行われた。だがもちろん、この映画には「本物」の殺人は一切映っていない。もともとこの映画は、お蔵入りになった三流エクスプロイテーション映画だったのだが、結末にマンソン・ファミリー流のスナッフ映像を即席で付け加えることで、南米から密輸された曰く付きのスナッフフィルムという都市伝説のフォーマットにこしらえたのだ。プロデューサーは、匿名で様々な情報をマスコミに流していたので、この都市伝説はアメリカ市民の間にまたたく間に広がっていった。

結局、娯楽／販売目的で殺人の様子を撮影した映像、という厳密な意味でのスナッフフィルムはこの世に存在したためしがない、と『キリング・フォー・カルチャー――殺しの映像』の著者は結論付ける。ただし、この本の原書が出版されたのは1994年、すなわちウェブ以前の時代を扱った本である、ということは確認しておかなければならないだろう。

たとえば、2007年にインターネット上に流出した悪名高いホームビデオ「ウクライナ21」は、ウクライナの若者二人組が男性を殺害する様子を撮影したもの。若者たちが快楽目的で21件にのぼる殺人を繰り返していたこと、また殺害映像を販売する予定であったという証言から、この「ウクライナ21」はスナッフフィルムの厳密な定義に当てはまる、おそらく史上初の映像といっていい。

また、2010年代中頃に入ると、ISISによる斬首死刑動画がインターネット上の動画サイトで出回るようになる。動画自体はISISのイデオロギーを伝えるためのものであり、純粋な意味でのスナッフフィルムと呼べるかどうかは怪しい。とはいえ、好奇心目的で閲覧する層が一定数以上いたであろうこともまた確かだ。

そして2015年、スナッフフィルム史に新たなメルクマールを屹立せんといわんばかりに現れたのが「ISIS red room」だったのだ。「ウクライナ21」は、あくまでもホームビデオがインターネット上に流出しただけであって、映像自体がインターネット特有のメディア性を備えていたわけではなかった。それに対して、「ISIS red room」はあらゆる点でインターネット時代のスナッフフィルムといえる。第一に、ライブストリーミングであるという点。そして第二に、インタラクティブ性。この二つの要素によって、配信者と視聴者がリアルタイムで双方向的なやり取りを行いながら、スナッフフィルムを共同でクリエイトしていくことが可能となる。さらに、「ISIS red room」は無料だが、ビットコインを投げれば配信者に指示を出せるというオプショナルな課金プランを設ければ、ビジネスモデルとしても成立できる。これはまさしくスナッフフィルムにおける革命といえた。もちろん、この「ISIS red room」の殺人ショーなるものが「本物」だったら、の話ではあるが。

さて、そうこうしている間に（ISIS兵にとっての）デッドラインである8月29日が近づいてきた。「レディット」などのフォーラムでは当然、侃侃諤諤《かんかんがくがく》の議論が巻き起こった。これは「釣り〈※13〉」なのか？ それとも「本物」なのか？ という真贋の議論にはじまり、警察のおとり捜査説や、社会実験説、はたまた実は捕らえられているのはアメリカ人であり、配信者こそがISISなのではないか、といった説まで、パラノイアは際限なく肥大化していった。

しかし議論の根底にあったのは、このコンテンツ自体の倫理性についてだ。「ISIS red room」の運営者は、「我々のビジネスの目的は、ISISを傷付け、貶めることなのです」（m）と書いていた。確かに、殺されるのがISISのテロリストなのであれば、我々は良心の呵責をさほど覚えずに済むかもしれない。テロリストと闘うためという大義名分が、娯楽目的で人間が殺される様子を見物する行為をある程度免罪してくれるだろう――少なくとも当人たちの中では。

もちろん、虐殺行為への加担に反対する声もあった。なかには、チャット欄を荒らして拷問

※13 釣り
掲示版などに人が食いつきそうな嘘や情報を書き込み、騙された人々の反応を楽しむ愉快犯的な行為を指すスラング。

への指示を不可能にしようと試みる自警団まで現れた。

そして、いよいよカウントダウンのときがやってきた。一体何が起こるのか？　と思った途端、開始時刻を目前に控え突然サイトがダウン。ＦＢＩがタイミングよく嗅ぎつけたのか？　それとも単にアクセス過多でサーバーがダウンしたのか？　それとも……。

だが1時間後、サイトは何事もなかったかのように復旧する。しかも、トップページには次のような記載が。「たくさんの参加と指示をありがとう！　配信は無事終了しました。配信内容の一部をアップロードします」（n）そして、謎の動画ファイルにアクセスできるＵＲＬ。

どうやらいつの間にかライブストリーミングは終了していたようだ。果たしてそのライブストリーミングに実際に参加できた人間が一人でもいるのかどうかは疑問だが。トップページに貼られた動画は20分弱のもので、画質はとても荒く、しかも激しいバッファリング〈※14〉のせいか頻繁に画面が止まる代物だった。

薄暗い部屋の隅に白いフードを被った男がうずくまっている。どうやら捕らえられたＩＳＩＳの兵士らしい。そこにパーカーのフードを被ったアラビア訛りの男が現れ、何事かをＩＳＩＳの兵士に話しかける。退屈な数分間の後、アラビア訛りの男が画面から外れたと思うと、何かが盛り付けられた皿を手に持って再び現れ、それを画面手前の机に置いた。それは、山盛りのベーコンだった。

これ以上何を書いても蛇足になるだろう。事実、その「スナッフフィルム」なるものはかな

※14 **バッファリング**
ストリーミング中にデータ処理のため待ち時間が発生すること。

りお粗末な代物だった。ベーコンでISISをぺちぺちはたいてみたり、無理矢理食べさせた後はハンマーのようなもので拷問している様子が映し出されるのだが、肝心の瞬間はバッファリングのせいで見られず、そのうえ被害者はフードを被っているので血すら見えないのだ（かろうじてフードに黒い染みのようなものが付いていた）。被害者のやる気のない痛がる素振りも、逆の意味で痛々しい。

翌日、FBIにサイトが摘発されたことを示す出来の悪い画像がトップページに現れ、「ISIS red room」の短い歴史は幕を閉じた。

だが、ダークウェブの深層に、「本物」の殺しのライブストリーミングが行われる「赤い部屋」が存在した、という都市伝説（creepypasta）は今後もしばらくネットの海を回遊し続けるだろう。

edop

第4章　ペドファイルたちのコミュニティ

omm

nity

児童ポルノの爆発的な拡散

インターネットの台頭は児童ポルノのあり方を根底から変えた。

近代的な児童ポルノの誕生は写真が発明された19世紀中頃まで遡ることができるが（『不思議の国のアリス』の作者ルイス・キャロルが少女のヌード写真の撮影を趣味としていたことはよく知られている）、そこでの製造と交換は小さな愛好家のグループの中でのみ行われていた。児童ポルノを手に入れるには、愛好家グループのコネクションを頼るしかなく、しかも非常に高価だった。

1960年代末、北欧地域における猥雑法の緩和〈※1〉と、「性の解放」運動〈※2〉によって加速されたミニ児童ポルノブームが起こると、アメリカや他のヨーロッパ諸国に、デンマークやスウェーデンやオランダの児童ポルノ雑誌やヌーディズム系雑誌が大量に輸入されてきた。1978年に児童ポルノを取り締まる初の連邦法が制定されるまで、アメリカ国内の書店では子供の裸体が載ったヌーディズム雑誌や、大人と子供の性交を描写した写真が載った雑誌が堂々と販売されていた。少女売春を扱った『タクシードライバー』〈※3〉や『プリティ・ベビー』〈※4〉などの映画が公開されたのもこの頃だ。

とはいえ、この時代における児童ポルノの流通は未だ限定的で、たとえばイリノイ州議会のレポートによれば、1970年代に同州でもっとも流通していた児童ポルノ雑誌の部数でさえ年間800部程度であり、売り上げが3万ドルを上回ることはなかったという。そのうえ値段

※1 北欧地域における猥雑法の緩和
1960年代の欧米におけるカウンターカルチャーの隆盛を受けて1967年に制作されたヴィルゴット・シェーマン監督作『私は好奇心の強い女（イエロー篇）』のヌード描写をめぐって論争がおこり、結果としてスウェーデンはセックスに関する検閲を廃止した世界で最初の国となった。

※2「性の解放」運動
「性の革命（sexual revolution）」とも。一般には1960年代から80年代にかけてのアメリカにおける性に関する既成概念を打破するための社会運動を指す。主に伝統的なヘテロセクシャルや一夫一妻制に対する批判に端を発し、中絶、婚前交渉、ポルノグラフィ、ホモセクシャル、ヌーディズムなどを擁護したが、80年代には社会の保守化に伴い退潮した。

※3『タクシードライバー』
マーティン・スコセッシ監督によ

は高く、プリントの質も粗悪だった。

この時代もっとも悪名高いとされた雑誌は、74年頃からアメリカ国内でも出回りはじめていたオランダの『ロリータ』で、児童ポルノの隙間を埋めるがごとく設けられた広告スペースは、世界中の愛好家たちが児童ポルノを交換・販売するために連絡を取り合う場として機能していた。同雑誌は１９７８年以降、アメリカなどで法規制が進んでもしぶとく生き残り、発行者は読者のアマチュア写真家から自作の児童ポルノを募り、その見返りとして雑誌を個人宅に輸送していた。『ロリータ』はオランダで発行されていたが、載っているモデルはアメリカの女児が多くを占めていたという。とはいえ、発行者の談話ではピーク時ですら最高２万５千部程度であり、児童ポルノの消費層は未だに限られていたことが窺える。

しかし、インターネットの登場は、この状況を一変させた。とあるネット上の有料児童ポルノサイトの登録者数は25万人以上だったという。この児童ポルノの消費者の指数的な増加は、インターネットの構造そのものと関わっている。まず、インターネットは児童ポルノの配布と拡散を格段に容易にする。データ化された児童ポルノは、劣化せずに無限にコピーが可能。しかも1クリックで全世界に公開できる。消費者は自宅にいながら、ときに無料、しかもときに匿名で児童ポルノを好きなときに手に入れることができる。今やウェブの網目が世界中の愛好家を一つに繋げていた。

90年代はニュースグループ（P56注21参照）などのコミュニティが愛好家の棲家だった。しかし、

る１９７６年公開のアメリカ映画。ベトナム戦争で心的ストレスを抱えた元海兵隊員の主人公トラヴィスは、学校に通わず売春で生計を立てる少女アイリスと出会い、退廃的な社会の浄化を決意する。アイリス役を演じたジョディ・フォスターは公開当時わずか13歳であった。

※4『プリティ・ベビー』
フランスのルイ・マル監督による１９７８年公開のアメリカ映画。１９１０年代のルイジアナ州ニューオーリンズを舞台に、娼館に生まれ、12歳の幼さで肉体を売ることになる少女ヴァイオレットの運命を描く。

2000年代に入ると、インターネット上にも商業児童ポルノスタジオが台頭してくる。2001年に設立されたウクライナのLSスタジオはそのうちの最大手で、1500人の子供モデルを擁し、両親の同意のもとカメラの前に子供たちを全裸で立たせ扇情的なポーズを取らせていた。LSスタジオが摘発されるまでの3年間の間に販売していた動画は数百本、画像は50万枚以上にのぼるとされる。

フィリピンのサイバー・セックス・ツーリズム

2010年代に入って、インターネットにおける児童ポルノが問題として浮上してきた地域のひとつがフィリピンだった。国際人権団体「Terre des hommes」のレポートによれば、フィリピンの児童たちはスカイプ、フェイスブック・メッセンジャー、スナップチャット〈※5〉などのライブ配信アプリを通じ、みずから肢体を晒しているという。通信相手は主に欧米諸国の顧客。フィリピンにおけるインターネットの普及が、子供を利用した児童ポルノビジネスの急増に繋がっている。

そのようなビジネスで子供たちを食い物にしていた犯罪者の一人に、ピーター・スカリーというオーストラリア人がいた。彼はオーストラリア本国での詐欺罪の追及を逃れるために2011年頃にフィリピンに渡り、以来この地を拠点にして児童ポルノビジネスに励んでいた。

※5 **スナップチャット**
スマートフォン向けの写真共有アプリケーション。

東南アジアでは、子供の値段は思いのほか安い。児童ポルノの出演者は現地で簡単に調達できる。ストリートチルドレンや貧困家庭の少女に金や食料をちらつかせれば、家におびき寄せるのもわけなくできる（なかには両親に直接取り引きを持ちかけるケースもあった）。

スカリーは、そうして誘い出した少女たちを自宅に監禁し、性的虐待の様子を撮影。動画は「ノー・リミッツ・ファン（No Limits Fun）」というダークウェブ上のサイト兼プロダクション・カンパニーを通じ、世界各国の小児性愛者たちに売りさばいた。なかには1万ドルの値がついたものもあったという。

もちろん、そこには同国における貧困が大きな影を落としている。特に英語を公用語とするフィリピンでは、児童がライブストリーミングを介して視聴者とコミュニケーションが取れる。そこに金銭が絡めば、立派な児童ポルノビジネスの成立だ。なかには、家族ぐるみでペドファイル（小児性愛者）向けに動画配信を行うケースもある。カンボジアに一時期、スワイパー村と呼ばれる外国からのセックスツーリストが訪れる売春村が存在したが、さながらそのインターネット版といった様相を呈している。貧困、インターネット、グローバリゼーション、土着的な家族主義、すべての要素が逃れがたく絡み合うことで、子供たちを搾取するディストピアが形成されていた。

ウェブカム・チャイルド・セックス・ツーリズム（WCST）とは、児童ポルノと児童売春の複合体である。それは表面上、児童ポルノの形式を採りながら、スワイパー村をサイバースペースに出現させる。WCSTは、「ペイ・パー・ビュー児童ポルノ」や「サイバー・セックス・ツーリズム」等、様々な呼称があるが、現地の子供たちの間では単に「ショウ」と呼ばれている。

フィリピンにおけるインターネットの普及率は東南アジアの中でもっとも高く、過去10年間でオンラインユーザーが34％増加している（特に2012年から2013年の1年間だけで22％増加しており、この時期に目立ったブレイクスルーがあったことが窺える）。現在、フィリピン総人口のうち約半数がインターネットにアクセスできる環境にあるという。

「サイバー売春窟（cyber sex dens）」は、海外ギャングや地元のポン引きによって営まれているケースもあるが、子供たちの身近な存在（親戚あるいは両親）が関与していることも多い。過去にはフィリピン各地に存在するネットカフェが、そういったサイバー売春窟の役割を担うことが多かったが、近年はネットカフェも子供たちを保護するための規制が進みつつある。しかし、フィリピンにはPISONETと呼ばれる、1ペソでインターネットが利用できるアーケード端末が街中のいたるところに自動販売機のように設置されている。そういったゲリラ的に展開された無数の端末まですべて監視することは事実上不可能だ。さらに、過去数年間におけるスマートフォンとWi-Fiの普及は、パソコンと有線LANすら事実上不要にした。近年、フィリピンのサイバー売春窟はますます不可視になってきている。

農村部と都市部では、サイバー売春窟の営まれ方も異なった様相を見せている。フィリピンの農村部では、家族経営のサイバー売春窟が主体だ。そういった家族商売は、やがて近隣や別の村の子供たちをリクルートしていくことで複雑なビジネス共同体を形成していくケースも多い。そこでのWCSTの内容はたとえば、家族がリビングでテレビを見ながら一家団欒しているすぐ横で、整列した3人組の子供たちが突如服を脱ぎはじめたりする、といったようなものである。

それに対して、都市部のサイバー売春窟は個人経営主体、それも外国人ギャングが、棲家を頻繁に変えながらゲリラ的商売を営んでいるケースが多い。たとえば、先に登場したピーター・スカリーもそのような一人と捉えることもできるだろう。加えて、都市部のWCSTは、どこかまだ牧歌的な要素が残っていた農村部のWCSTと異なり、往々にして過激化していく傾向にある（なかにはサイバースペース内にとどまらず、実際の少女売春の仲介に発展するケースもあるという）。スカリーが制作した作品の中でもっとも悪名高い「デイジーズ・デストラクション（Daisy's Destruction）」は、そんなフィリピン都市部の暗部が生み出した、もっとも「過激」な児童ポルノコンテンツといっていい。

撮影場所はこれといって特徴のない薄暗いベッドルーム。天井から1~2歳くらいの、まだ赤子といっていい女児が全裸で逆さに吊り下げられ、その傍らにはマルディグラ（謝肉祭）の仮面を被った20代と思しき全裸女が立っている。その女はおもむろに鞭をふるい、吊り下げられた幼女を容赦なく叩きのめし、あらゆる方法を用いて虐待する。室内に女児の叫び声が響き渡る。

この作品は、そのあまりにもエクストリームかつダーティーな内容からほとんど神話化しているが、その他のダークウェブ都市伝説と異なり、この「デイジーズ・デストラクション」は実際に存在している。

動画に出てくる仮面の女は、ピーター・スカリーのフィリピン人ガールフレンドで、彼女自身が少女売春婦だった頃にスカリーと出会い、以後、動画に出演するようになった。スカリーの周りにはこうしたフィリピン人女性のパートナーが複数おり、撮影や少女の調達などを任されていたという。

この動画がダークウェブ上に出回るようになると、捜査機関はスカリーの逮捕を急ぐようになる。国境を越えた国際的な合同捜査チームは、「ノー・リミッツ・ファン」で販売されていた動画を細部に至るまで検証し、動画が撮影された地域を絞り込んでいった。たとえば、動画に出ていた仮面の女の発話を分析した結果、フィリピンのビサヤ諸島の方言であることまで特定できていた。

そして2015年2月、潜行と逃亡の末、スカリーはついに逮捕される。

だが、話はこれで終わらなかった。逮捕後、スカリーの潜伏先だった住居の床下を捜索すると、11歳の少女の遺体が発見されたのだ。遺体の身元はシンディという、スカリーの「作品」に出演させられていた少女の一人だった。彼女は暴行とレイプの末に殺されていた。

この事件がネットに伝えられると、ダークウェブの児童ポルノコミュニティにおいて、シンディの殺害の様子が収められたスナッフフィルムの存在がまことしやかに囁かれるようになった。無論、この動画は幸いにも「デイジーズ・デストラクション」とは異なり、実際に存在が確認されているわけではない。

ハードコアな情報自由主義者

「デイジーズ・デストラクション」をはじめ、その他様々な過激な児童ポルノが集まる坩堝《るつぼ》のような場所が「Hurt2theCore（H2TC）」だった。このサイトは、児童ポルノの中でも「ハードコア（hurtcore）」と呼ばれるジャンルを扱うフォーラムで、その悪名はダークウェブのみならず表層ウェブにまで行き届いていた。

「hurtcore」とは、「hardcore（ハードコア）」と「hurt（痛めつける）」を合わせた合成語で、文字通り児童に対する暴力的な行為を含む児童ポルノを指す。「暴力的な行為」の定義は曖昧で、性行為に伴う「痛み」も含めるかは意見が分かれるところだが、広義のレイプや、「デイジーズ・デストラクション」のような意図的な虐待行為は「ハードコア」に文句なく含まれる。

一般的に「ハードコア」は多数派のペドファイルからも忌避されている。というのも、インターネットにおける児童ポルノフォーラムにおいては、「"just love, don't hurt" paradigm」、すなわち「ただ愛せよ」といった規範が共有されており、ハートコア的な行為や思想は彼ら共同体の中でも忌み嫌われているからだ。それどころか、ハートコア的な嗜好の持ち主は明確に差別され排斥される傾向すらある。他にも、インターネット上の小児性愛フォーラムの中には、児童ポルノにも反対し、未成年者との性的接触の禁をストイックに守り通す道徳的保守派(conservative)などが存在する。

「H2TC」は、「ペドエンパイア(PedoEmpire)」と総称される、チャット、ホスティングサービス、アップローダー、ウィキ、フォーラムなどから成る「帝国」の一部である。もともと、「フリーダム・ホスティング(Freedom Hosting)」という、ダークウェブ上の数多の児童ポルノコミュニティにサーバーを貸し出していたことで知られるホスティングサービスが存在していた。しかし、この「フリーダム・ホスティング」が2013年にFBIによって摘発されたことで、この界隈は大きな打撃を受けた。

それに代わって登場したのが、自前のサーバーを完備した帝国「ペドエンパイア」だった。トップページには、かつて「2ちゃんねる〈※6〉」でお馴染みだった愛くるしい「クマー〈※7〉」、ではなく「ペドベアー(pedobear)」のイラスト。「クマー」のアスキーアートが海外圏のインターネットコミュニティに輸出される過程で、小児性愛的な文脈が付加されていったのが「ペドベアー」と呼ばれるミームであり、どういった運命のめぐり合わせか、この熊の記号は今ではペド帝国の門番を務めていた。

※6 2ちゃんねる
1999年に開設された日本最大級の電子掲示板サイト。2017年に「5ちゃんねる」へと名称変更。

※7 クマー
「2ちゃんねる」で生まれたクマの姿をしたアスキーアートによるキャラクター。二足歩行(pedo)のクマ(bear)を意味する英語圏における表記「pedobear」とペドフィリア(小児性愛)の語感が似ていることから独自の文脈を帯びることとなった。

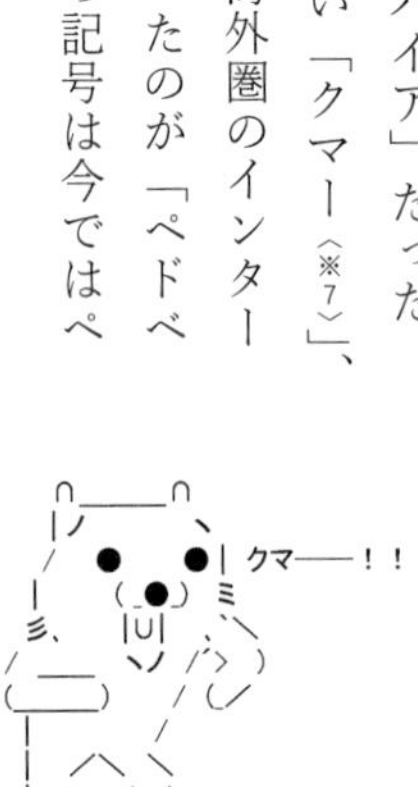

「ペドエンパイア」内のフォーラムである「H2TC」にまず登録しようとすると、以下のような同意書が表示される。

Hurt2theCoreは、オープンなディスカッションと、画像の共有（動画も含む）のためのフォーラムです。ここは、検閲の存在しないフォーラムであり、あらゆるトピックがここでは許されています。つまり我々は、「チャイルド・ラブ」と「ハートコア」という、ペドフィリアにおける両方の側面を受け容れるということを意味しています。もし、あなたがこのことに賛成しないか、もしくは怒りすら覚えるならば、それはつまり、ここはあなたのための場所ではないということです。それ以外の方は、ようこそH2TCへ！
（a）

「ペドエンパイア」の皇帝、もとい運営者は、Luxと呼ばれる人物で、逮捕後に判明したことだが、サイト設立時には驚くべきことにまだ18歳の青年だった。

Lux、本名マシュー・グラハムは、オーストラリアのメルボルン郊外に家族と暮らす高校生だった。重度のオンラインゲーム中毒者で、また匿名掲示板「4chan〈※8〉」に入り浸っている他は、特にこれといって反社会的な兆候も見られない孤独な少年だった。

そんな平凡なナード青年にとっての転換点となる出来事が２０１１年の10月に起こる。アノ

※8 4chan
英語圏の画像掲示板群。日本の画像掲示板「ふたば☆ちゃんねる」に着想を得て２００３年に設立された。英語圏のユーザーにとっては匿名で投稿できる点が画期的だった。当初は日本のマンガやアニメを語り合うコミュニティだったが、その後急速に拡大していき、現在では多様なトピックを扱う板群によって構成されている。

※9 アノニマス
主にインターネット上で活動する匿名的なハクティビスト集団。名前は「4chan」の投稿者欄に表示されるAnonymous（名無し）に由来する。ネット上における検閲や監視に反対しており、各国の政府機関、企業、団体に対してサイバーアタックを仕掛けてきた。公衆の場に姿を現す際にはガイ・フォークスのマスクを着用することでも有名。サイエントロジーへの攻撃運動を経て、２０１０年代に入る頃には政治運動に積極的に参画するメンバーと悪ふざけ

ニマス〈※9〉(Anonymous) がダークウェブの児童ポルノサイト、「ロリータ・シティ (Lolita City)」に対して、大規模な攻撃を開始したのだ。

アノニマスは、「4chan」を根城としている政治的ハッカー集団である。彼らの存在はその名の通り匿名的であり、ガイ・フォークス〈※10〉の仮面を被った姿でインターネット上、ときには街頭でゲリラ的な政治活動を繰り広げていた。初期アノニマスの活動の中でもっとも大規模なものとなったのは2008年、アメリカの新興宗教団体サイエントロジー〈※11〉教会を攻撃した「チャノロジー計画」。きっかけは、インターネット上の情報を恣意的に検閲しようとしたサイエントロジー教会に憤ったアノニマスが呼びかけたものだが、抗議デモ活動とサイエントロジー教会のウェブサイトへのハッキング攻撃の傍らで、真っ黒なFAXを何百通と送りつける「ブラックFAX」、そしてホットラインに対する際限のないいたずら電話等、活動はときに犯罪のレベルに達していた。匿名掲示板に端を発するアノニマスの行動は、往々にしてシリアスな政治的活動と、「ネタ」や「釣り」との境界が曖昧になりがちであった。

アノニマスたちも、他のサイバースペース思想家と同じく「情報の自由な流通」を旗印に掲げていたのは驚くことではないが、児童ポルノは例外だったようだ。「ロリータ・シティ」は、2010年にダークウェブに開設され、当時約1万5千人の登録者を擁していた。アノニマスはこの児童ポルノフォーラムに目をつけ、「オペレーション・ダークネット (Operation Darknet)」という作戦名のもと、DDoSアタック〈※12〉を仕掛けた。度重なる攻撃の末、サイトのサーバー

(trolls) 的なノリを楽しむメンバーとの間の溝が顕在化していった。

※10 ガイ・フォークス
1605年にイングランドで発覚した政府転覆未遂事件の実行者。現代においてガイ・フォークスの仮面は、全体主義国家となった近未来のイギリスを描いた1982年発表のコミック『Vフォー・ヴェンデッタ』(および05年公開の映画版) において、体制に抗う主人公「V」が身に付けているものとして有名になった。アノニマスに限らず、「ウィキリークス」のジュリアン・アサンジが着用した例など、近年の抗議運動ではしばしばシンボルとなっている。

※11 サイエントロジー
自己修養を通して能力開発を行うことを旨とするアメリカ合衆国発祥の新興宗教。その教義や活動をめぐっては1950年代の発足当時から現在に至るまで各国で論争が繰り返されている。

を一時的にダウンさせることに成功。さらに、サイトをハッキングしたアノニマスが、「ロリータ・シティ」のユーザーリストなるものまで流出させた。

しかし、アノニマスの攻撃は、確かに一時的には効果があったにせよ、のちのち、むしろそれが逆効果であったことが判明する。

このアノニマスによって繰り広げられる作戦の様子を傍らで眺めていたのがLuxだった。Luxはアノニマスの活動そのものには加わらなかったが、どうやらダークウェブという領域が存在するらしいということ、そこには児童ポルノサイトをはじめ、この世のあらゆる欲望と悪徳が非合法的に営まれているらしいということを知り、やがてその魅力に取り憑かれるようになる。児童ポルノサイトを糾弾する目的で行われたアノニマスの作戦がきっかけとなって、Luxがダークウェブと出会い、やがてダークウェブでもっとも悪名高い児童ポルノの帝国を築き上げることになるというのは何とも皮肉な話だが、歴史とは得てしてそのようなものなのかもしれない。

高校を卒業したLuxは、ラ・トローブ大学に進学し、そこでナノテクノロジーを専攻する。しかし、環境に馴染めずドロップアウト。もともと、高校生の頃からスキゾイドパーソナリティ障害や社会不安障害などの診断を医師から下されており、SSRI〈※13〉が欠かせない生活を送っていたという。彼はますます自身の殻に閉じこもるようになり、一日の大半を自室で過ごすことが多くなっていった。薄暗い自室で青白いモニターを眺めながら、ダークウェブの

※12 **DDoSアタック**
特定のウェブサイトのサーバーに複数のコンピュータから意図的に過剰な負荷をかけることでサービスを妨害する行為。

※13 **SSRI**
選択的セロトニン再取り込み阻害薬。抗うつ薬の一種。

探索にふける、それが彼の世界のすべてだった。

Luxは、それまで小児性愛的な趣味とは無縁だった。だが、ダークウェブ上の児童ポルノコミュニティと出会うことで、潜在下にあった欲望が徐々に浮上してきたと、ジャーナリストのパトリック・オニールによるメールインタビューで答えている。もっとも、これはインターネットで児童ポルノを消費する者の多くに当てはまることだ。探そうと思えば簡単に児童ポルノにアクセスできるインターネットというテクノロジーが、それまで潜在的かつ不可視だった欲望を指し示し、刺激し、顕在化させる。

それに何よりも、ダークウェブの児童ポルノコミュニティは彼にとって居心地が良かった。現実世界に居場所のなかった彼は、インターネットの仄暗い底で、ついに自分を受け容れてくれる世界を見つけたのだった。

Luxはネットワークセキュリティについての知識を持っていたので、フォーラム上で匿名性を高めるための技術的助言を行うことを通してコミュニティにおける評判と地位を得ていった。また、彼は自身をアメリカに住む小児科医と偽っていたので、子供への接し方と医学的知識を併せ持つ人物として徐々に彼を崇拝する者も現れてきた。

そうした中、Luxはダークウェブにハードコアを扱う児童ポルノコミュニティが見当たらないことに気づく。繰り返しになるが、ハードコアは小児性愛者すら忌避する危険なコンテンツだった。実際、ほとんどの児童ポルノコミュニティでは、ハードコア児童ポルノの投稿は禁止されていた。

しかし、Luxはギーク〈※14〉の端くれであり、またアノニマスと同様「情報の自由な流通」の価値を認めていた。いや、むしろアノニマスよりもはるかに過激に「情報の自由な流通」を推し進めようとしていた。アノニマスは、児童ポルノの手前で線引きをしようとしたが、Luxはそのような線引きすら恣意的な「検閲」とみなしたのだ。児童ポルノを撲滅しようとしたアノニマスと、ハードコア児童ポルノを顕揚したLuxを分け隔てていたのは、この「情報の自由な流通」に線引きを認めるか否か、という微妙だが本質的な差異であった。Luxは、みずからを「言論の自由（free speech）の狂信者」とみなしていた。彼はハードコアが好きなわけでは別になかった。しかし他の人々がそれを楽しむ権利は守りたいと考えていた。

そして2013年初頭、Luxは児童ポルノコミュニティにおける「ルール」に歯向かい、みずから「完全なる自由」を標榜するサイトを立ち上げる。それが「ペドエンパイア」だった。

これまでの児童ポルノコミュニティに多かれ少なかれ抑圧を感じていた愛好家が多かったのか、「ペドエンパイア」の登録者数は最盛期には1日300人のペースで増えていった。「H2TC」では、「言論の自由」が保証された議論が活発に繰り広げられており、たとえば「初心者のための児童ポルノの作り方」、「子供を恐喝（blackmail）する方法」、「子供を安全にレイプする方法」、「子供を眠らせるためのオススメの薬」、といったスレッドが頻繁に立てられていた。ときには皇帝Luxみずから相談者にありがたい助言を下すこともあった。

※14 ギーク
コンピュータやインターネットに関するマニアックな技術や知識を持つ人々を指すスラング。

「H2TC」には当然ハートコア作品も盛んに投稿された。「デイジーズ・デストラクション」に代表されるピーター・スカリーの作品もそのうちの一つであることは先にも述べたが、もちろんそれだけではない。

「H2TC」は厳格な位階制度を導入しており、なかでも666devilという名のユーザーは、オリジナルの作品を投稿した者だけが昇格できるレイピスト・ランクの称号を手にしていた。

666devilは恐喝の名手として知られ、被害者の弱みを握っては、マスターベーションを強要したり、トイレのシートを舐めさせたり、ドッグフードや糞便を食べさせた。なかには、4歳の女児をレイプするよう命じられた成人男性の被害者もいたという。もちろんその様子をすべて被害者自身に撮影させることも忘れなかった。

666devilは、こうして撮影させた動画を「H2TC」に投稿。恐ろしいことに、自身の手を一切汚すことなく児童ポルノを思いのまま製造していたのだ。彼はのちに逮捕されているが、驚くべきことに666devilの素顔は、修士号持ちのバーミンガム大学講師という生粋のインテリだった。

Lux白身は、「H2TC」のほとんどのメンバーは自分の欲望をただ夢想しているだけだと考えていた。「もし僕が知ってる子供に誰かがそういったことをしていたら、僕はそいつの脳天を撃ち抜くでしょうね」と彼は言う。「それでも、そういったことに関心を抱いている人々が、自分の意見や願望を声に出して言うことができる場所は必要だと僕は考えています」（b）

Luxが果たして殊勝な思想の持ち主だったのかどうかはともかく、「ペドエンパイア」はダークウェブ、あるいはインターネットにおいてもっとも悪名高い存在となった。Luxの元には、毎週10通以上の殺人予告の匿名メールが届いた。

しかし彼が皇帝の地位に君臨し続けられる日々はそう長くは続かなかった。司法の手が着実に迫ってきていることを察した彼は、5万ドル相当のビットコインと罪の免除を引き換えに「ペドエンパイア」のコントロール権を引き渡す旨を記したメールをFBI宛てに送信した。一言でいえば、Luxは自分のユーザーを法執行機関に売り渡そうとしたのだ。もちろん、FBIからの返信はなかった。

2014年6月24日、Luxは前触れなく「ペドエンパイア」を閉鎖する。トップページにはPGPによってデジタル署名されたLuxからのメッセージが表示されていた。「帝国というものは常に陥落するものである。そして、今日という日は「ペドエンパイア」が陥落する日となる。（……）長々しくぎこちない別れの挨拶は好きじゃない。なので……さようなら」（c）

結局Luxは、FBIやユーロポール、オーストラリア警察などからなる国際的な合同捜査によって2014年8月下旬についに逮捕されることになる。ダークウェブの住人たちは、Luxの正体がアメリカ人の権威ある小児科医ではなく、オーストラリアに住むマシュー・グラハムという名の20歳にも満たない若者であったことにお決まりの驚愕を示した。「シルクロード」におけるDPRのケースと同じく、ここでも想像と現実との間に大きな乖離があった。

お決まりの騒ぎの後、静かな生活を維持できなくなったマシューの両親は、息子と住んでいた自宅を引き払った。彼らの後に入居してきた住人は、とある一室のクローゼットの内側に書き殴られた落書きを発見する。そこにはこうあった。

「恐れるがいい、親たちよ。我々のような子供たちを生み出したことを」(d)

住人は黙ってそれを塗り潰した。

知識共有と意見交換

ダークウェブにおける児童ポルノコミュニティの規模はどの程度のものなのだろう。2014年のBBCの記事によれば、ダークウェブ上のトラフィックの75%が児童ポルノサイトに集中しているという報告もあるという。また、「インターネット監視財団〈※15〉(Internet Watch Foundation)」の2016年度のレポートでは、ダークウェブに存在する児童ポルノサイトの数は、全盛期の2012年から2015年頃に比べると、法執行機関による取り締まりの影響もあって減少傾向にあるらしい。しかし、これは逆にいえば、1サイトあたりの規模が大きくなっているともいえるのではないか。

試みに比較するならば、先の章でも採り上げた、ダークウェブ史上でも最大規模を誇ったドラッグマーケット「シルクロード」のユーザー登録者数は閉鎖時に96万人であったとされる。

※15 インターネット監視財団
イギリスの非営利団体。インターネットにおける児童ポルノなどの違法性のあるコンテンツの撲滅を目的として1996年に設立された。

これでもかなりの規模だが、それに対して、2015年から2017年頃にかけて最大勢力を誇った児童ポルノフォーラム「マジック・キングダム（Magic Kingdom）」の登録者数は、2017年11月に100万人を突破している。また、ほぼ同時期に「マジック・キングダム」と覇権を争った児童ポルノフォーラム「チャイルズ・プレイ（Child's Play）」の登録者数も、同じく約100万人だったと推定されている。これらのデータだけでも、ダークウェブにおける児童ポルノコミュニティの規模の巨大さが窺い知れることと思う。

児童ポルノフォーラムは、どこもテンプレート化された簡素なユーザーインターフェイス（UI）で固定されている。たいてい、「ノンヌード」（着衣）、「ソフトコア」（裸体）、「ハードコア」（性交）、「ウェブカム」、「フェティッシュ」、「アート」といったカテゴリに分けられている。フォーラムによっては、その中にさらに「ガール」、「ボーイ」といった性別、あるいは「ベイビー」（0～4歳）や「ジェイルバイト」（12～17歳）といった年齢別によるサブカテゴリが存在する場合もある。ちなみに、「ジェイルバイト」（jailbait）とは、性的同意年齢にギリギリ満たない年齢の児童のことを指しており、刑務所（jail）への釣り餌（bait）といった意味の造語である。性的同意年齢は国や州によって様々だが、欧米では15～18歳あたりに設定されていることが多く、この年齢に満たない児童との性交は問答無用で犯罪となる（日本は13歳）。

フォーラムによっては、これら以外にも、新作やオリジナルの動画を投稿したユーザーのみが入れる「プロデューサーエリア」や「VIPエリア」のようなカテゴリも存在する。他には、雑談や議論を行う「ディスカッション」、ネットワークセキュリティに関する知識を共有する「セキュリティ」、各国の言語別のサブカテゴリに分かれた「インターナショナル・ディスカッション」などは、どのフォーラムでも共通して見られるカテゴリだ。

これらの児童ポルノフォーラムのUIは、基本的にどこも似たり寄ったりである。児童ポルノフォーラムの寿命は短い。閉鎖するか法執行機関に摘発されては、すぐさま新たなフォーラムが作られる、というイタチごっこの過程で、暗黙の了解のようにUIが現在の形に整えられていったと見るべきだろうか。

愛好家同士によるダークウェブの児童ポルノコミュニティでは金銭のやり取りはほとんど見られない。ドラッグや銃器と異なり、インターネット時代の児童ポルノは基本的に情報、つまりマテリアルな実体性を備えていない。それは言い換えれば、無限にコピーが可能ということ。一度ネット上に出回れば、誰もが簡単に複製と再配布を行うことができる。そのような状況において、金銭で児童ポルノを売買するインセンティブはほとんど生じない。

もっとも、児童ポルノそれ自体を、トレーディングカードよろしく「交換」のための貨幣として用いるケースはある。たとえば、児童ポルノのいわゆる製造者たちは、製造者たち同士の閉じたコミュニティで、自分たちのオリジナル作品を交換しあっている。要は、児童ポルノの世界には著作権が存在しないという事実が、児童ポルノをビジネスとして発展させるモチベーションを、幸か不幸か阻害している面は否めない。

2014年10月に突如出現した「ペド・ファンディング（Pedo Funding）」は、そんな児童ポルノコミュニティの現状に一石を投じるべく設立された、おそらく世界初の児童ポルノ・クラウドファンディング・サービスだった。

サービスの仕組みを大雑把に説明すると、まずコンテンツの売り手は一定の目標額をコンテンツに設定する。それに対して複数のユーザーがビットコインで寄付をし、目標額に達するとコンテンツが公開される。最終的に売り手は目標額のうち22％の手数料を引いた金額を受け取ることができる。これが「ペド・ファンディング」の採用したクラウドファンディングシステムだった。

ところが、結果的にコンテンツの売り手も買い手も（運営者以外は）一人も現れず、コンテンツが一つも公開されないまま、「ペド・ファンディング」は2ヶ月足らずで閉鎖の憂き目を見る。管理人による、以下のような怨嗟《えんさ》に満ちた捨て台詞とともに。

私はこのサイトのコーディングのために100時間を、ホスティングのために300ドルを、さらに動画のために1千ドル以上のビットコインを捧げた。なぜなら、このサイトを成功させたかったから、これらの動画を見てもらいたかったからである。それなのに、そんな私の寛大さに対して、お前たちは私の顔にツバを吐きかけることで報いた。お前たちは、私のことをポリ公だとか、詐欺師だとかと言って罵った。お前たちは、ビットコインは安全ではないというありもしない噂をでっち上げ、私のサイトから人々を遠ざけた。それというのも、お前たちは、プロデューサーに対して正当な対価を払わず、ただで児童ポルノを手に入れたいと欲するガキどもだからだ。(e)

実際の文章はこの倍以上あるが、文末には、「このサイトの真価がお前たちにもわかるようになったときにまた戻ってくる。そのときにお前たちは感謝とともにひれ伏すだろう」といった趣旨のことが書かれていた。現に後日、「お前たちに最後のチャンスを与える」という趣旨の文章とともに一時復活したが、やはり誰にも相手にされなかったため、現在の児童ポルノコミュニティに警鐘を鳴らす長文を再び投稿して、そのままサイトは消滅した。

以上のケースは、ダークウェブの児童ポルノコミュニティにおけるセキュリティ意識の高さを裏付ける。彼らは、ビットコインが(一般的な見方と異なり)さほど匿名性を持っていないこと、それどころか簡単に身元を追跡される可能性があることを知っていた。同時に、ダークウェブで跳梁跋扈する詐欺師(scammer)や、おとり捜査を目論む法執行機関の手口も知り抜いていた。こういったセキュリティやリテラシーに関する知識の共有と意見交換は、児童ポルノフォーラムの「セキュリティ」カテゴリで日々活発に行われている。

実際、児童ポルノを扱った詐欺サイトは、ダークウェブにおいてありふれた存在である。たとえば、「オニオンディル(OnionDir)」という、誰でもリンクを追加できるリンクディレクトリサイトを眺めてみると、「私は25歳の女で、11歳の長女と8歳の次女の三人で暮らしていますが、お金に困っています。チャットを通じてどんなリクエストにも答えますので、私たちのエッチな動画を買いませんか?(場合によっては出会えます)」といったサイトへのリンクが雨後の筍のごとく見つかる。

ダークウェブの児童ポルノコミュニティにとってのポータルサイトであり、また虎の巻的な役割も兼ね備えているのが、「ハード・キャンディ(Hard Candy)」というウィキスタイルのサイトである。もともと、「アンセンサード・ヒドゥン・ウィキ〈※16〉(The Uncensored Hidden Wiki)」という、ダークウェブ版ウィキペディアが存在しており、そこから児童ポルノに関するセクションが分化してできた。ダークウェブ上に存在する児童ポルノフォーラムへのリンク集のみならず、児童ポルノをめぐる法体系の歴史、匿名性を高めるためのセキュリティと暗号化に関する知識、実生活において子供と安全に出会う方法、等々、愛好家たちが共有すべき知識を総覧することができる。

たとえば、「児童ポルノ統合化(centralization)計画」に関する草案。これは、この世に存在するすべての児童ポルノをデータベース化して一つの中心となるサイトに格納してしまおうという、児童ポルノ版「バベルの図書館〈※17〉」を思わせる壮大な計画についての提言である。

もうひとつ、「ペドファイル運動に関する提言」。これは、ペドフィリアをLGBTなどと同じく性的マイノリティの一つとして位置付け、社会に対して様々な形で運動を起こしていこう

※16 アンセンサード・ヒドゥン・ウィキ(f)

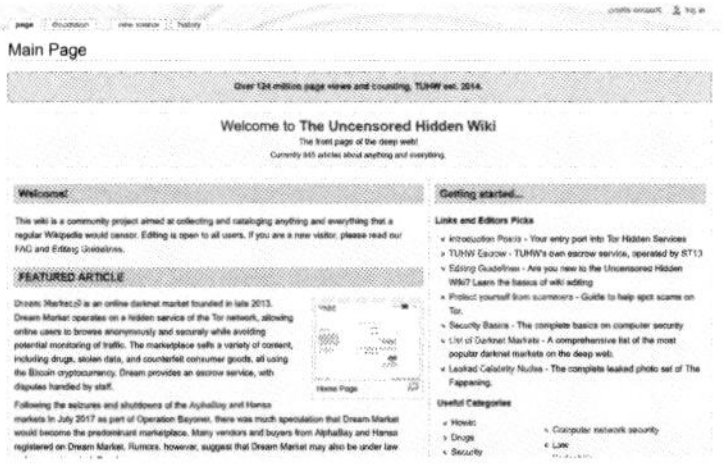

※17 バベルの図書館
ホルヘ・ルイス・ボルヘス(→P251)が1941年に発表した短編小説のタイトルおよび、その作品に登場する架空の図書館。際限なく積み重なる六角形の回廊に、二十数個のアルファベットのあらゆる可能な組み合わせによって編まれた本が無数に並び、これまでに書かれ、そしてこれから書

という提言である。彼らは自身をＭＡＰｓ(Minor-Attracted Persons)と定義する。文字通り「マイナーな性嗜好を持つ人々」といった意味合いだ。ＬＧＢＴの人々にとっては迷惑な話だが、小児性愛者も権利を求めて声を上げていくべきだとして、いくつかの行動リストを掲げている。たとえば、スウェーデンの海賊党〈※18〉への献金。元プログラマーのリック・ファルクヴィンゲ〈※19〉が、ファイル共有ソフトの合法化と「情報の自由な流通」を主張するために設立した海賊党は、同時に「児童ポルノ所持の合法化」も主張するおそらく世界で唯一の政党でもある。

これ以外にも、読書会など「ちょっとしたコミュニティ」の立ち上げから始まって、反ペドファイル組織にスパイとして侵入して内部から政策を変えるべし、といった難易度の高いミッションまで、アクティビストたちの野望は衰えることを知らない。

おとり捜査

こうしたダークウェブにおける児童ポルノコミュニティの隆盛を前にして、法執行機関はただ手をこまねいているわけではもちろんない。

２０１０年12月12日に設立された「ラヴ・ゾーン(The Love Zone)」は、最終的に4万7千人のユーザーを抱えることになった、ダークウェブ初の本格的児童ポルノフォーラムサイトだ。運営者の名前は本名シャノン・マックール。奇しくも、ピーター・スカリーやマシュー・グラハムと

かれるすべての書物が納められているとされる。

※18 海賊党
２００６年にリック・ファルクヴィンゲによって設立されたスウェーデンを発祥とする政党。ファイル共有の合法化、著作権と特許権の改革、インターネットにおける言論の自由などを支持している。スウェーデンから広がり、現在は世界各国で同様の海賊党が相次いで設立されている。

※19 リック・ファルクヴィンゲ
(１９７２〜)スウェーデンの起業家、スウェーデン海賊党の設立者。幼少の頃からコンピュータに囲まれて育つ。ソフトウェア関係の起業を経て、２００６年にファイル共有と著作権や特許の問題に焦点を合わせた政党、海賊党を設立する。現在は同政党のエバンジェリスト(伝道者)として世界各国を回っている。

同じくオーストラリア人で、フォーラム上ではSkeeというハンドルネームで活動していた。

Skeeの身元を特定しようと奮闘していたのは、インターネット上の児童ポルノや性的児童虐待の捜査を担当するオーストラリア警察の部署、タスクフォース・アルゴス。繰り返しているように、ダークウェブは暗号化のヴェールによって、サーバーやそこに集う人間の身元は厳重に秘匿化されている。捜査は困難を極めるように思えたが、「シルクロード」におけるDPRのケースと同じく、最初の手がかりは表層ウェブを介して見つかった。

Skeeがフォーラム上で用いる特徴的な挨拶文に目をつけた捜査官が、表層ウェブ上のフォーラムやSNSを手当たりしだいに捜索したところ、とある4WD車のフォーラムでSkeeと思われる者の投稿を発見したのだ。そのアカウントはSkeeと酷似するハンドルネームを使い、しかも同じ挨拶文を多用していた。それだけではない。そこには、彼の愛車フォルクスワーゲン・アマロックの画像がアップロードされていた。もちろんナンバープレート付きで。

南オーストラリアに住むシャノン・マックールは当時、児童福祉の仕事に従事していた。のちに判明したことだが、彼は自身が保育を担当していた児童たちに性的な虐待を加え、その様子を撮影した画像を「ラヴ・ゾーン」にアップロードしていた。その画像を捜査官が一枚一枚念入りに調べたところ、偶然写り込んだ撮影者の右手の人差し指に、特徴的なホクロを発見した。のちに、マックールの右手の人差し指にも、まったく同じホクロがあったことが判明している。

マックールは、これらの情報が仇となって、2016年10月に逮捕されている。だが、事件はこれで幕を閉じたわけではなかった。

「ラヴ・ゾーン」は運営者の逮捕後も稼働し続けていた。タスクフォース・アルゴスは、「ラヴ・ゾーン」の運営者になりすまし、自分たちの手でフォーラムの運営を6ヶ月間も継続していたのだ。サイトを完全なコントロール化に置くことは、そこで行われていることのすべてに目を通すことが可能になることを意味する。

狙いは、ユーザーの情報を収集すること。同様に、ユーザー間でやり取りされるプライベート・メッセージを諜報することで、児童性虐待の加害者と被害者の身元特定を推し進めること。要するに、おとり捜査の一種だ。

インターネット上における児童ポルノの捜査で、おとり捜査が用いられるケースは、実はさほど珍しくない。たとえば、2003年の「ピン作戦(Operation Pin)」はその代表的な例として挙げられる。この作戦は、FBIやインターポールをはじめとした、各国の法執行機関による合同捜査機関バーチャル・グローバル・タスクフォースの指揮によるもので、インターネット上に偽の児童ポルノサイトを複数立ち上げ、そこを訪れたユーザーの情報を収集するというものだった。

おとり捜査は、通常秘密裏に行われるものだが、「ピン作戦」の存在は堂々とメディアを通じて公表されていた。というのも、本作戦の主要目的の一つが、児童ポルノを探し求めるインターネットユーザーを疑心暗鬼に陥らせ、児童ポルノサイトからあらかじめ遠ざけることにあったからだ。

もっとも、「ピン作戦」の場合は、あくまで「偽」の児童ポルノサイトであって、本当に児童ポルノが格納されていたわけではない。なので、タスクフォース・アルゴスの作戦は、その意味で一線を越えていたといえるかもしれない。なにせ、ダークウェブで4万7千ものユーザーを擁する児童ポルノフォーラムを6ヶ月間も運営していたのだ。

驚くべきは、この「おとり捜査」の一件が、最初で最後の事例とならなかったこと。それどころか、この「ラヴ・ゾーン」のケースを皮切りにして、法執行機関による「おとり捜査」は、ますます大規模化していく。

2015年には、ユーザー登録数18万の児童ポルノフォーラム「プレイペン（PlayPen）」を、FBIが同様に乗っ取り、閉鎖させる前に2週間サイトを稼働させている。だが、2016年から2017年にかけての「ギフトボックス・エクスチェンジ（The Giftbox Exchange）」、それに「チャイルズ・プレイ」という二つの児童ポルノフォーラムを乗っ取ったおとり捜査は、これをはるかに上回る規模だった。

結果から確認しておくと、オーストラリアのタスクフォース・アルゴスは、「チャイルズ・プレイ」を11ヶ月間にもわたって運営していたことが判明した。このあたりのことは、ノルウェーのタブロイド紙「ヴェルデンス・ガング」が詳細に報じているので、その記事などを参照しながら、その経緯について振り返ってみよう。

「チャイルズ・プレイ」は、2016年4月15日にダークウェブ上に設立された児童ポルノフォーラム。運営者は今回の一件で逮捕されたWarHead。ユーザー登録数は、閉鎖時に100万人を突破していた（もっとも、これはあくまで見かけ上の数字であって、実際のアクティブ・ユーザーの規模は数万人程度だったと見られる）。

「チャイルズ・プレイ」の基本コンセプトはセキュリティ意識の高さだった。


昨今の（「マジック・キングダム」における：編注）一連のセキュリティ上の不備といい、もはや信頼できるフォーラムが存在していないことが明らかになった。なので、私はそんなコミュニティに一石を投じるために、「チャイルズ・プレイ」の設立に踏み切った。「チャイルズ・プレイ」の目指すところ、それは自由にコミュニティにアクセスできると同時に、安全かつセキュアに交流できるフォーラムである。（g）

右に引用した「チャイルズ・プレイ」の運営者WarHeadのステートメントからもわかるように、「チャイルズ・プレイ」はもともと「マジック・キングダム」に対する対抗馬として登場してきた側面がある。先ほども少し言及したが、「マジック・キングダム」は2015年6月27日に開設された、当時ダークウェブにおいて最大規模の児童ポルノフォーラムだった。

ところが、「マジック・キングダム」は、その設立以来幾度も閉鎖の危機に直面している。その中でも最大の危機は、2016年4月13日に起きた。突然「マジック・キングダム」のサーバーがクラッシュし、サイトが5日間にわたって接続できなくなったのだ。折しも、2015年2月に「プレイペン」がFBIによって2週間にわたって乗っ取られるという事件の余波が残っていたので、当然ユーザーの間で、「マジック・キングダム」は警察によって摘発されたのではないか、という不安と不信感が広がった。

「マジック・キングダム」はその5日後に復活するが、バックアップの不備により2016年3月9日以降の投稿がすべて消えており、さらに運営者がそれらに対して充分な説明や対応を取らなかったこと、また運営者Shahが発言に際し、PGPによるデジタル署名を怠ったことなどから、「マジック・キングダム」に対するセキュリティ面の信頼は急速に失墜。結果的に、この事件は多くの離反者を生むことになった。

そして「チャイルズ・プレイ」は、この事件の直後に設立されている。しかもセキュリティ意識の高さを謳っていたため、「マジック・キングダム」からの離反者は移入先として大量に「チャイルズ・プレイ」に流れ込んでいった。「チャイルズ・プレイ」は、「マジック・キングダム」離反者の受け皿として機能することで、ダークウェブにおける地位を揺るぎないものにしていく。

ところが、設立から半年以上が経過した2016年12月、そんな「チャイルズ・プレイ」にスキャンダルが持ち上がる。当時すでに摘発されていた児童ポルノフォーラム「ギフトボックス・エクスチェンジ」の元運営者の一人であったcuriousvendettaが、実は「チャイルズ・プレイ」の現運営者であるWarHeadと同一人物である、というリーク情報がコミュニティにもたらされたのだ。

「ギフトボックス・エクスチェンジ」は、2015年7月にダークウェブ上に設立された児童ポルノサイトで、フォーラムとチャットで構成されていた。サイトの運営はcuriousvendettaとCrazyMonkの二人体制で行われていた。

このフォーラムの特筆すべき特徴としては、コントリビューション・プラグインという、ユーザーがアップロードしたコンテンツのメガバイト数がプロフィールに直接表示されるシステムで、つまりユーザーがどれだけサイトに貢献しているかが一目で判別できる仕組みになっていた。

そんな「ギフトボックス・エクスチェンジ」だったが、2016年11月2日、突如接続不能になる。その後、紆余曲折を経てサイトは閉鎖するが、奇妙なことに11月27日、運営者の一人であるCrazyMonkによる以下のデジタル署名付きメッセージとともに突然復活する。

オーケー、私たちは戻ってきた。完全に元通りというわけにはいかないが、なんとか復旧にこぎつけた。どうも、私の計画であった慎ましい沈黙を伴うセミ・リタイアメン

トはいい効果を生まなかったようだが。（以下略）（h）

ところが、この復活の数日後、「チャイルズ・プレイ」のモデレーターの一人が、「ギフトボックス・エクスチェンジ」はハッキングされており、悪質なコードが埋め込まれていると報告。コミュニティは騒然となる。

ダークウェブ上の主要フォーラムは、ただちに「ギフトボックス・エクスチェンジ」にアクセスしないよう、利用者に警告を発した。この早急な対応が功を奏したのかは定かでないが、「ギフトボックス・エクスチェンジ」はその数日後の12月1日、問いを残したままダークウェブ上から永久に姿を消した。

この事件をきっかけとして、「ギフトボックス・エクスチェンジ」の運営者のCrazyMonkはすでに逮捕されており、ハッキングされた「ギフトボックス・エクスチェンジ」に現れたCrazyMonkは本物ではなく、PGPの秘密鍵を手に入れた何者かがCrazyMonkになりすましていた、という憶測がまことしやかに語られるようになった。

となると、「ギフトボックス・エクスチェンジ」のもう一人の運営者だったcuriousvendettaも、CrazyMonkと同様、すでに逮捕されている公算が高い。そのcuriousvendettaが、「チャイルズ・プレイ」の現運営者WarHeadと同一人物であるというリーク、それがどれほどのスキャンダルになりえるかは火を見るより明らかだった。

実はWarHeadもすでに逮捕されていて、ここにいるWarHeadは傀儡《かいらい》なのではないか？　言い換えれば、「チャイルズ・プレイ」はすでに当局の手に落ちているのではないか？　そんな疑惑がコミュニティを駆け巡った。

WarHeadはすぐさま釈明した。まず自分とcuriousvendettaが同一人物であるという事実を素直に認めた上で、「ギフトボックス・エクスチェンジ」の共同運営者であるCrazyMonkとはサイト閉鎖前から仲違いしており、サイト運営からも事実上締め出されていたので、CrazyMonk逮捕の件とは無関係であると主張した。

結局、「チャイルズ・プレイ」のモデレーターの一人による、「この数日間、WarHeadとプライベートメッセージでやり取りしていたが、どう見ても彼は本物だし、逮捕されていないと自分は信じている」という発言も後押しして、この件はうやむやになってしまった。

しかし、注意深いユーザーであれば、この数ヶ月前、２０１６年の9月から10月にかけて、WarHeadがいっときフォーラム上に現れなかった時期があることに思い至るはずだ。その不自然な沈黙は、WarHeadが10月６日に再びフォーラム上に姿を現すことで破られている。

やれやれ、なんていう1ヶ月だったんだ。人生の中でこれ以上ないくらい大変な1ヶ月だったといっていい。とはいえ、技術的なてんやわんやは先月じゃなくて今月起こったんだけど。なので、「遅れ」を今月まで引きずってしまったよ。(¡-)

このとき、コミュニティ内のユーザーは誰一人疑うことはなかったが、これを書き込んだWarHeadは本物のWarHeadではなかった。タスクフォース・アルゴスの潜入捜査官、ポール・グリフィスが今やWarHeadとして発言し、フォーラムを運営していた。

それでは、実際には何が起こっていたのか。事実は、コミュニティ上で囁かれた憶測が結果的に正しかったことを告げていた。WarHeadとCrazyMonkは、まったく同じタイミングで逮捕されていた。それどころか逮捕されたとき、二人は同じ場所にいた。ここで時計の針を逮捕の日まで戻して、サイバースペースの外で何が起こっていたのかを見ていこう。

2016年9月30日、WarHeadこと26歳のカナダ人青年ベンジャミン・フォークナーは、カナダから国境を越えてアメリカ合衆国に入国していた。一方、CrazyMonkことアメリカはテネシー州に暮らす27歳の青年パトリック・ファルテは、自宅から北東へ200キロメートル先に向かう。ヴァージニア州のマナサス市、二人はそこで落ち合うことになっていた。

翌日の10月1日土曜日、二人はマナサス市内のホテルにチェックインする。午後になると、二人は一軒の家を訪れ、そこで夜遅くまで滞在する。翌日の日曜日の朝、二人はホテルをチェックアウトし、また別の家に滞在する。

警察がその家に突入したのは、さらにその翌日の月曜日早朝のことだった。警察は二人の身柄を確保し、その際に30枚の写真と2本の動画を押収する。それは土曜日の夜に撮られたもので、4歳の幼女の性的虐待の様子が写っていた。

二人は、なんと4歳の幼女をレイプするために会っていた。しかも、今回がはじめてではなく、二人は以前から定期的にこの土地を訪れていた。この「イベント」はもともと、第三者のとある男の仲介によって始まったものだった。その男とは、「チャイルズ・プレイ」のフォーラム上でオリジナルの児童ポルノを投稿していた男で、彼がWarHeadに声をかけたことがきっかけであったという。

法執行機関は、彼らの「習慣」をあずかり知らなかったが、皮肉にも児童ポルノフォーラムの運営者を二人同時に逮捕する絶好の機会となった。証拠を消すチャンスを与えずに逮捕するためには、どうしても彼らが自宅から離れるタイミングを狙う必要があったのだ。

彼らは、逮捕されるとすぐさまPGPの秘密鍵を警察に打ち明けた。

その後の議論

だが、それにしても法執行機関はどうやって二人の身元を突き止めていたのだろうか。実は、今回もこれまで紹介してきたケースと同じく、Torネットワークを直接突破するのでなく、表層ウェブに残した手がかりを元にターゲットの身元を突き止めるという手法が採られていた。

CrazyMonkの身元は、アメリカの国土安全保障省が突き止めていた。CrazyMonkは、フォーラムをホストしているサーバーのレンタル料をビットコインで支払っていたが、彼はとあるビットコイン・ウォレットに、自身の個人メールアドレスで登録していたのだ。

WarHead（この時点ではcuriousvendetta）の場合は、もう少し手ごわかった。彼は「ギフトボックス・エクスチェンジ」のテクニカル・エキスパートだったが、あるときコーディングで壁にぶつかった。

そこで、彼はサイト構築に関する技術的な質問を、表層ウェブ上のプログラマーが集まるフォーラムで行うことにした。その際、サイトのコードをスクリーンショットに撮り、それを元にプログラマーからアドバイスを貰おうとしたのだが、このことが結果的に命取りとなった。

WarHeadの身元を追う捜査官は、彼がコーディングで悩んでいることを「ギフトボックス・エクスチェンジ」のフォーラム上での言動から知っていた。コーディングで躓いたプログラマーが取る行動といえば、オンライン上でアドバイスを求めることだ。そこで捜査官が表層ウェブを博捜してみると、それらしき質問、そしてスクリーンショットを見つけることに成功。一見無味乾燥なコードが書かれているだけのスクリーンショットだが、詳しく調べてみると、児童ポルノに用いられるロシアのサーバーに格納されているものだったことが判明した。この質問者のＩＰアドレスは、26歳のカナダ人青年を指し示していた。

今回の事件を受けて、ダークウェブの児童ポルノコミュニティのポータルサイト「トピック・リンクス（Topic Links）」の運営者は、「チャイルズ・プレイとその運営者の陥落（The Fall of Child's Play and its Admin)」と題したデジタル署名付き文書を発表している。彼はこの文章の中で、WarHeadとCrazyMonkが捕まった原因は単純なヒューマンエラーだったとし、Ｔｏｒネットワークはしたがって攻略されていないという結論を出している。その上で、二人が犯した致命的なミスとして以下の４つを挙げている。

●サイトのサーバー費をビットコインで支払っていたが、その際、匿名性を高めるための予防措置をとらなかった。
●児童ポルノサイト構築に関する技術的な質問を、表層ウェブ上のプログラマーが集まるフォーラムで行っていた。
●実生活上において運営者同士が児童を性的虐待するために出会っていた。
●逮捕された後、即座にＰＧＰの秘密鍵を警察に提供してしまった。

加えて、法執行機関がダークウェブのコミュニティに対して仕掛ける戦略として、以下のリストを付している。

●ダークウェブでの言動を逐一監視しプロファイリング。匿名性が保たれていない表層ウェブ上で、それに対応もしくは酷似した言動を行っている人物を探し出す。

●金銭フローの追跡。ビットコインはあくまで疑似匿名的な通貨であるのは前述した通り。

●Ｔｏｒにおける知られていないバグやセキュリティホールを狙う、いわゆるゼロデイ・アタック〈※20〉。

●児童ポルノコミュニティを知られず乗っ取り、運営者や信頼された人物になりすます。

執筆者は、ユーザー一人一人が、Ｔｏｒがどのように機能しているか、その仕組みを知り、Ｔｏｒのセキュリティ設定を見直すことで安全性を高めることが重要だと付け加え、文章を締めくくっている。

二人の逮捕後、「チャイルズ・プレイ」のサーバーは、おとり捜査が合法的に行えるオーストラリアに移され、タスクフォース・アルゴスの指揮のもとサイト運営が継続されることになる。タスクフォース・アルゴスには、前述した通り、過去に半年間にわたって「ＴＬＺ」を乗っ取った「実績」もあった。

潜入捜査官は、WarHeadの文体やスペルミスの癖まで忠実に模倣し、WarHead本人に成り代わることに成功。もちろん、本人から聞き出したＰＧＰの秘密鍵を用いて自身の発言にちゃんとデジタル署名しておくことも忘れなかった。

一方、CrazyMonkが運営者だった「ギフトボックス・エクスチェンジ」は、詳細は不明なが

※20 ゼロデイ・アタック
セキュリティ上の脆弱性が発覚した際に、その弱点が一般に周知され、修正対応がなされる前に行われる攻撃。

らヨーロッパの法執行機関に引き渡されていた。しかし先ほども述べたように、CrazyMonkの逮捕と外部からのハッキングが早々とコミュニティにバレたためか、法執行機関によるフォーラム運営作戦は1ヶ月足らずで終了している。

さて、「チャイルズ・プレイ」の運営者にまんまとなりすますことに成功した潜入捜査官だったが、約1ヶ月後に最初の困難に直面する。それはWarHeadが月一で行っていた状況報告会だ。その状況報告会では、児童ポルノの投稿を自身とモデレーター間で義務付けていた。この義務の遂行は、ある意味PGPの署名以上の本人証明システムだった。すなわち、お前が法執行機関の潜入捜査官でないなら、児童ポルノを投稿してみろ、というわけだ。

しかし、タスクフォース・アルゴスは、結局この「踏み絵」をみずから踏んだ。オーストラリアの法律では、オンライン上でのおとり捜査を首尾良く行うため、警察に広範な権限を与えていた。たとえ通常の状況下では違法とみなされかねない行動も、そこでは許されていた。

潜入捜査官扮するWarHeadは、メンバーを激励するメッセージとともに児童ポルノを投稿した。法執行機関みずからが児童ポルノの拡散に加担していたことについては、当然ながら様々な議論を呼んだ。

「こういった画像の共有は児童を虐待することです。しかしながら、現在行われている児童虐待を防ぐためならば、私たちの決断は正当化されると思っています」(j)と潜入捜査官グリフィスは「ヴェルデンス・ガング」によるインタビューで答えた。

一方で、自分の娘の性的虐待画像が、タスクフォース・アルゴス運営下の「チャイルズ・プレイ」上で共有されていたという女性は、同じ「ヴェルデンス・ガング」のインタビューで次のように心境を吐露している。

「彼らは、このことは娘のためにもなるといいます。なぜなら、他のペドファイルを捕まえることに繋がるからと。だけど、娘の画像を一人の人間に送れば、その画像は100人や1千人の人間の手に渡ります。それは娘をより傷つけるだけです」(k)

タスクフォース・アルゴスは、結局11ヶ月間という異例の長期間にわたって児童ポルノフォーラムを運営し続けた。そして2017年9月13日、タスクフォース・アルゴスはついに「チャイルズ・プレイ」を閉鎖した。「チャイルズ・プレイ」は、何の前触れもなくダークウェブから姿を消した、永久に。

「チャイルズ・プレイ」の運営を経て得られたユーザーの個人情報は、即座に各国の法執行機関に引き渡された。今回の捜査によって、他国の法執行機関は、およそ900人のユーザーの身元を特定したという。しかしタスクフォース・アルゴスは、具体的な逮捕者数、そして救助された児童の人数の公表を拒否している。

補論1　思想をもたないの日本のインターネット

根付かない「シェア」精神

これまでは主に海外のダークウェブについて見てきたが、この補論では少しアプローチを変えて、日本国内におけるダークウェブの状況について簡単に見ていこうと思う。

日本とダークウェブとの関わりというと、2012年に起きたパソコン遠隔操作事件をまっさきに思い出す読者が多いかもしれない。この事件では、犯人が身元を秘匿するためにTorを使用していたことが報道され、日本においてもTorの存在がある程度認知される最初のきっかけとなった。

さらに2013年8月には、「2ちゃんねる」個人情報流出事件が起きている。この事件では、「2ちゃんねる」ユーザーの個人情報が、ダークウェブ上の「onionちゃんねる〈※1〉」と呼ばれる匿名掲示板へと大量に流出した。

「onionちゃんねる」は、2004年10月に開設されたスレッドフロート型匿名掲示板〈※2〉。開設時期からもわかるように、ダークウェブ史のかなり初期から存在している、日本人のダークウェブコミュニティとしてはほぼ唯一かつ最大規模の掲示板である。

2018年現在、「onionちゃんねる」は、メインの「Tor板」、アダルト情報を扱う「エロいの板」、アウトローなネタを扱う「アングラ板」の三つの板から構成されている。クラッキング、違法薬物、児童ポルノ、個人情報、ヘイト、等々、およそ日本のインターネットに渦

※1 onionちゃんねる（a）

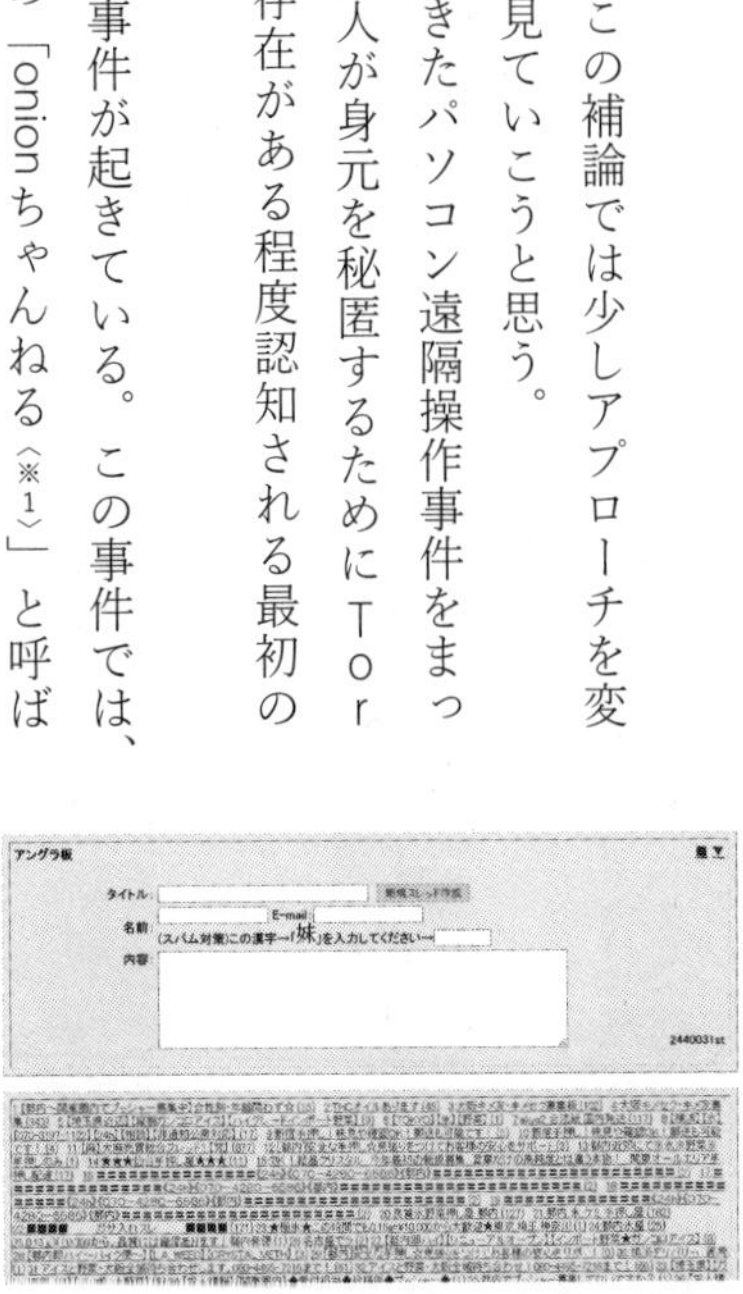

※2 スレッドフロート型匿名掲示板
「5ちゃんねる」や「ふたば☆ちゃんねる」などで採用されている掲示板スクリプト。掲示板内での特定の話題ごとに作成されたスレッド群と、それらへの書き込み最終時間に伴って表示順が入れ替わるスレッド一覧から構成される。ス

巻くあらゆるダークサイドが秩序を保たぬまま混沌とした坩堝を形作っている。とりわけ近年では、「アイス売ります！」（アイスは覚醒剤の隠語）といったドラッグのバイヤーによる宣伝、韓国人をめぐるヘイト、そして荒らしが書き込みの大半を占めており、充分に管理されているとは言いがたい。この荒廃した無秩序感が、まさしく日本の古き良き（?）アンダーグラウンド・インターネットなのだといわれればそうなのかもしれないが、しかしここにあるのは海外のダークウェブコミュニティとは対極の光景である。

そもそも、管見によれば海外のダークウェブコミュニティにおいては、スレッドフロート型の掲示板はあまり一般的ではない。ブラックマーケットであれ児童ポルノコミュニティであれ、多くはフォーラム形式であって、しかもモデレーターによってきちんと管理されている。フォーラムの閲覧と参加には事前登録が必要で、ハンドルネームを用いて書き込みを行う。どうもこのあたりに、日本と海外におけるダークウェブ、ひいてはインターネットそのものに対する姿勢の差異がありそうなのだ。

もちろん、日本のダークウェブにもフォーラム形式のコミュニティは存在した。たとえば、筆者の知る限りでは、「ふるさとin tor」という児童ポルノを扱う日本人向けフォーラムが2015年頃に存在していた。

おそらく海外ダークウェブの児童ポルノフォーラムを参考にしたであろう「ふるさとin tor」は、コミュニティの活性化を促すための独自のシステムを採用していた。それは、いわゆるレ

スレッドフロートというのは、書き込みが行われると該当スレッドが一覧の下位から上位に浮上していくように見えるさまを指している。

ベル制だ。書き込み数に応じてレベルが上がっていき、そしてあるレベルに達すると、ユーザー同士で児童ポルノをシェアしあう領域にアクセスすることができるようになる。こうしたシステムはいわゆるROM〈※3〉対策、つまりタダ乗りするだけでコミュニティに一切貢献しない身勝手な輩を排除するために導入されたものだった。しかし実際は、雑談系のスレッドに適当な相槌を打つだけの、見るからに「数稼ぎ」のためだけの書き込みを大量に生むことにもなり、結果的に成功したとは言いがたかった。

なぜ、日本ではフォーラム系のコミュニティはうまく機能しないのか、という問いは検討に値する。それはとりもなおさず、なぜ日本のインターネットでは「シェア」の精神が根付かないのか、という問いでもあるからだ。

アングラ・サブカルとしての消費

日本のダークウェブにおいてもっとも有名な児童ポルノサイトといえば、2013年頃に開設された「まじかる☆おにおん」だが、これももちろんフォーラム型ではない、投稿機能しか存在しないシンプルなサイトだった。ユーザー間のコミュニケーションといえば、投稿されたコンテンツに対してつけられるコメントでのやり取りくらいであって、そもそもコミュニティとしての機能がなかった。なので、ユーザーはもっぱら「onionちゃんねる」に立てられた専

※3 ROM
掲示版などでみずからは投稿せず、他の投稿者の書き込みを見ていること。Read Only Memberの略。

用スレッドを介して「まじかる☆おにおん」に関する情報を交換しあっていた。

そんな「まじかる☆おにおん」だが、２０１４年10月頃に「まじかるポイント制」と呼ばれるシステムを導入し、一言でいえば有料サイトに移行した。まじかるポイントはコンテンツの購入に必要となるポイントで、コンテンツの投稿かビットコインの支払いによって入手することが可能だった。このポイント制の導入には当然賛否が分かれたが、運営側の目論見としては、「ふるさとin tor」と同じく、フリーライダーの排除がまず念頭にあったと思われる。

しかし、２０１５年9月、ユーザー5人が相次いで摘発されたことで「まじかる☆おにおん」は終焉を迎える。警察がどのようにして5人の身元を突き止めたのか、真相はわからないが、ビットコインの取引履歴から足がついたとする説、Ｔｏｒの回線速度の遅さを嫌い、Ｔｏｒを介さずにダウンロードおよびアップロードを行っていたことから身元が割れたとする説の二つが可能性として挙げられる。

国内でのＴｏｒに関する逮捕事例では、２０１８年6月に京都府警に摘発された「Lolitter2（※4）」の事件が記憶に新しい。報道によれば、このサイトは２０１７年2月頃にダークウェブ上に開設されており、ユーザー登録数は53人、１０３枚の児童ポルノ画像が公開されていたという。残念ながら筆者はこのサイトの詳細を把握していないが、「onionちゃんねる」のとあるスレッドに「Lolitter2」に関する書き込みをいくつか見つけた。そのうちの一つは２０１７年3月13日の書き込みで、「本邦初、ロリ専用のTwitter、「Lolitter」開始。」とある。もしかしたら

※4 **Lolitter2**
名前に「2」とあるが「Lolitter1」の存在は確認されていない。

「Lolitter2」の関係者が宣伝の目的で書き込んだのかもしれない。また書き込み内容から、「Lolitter2」がツイッターを模したUーのサイトだった可能性が窺える。その他の書き込みは摘発以降のもので、たとえば2018年6月6日には、「お前ら53人全員逮捕らしいね」という書き込みとともに、「Lolitter2」の摘発を報じたニュース記事のURLが貼られている。翌日、それに対して元ユーザーだったと思われる者が答えている。

俺は登録してたけど逮捕されてないよ
というか大した画像も無かったし
画像上げてるのは管理人と、あと2~3人だけだった記憶があるね
あまりにも過疎ってて、全然追加更新されなくなったから
行くのやめてだいぶ経って、もう忘れてた頃に摘発とはね（b）

この書き込みからは、「Lolitter2」がほとんど機能していなかったらしいことが窺える。逮捕された運営者は、「児童ポルノ界で人気者になりたかった」と供述しているとのことだが、その夢を叶えることができたとは言いがたい。

見てきたように、ダークウェブには日本人による日本人のための児童ポルノコミュニティはほぼ存在しないといっていい。情報交換の場としては「onionちゃんねる」の「エロいの板」

が存在しているが、海外のフォーラム形式のサイトのように秩序立っているわけではない。ユーザビリティは低く、コミュニティとしての統一性も欠いている。

なので、一部の日本人ユーザーは、海外の大手児童ポルノフォーラムの一角を間借りさせてもらっている。第4章でも軽く触れたが、海外の児童ポルノフォーラムはいくつものカテゴリに分かれている。その中には、「internal discussion」という、外国語話者のためのカテゴリが存在する。このカテゴリは、オランダ語、イタリア語、スペイン語、タイ語といった、各言語別に基づいてさらに細分化されているが、その中には日本語もちゃんと含まれている。はるばるダークウェブの奥底にやってきた日本人たちは、この割り当てられた小さなスペースの中で、自分たちのコミュニティをひっそりと営んでいる。

「onionちゃんねる」のようなフロート型掲示板に代表される日本のダークウェブにおける「無秩序」と、「シルクロード」や「マジック・キングダム」のようなフォーラムに代表される海外のダークウェブにおける「秩序」。この二つを単純に比較することは無意味だろうが、それでも議論の出発点ぐらいにはなるかもしれない。

あくまで私見だが、このことは、日本人にとってのダークウェブのイメージが深く関わっているように思える。ダークウェブとは、ダークすなわちアングラ、つまり何でも好き放題できる無法のアングラ空間であるというイメージが先行していて、Ｔｏｒネットワークにそもそも内在していたはずの「思想」がすっぽりと抜け落ちて、もっぱらアングラ性だけがなんとなく消費されてしまっている。そのとき抜け落ちた「思想」とはもちろん、これまでの章でも幾度か触れたが、「言論の自由」、個人のプライバシー、国家に対するカウンター思想、そして「独立」というユートピア思想などである。

　この「思想」の抜け落ちというのは案外根が深く、日本のインターネット受容史そのものとも関わっている可能性がある。たとえば、ばるぼら〈※5〉とさやわか〈※6〉の共著『僕たちのインターネット史』（亜紀書房）では、90年代に日本でインターネットが普及する過程において、カウンターカルチャーのアングラ・サブカル化が起こっていたという指摘がなされている。そこで二人が挙げているのは、たとえば当時の若者がインターネットを始めるのに大きな影響を与えたという『ネットトラベラーズ95』〈※7〉（翔泳社）や、河上イチローの『サイバースペースからの挑戦状』〈※8〉（雷韻出版）だが、そこには同時代のアメリカにおける「サイバースペース独立宣言」のような、国家に対するプロテストの精神も、西海岸思想的な対抗文化の精神も見られないという。

　要するに、カウンターカルチャーというよりもサブカルチャーとしてインターネットが消費されていたという側面があるのだが、そこには当時の日本のサブカルチャーの一潮流であったいわゆる「悪趣味系〈※9〉」の影響もあった。

「悪趣味系」についての詳述は避けるが、90年代の「悪趣味系」を代表する雑誌の一つ『危ない1号』〈※10〉（データハウス〈※11〉）の目次を眺めれば、だいたいの雰囲気は掴めると思う。たとえ

※5 ばるぼら
ネットワーカー、古雑誌収集家、周辺文化研究家。インターネットをはじめ、サブカルチャーにまつわる情報を収集し、分析する著作活動で知られる。著書に『教科書には載らないニッポンのインターネットの歴史教科書』『20世紀エディトリアル・オデッセイ』（赤田祐一と共著）『日本のZINEについて知ってることすべて』（野中モモとの共著）などがある。

※6 さやわか
（1974〜）日本の評論家。アイドルや文学、音楽など、サブカルチャーに関連した多岐にわたる文筆活動を行う。著書に『僕たちのゲーム史』『一〇年代文化論』などがある。

※7『ネットトラベラーズ95』
翔泳社が刊行していたインターネット・トラベル・ガイドブックの一冊。当時の若者がインターネットを始めるのに大きな影響を与えた。『僕たちのインターネッ

ば1996年に刊行された『危ない1号』第2巻の目次には、「殺人／死体」、「変態」、「ボディアート」、「フリークス」、「全国ロリータマニアショップ一覧」、「ドラッグ関連ブック・カタログ」、「強姦リポート」、「コードレス盗聴のノウハウ」といった文字列が踊る。その中に、「デジタル・ネットワーク」という、インターネットを紹介した章が挟まっているのだが、そこではインターネットはもっぱらポルノを含めたアングラな情報を仕入れるためのツールとして紹介されている。ちなみにこの章のライターの一人クーロン黒沢〈※12〉は、前述の『ネットトラベラーズ95』にも寄稿しており、90年代におけるインターネット言説と「悪趣味系」カルチャーとを繋げたキーパーソンの一人でもある。

『危ない1号』を出版したデータハウスは、1998年になると『コンピュータ悪のマニュアル』を出版している。ハッキング、電子メール爆弾、エンドレスいたずら電話、クレジットカード偽造、等々、様々なコンピュータ犯罪のノウハウと手口を紹介したこの雑誌は、「悪趣味系」のアングラ・サブカルをコンピュータ文化が受け継いだ格好といえる。興味深いのは、「悪質なハッカーから身を護るための自衛マニュアル」と（表向きは？）銘打たれている点だ。アメリカの西海岸カルチャーにおいては、国家に対する自衛のためにハクティビズムが志向されていたが、ここではハクティビズムそのものが我々に攻撃を仕掛けてくる脅威として想定されている。言ってしまえば、多くの日本人にとってプロテストするべき相手とは、我々を監視する国家ではなく、ハッカーそれ自体なのだ。第1章で紹介した、「日刊大衆」の記事を思い出して

ト史』の中では「ページを開くと冒頭に「ON THE e-ROAD」と書いてあって、完全にジャック・ケルアックのノリ。最初に言及されるのはビート・ジェネレーションで、次に60年代ロックバンドのキャラバンツアー。そういう系譜に自分たちのインターネットのイメージを置くんです」（c）と紹介されている。

※8『サイバースペースからの挑戦状』
当時の有名ネットワーカーとの対談、掲示版や検索エンジン入門記事、インターネットをめぐる報道事件の顛末などがまとめられた一冊。「インターネット対マスコミ最終戦争!」というコピーがカバーに添えられており、既存のマスメディアへの反発的な色合いが濃く、サイバースペース独立宣言の文脈とは隔絶がある。

ほしい。その記事によれば、興味本位でダークウェブにアクセスしたところ、ハッカーによってパソコンが即座にハッキングされ、住所を特定されたのだった（しかし少し考えればわかることだが、そんな暇なハッカーはいない）。我々はダークウェブに巣食うハッカーから攻撃されている、よって自衛しなければならない、というわけだ。

これらのケースは、日本にインターネットが根付く過程において、ハッカー思想およびそれに伴う西海岸的なカウンターカルチャーの系譜がうまく輸入されてこなかったことの証左ともとれるのではないか。

アメリカのインターネットが反体制的な理由

なるほど確かに、「onionちゃんねる」におけるアングラな無秩序感は、90年代の「悪趣味系」カルチャーにおける、死体とドラッグと児童ポルノとハッキングが並列的に語られる有り様と深く共振しているのかもしれないと思わせる。と同時に、両者は「思想性」の欠如という点でも共通している。もともと「悪趣味系」や「バッドテイスト」とは、その名の通り「趣味」や「テイスト」の問題なのであって、「思想」は端から問題外なのだ。露悪的であれば何でも良い、というノンポリな姿勢が「悪趣味系」には通底していた。

ここで、海外のダークウェブの「思想性」をさらに探るために、「アンセンサード・ヒドゥン・

※9 **悪趣味系**
鬼畜系とも。90年代における日本のアングラ・サブカルチャーの一潮流。新宿ロフトプラスワンでの鬼畜系文化人が一同に集合したトークショーの模様を収めた『鬼畜ナイト—新宿でいちばんイヤ〜な夜』が当時の雰囲気を色濃く伝えている。

※10 **『危ない1号』**
ライター・編集者の青山正明によって1995年に創刊されたアングラ雑誌。青山正明の趣味が色濃く反映された内容となっており、悪趣味系を象徴する雑誌となった。その後、青山は鬱と薬物乱用が原因で第3巻「特集／快感」の企画段階で降板。『危ない1号』自体も、青山の過去原稿を集めた第4巻「特集／青山正明全仕事」を最後に廃刊となった。

※11 **データハウス**
日本の出版社。1984年に刊行した『悪の手引書』がヒットし、タブー本路線を展開した。『覚醒

ウィキ」を見てみよう。このウィキスタイルのサイトは、表層ウェブの本家ウィキペディアが検閲するであろうあらゆる情報の収集とカテゴライズを目的としているのと同時に、Ｔｏｒのチュートリアルやブラックマーケットのリンク集も兼ね備えるなど、はじめてダークウェブを訪れた者にとってのポータルサイトの役目も担っている。

代表的なカテゴリを眺めてみると、「ドラッグ」、「セキュリティ」、「ビットコイン」、「ハッキング」、「ペドフィリア」、「ソフトウェア」、「内部告発」、「言論の自由（free speech）」等々……。中には、「誘拐のための手引き」や、爆発物の製造方法を記したテキストなど、明らかに犯罪を思わせる内容も含まれている。そういう意味では、「onionちゃんねる」のアングラなカオスさに近いものを感じるかもしれない。しかし、「アンセンサード・ヒドゥン・ウィキ」には一貫した思想性のようなものが流れているのも確かで、そこを無視するとダークウェブのもっとも根幹にあるエートスを取り逃がすことになる。たとえば、「言論の自由」、「セキュリティ」、「内部告発」などは、先の章で述べたように、インターネットにおける自由やハクティビズムといったエートスと密接にリンクしている。

それでは、爆発物の製造方法を記したテキストはどうだろうか。このテキストは、その源流を辿ると、『The Anarchist Cookbook（アナーキスト・クックブック）』に行き着く。この本は、薬物、銃器、爆発物、ハッキング機器の作り方を図解入りで解説した無政府主義者向けの指南書で、ウィリアム・パウエルというアメリカの若者が１９７１年に執筆した。当時のアメリカといえ

剤大百科』『人の殺され方』『銃器使用マニュアル』などを刊行。

※12 クーロン黒沢
（１９７１～）日本のノンフィクションライター。アジア旅行記とコンピュータ関連の執筆活動で知られる。現在は電子書籍雑誌『シックスサマナ』を発行。

ば、地球の裏側で行われていたベトナム戦争が泥沼化の一途を辿っていく一方で、マリファナとサイケデリックを奉じたヒッピーによる反戦運動が過激化していった時期でもあった。それまでの「銃の代わりに花を」といった平和主義ではなく、直接的な暴力による変革を求める若者たちの台頭。パウエルの『アナーキスト・クックブック』は、そんな時代の空気と密接にリンクしていた。

本書のエピグラフには、「国家は国民に帰属する。国民は政府に不満があれば、憲法上の権利を行使して政府を改めたり、あるいは革命権を行使して政府を打倒することができる」という、第16代アメリカ合衆国大統領エイブラハム・リンカーンの言葉が引かれている。同書の著者によれば、国民が武装して不正を働く政府を打倒することは単なるテロリズムではない。むしろ、憲法で認められた正当な「権利」なのだという。アメリカのカウンターカルチャーには、このような自警的なアナーキズムの精神が反響している。

だから、「アンセンサード・ヒドゥン・ウィキ」の中で、爆発物の製造方法を記したテキストと並ぶように、「暗号無政府主義（crypto-anarchism）」についての記事が存在していても不思議ではない。サイファーパンク運動においては、「暗号」とは武器なのであって、彼らにとって「暗号」による武装と自警は、インターネットの自由を獲得するために不可欠とみなされているのだ。

アメリカにおける銃規制をめぐる思想の複雑さもこのあたりに端を発している。なぜ、アナーキストやリバタリアンといった、一見すると左翼的な思想の持ち主が銃規制反対を訴えるのか。なぜ、3Dプリンタで銃器を作ることがパンクな行為として英雄視されるのか。

『アナーキスト・クックブック』は、コロンバイン高校銃乱射事件〈※13〉の犯人がコピーを所持していたことで、再び日の目を見ることになる。コロンバインの事件以降、アメリカでは同様の銃乱射事件がたびたび起きているが、そのたびに『アナーキスト・クックブック』の存在がメディアによって槍玉に挙げられた。インターネットでは、著者に無断で改変とアップデートを施した無数のバージョンの『アナーキスト・クックブック』がアップロードされるようになっていた。

なぜ、暴力革命を志す70年代の闘士のバイブルが、同級生を無差別に撃ち殺すルサンチマンに満ちた高校生のバイブルとなったのか。この問いは、のちの章でも扱うオルタナ右翼などとも関わってくる、厄介なほどに広くて深いパースペクティブを備えている。

少しアプローチを変えてみよう。たとえば「独立」というキーワード。サイバースペース独立宣言がその最たる例だが、なぜサイバースペースの思想家は「独立」というコンセプトにこだわるのか、それが私たち日本人にはなかなか伝わりづらいのではないか。

彼らの「反国家」的な性格がどこに由来しているのか、という問いに一義的な回答を与えることはもとより不可能だ。とはいえ、アメリカ合衆国という国が、そもそも「独立」によって成立しているという歴史的背景は無視できないように思う。

※13 コロンバイン高校銃乱射事件
1999年4月20日にアメリカ合衆国コロラド州のジェファーソン郡立コロンバイン高等学校で、同校の学生二人が12名の生徒と1名の教師を射殺した事件（犯人たちは両名とも自殺）。一部の生徒からいじめを受けていたとされ、復讐のために決行したとみられている。

※14 ハキム・ベイ
（1945〜）本名ピーター・ランボーン・ウィルソン。アメリカの著述家、評論家、詩人。アナーキズム、SF、イスラム教神秘主義、サイバーパンクなど幅広い分野で執筆活動を行う。1991年にハキム・ベイ名義で刊行された『T.A.Z.――一時的自律ゾーン』において、「一時的自律ゾーン」というコンセプトを提示。ユートピア的な自律共生の場と、それを可能にする詩的テロリズムから成る存在論的アナーキーの哲学を唱えた。

アメリカの建国の父たちを突き動かしていたのは、イギリス本国政府からの北アメリカ植民地の「独立」だった。彼らの姿は、政府やリアルワールドからの「独立」を訴えるサイバースペースの思想家と奇妙にもダブって見えてこないか。急進的なアナーキズムと、愛国的な保守主義が不思議な一致を見せる地点がここにはある。

サイバースペースの思想家は右なのか左なのか、といったことはさして重要ではない。言いたいのは、建国の理念のうちに「独立」という、ある意味でとても「反国家的」な要素が組み込まれているということ。建国に立ち戻るという、見方によってはもっとも反動的と思える身振りが、しかし必然的に政府からの「独立」という、もっともラディカルな営為を無意識的に反復しようとしてしまう、とすれば?

ハッカー思想に影響を与えたハキム・ベイ〈※14〉の「一時的自律ゾーン」のコンセプトや、海上にリバタリアンの自治国家を建設する「海上都市(seasteading)」構想〈※15〉はもちろん、異種族(otherkin)カルチャー〈※16〉における「エルフ国宣言〈※17〉(Elven Nation Manifesto)」、さらにはアメリカのブラックミュージックに見られる宇宙脱出志向(ブラック・サイエンス・フィクション〈※18〉)、そして補論2で詳述するインターネット上のSF的疑似宗教「TSUKI Project」に至るまで、アメリカが生み出した多様なカウンターカルチャーは、往々にしてこの「独立」へのオブセッションとそれに伴うアポリア(二律背反)を孕んでいる。

そして、日本人は当然このオブセッションとアポリアを共有していない。日本人には「独立」

※15 海上都市構想
元グーグルのエンジニア、パトリック・フリードマンによって2008年に設立された海上都市機構が掲げる構想。ピーター・ティールが同機構に多額の出資を行ったことで注目を集めた。なお、同機構以前にも、たとえばサイエントロジーの創始者ロン・ハバードが60年代に海上にコミュニティを建設する構想を立てていたことが知られているなど、発想自体は珍しいものではない。

※16 異種族カルチャー
90年代のアメリカで興隆したサブカルチャー。エルフ、悪魔、ドラゴン、妖精といったファンタジーや神話上の生物に自身をアイデンティファイする一種のロールプレイ文化。主にオンライン上のコミュニティを通して発展していった。

※17 エルフ国宣言
1995年に「Usenet」上に投稿されたマニフェスト文。それ

によって自分たちの「権利」を勝ち取ったという経験がない。おそらくここに、日本のインターネット文化にアメリカのカウンターカルチャーの文脈が充分に輸入されてこなかったことの遠因の一つがあるのだと思う。

アメリカ人にとっては、自警の権利も、銃所持の権利も、「言論の自由」の権利も、「建国＝独立」という始原の記憶と結びついている。一部のアメリカ人にとって、武器を所持することは、憲法で認められた権利を享受することであり、またとりもなおさず建国の父によって打ち立てられた「アメリカ」という理念を守ることでもあるのだ。

同様に、なぜアメリカ政府の機密情報を暴露したスノーデンがヒーローとみなされたのかについてもこれで見えてくると思う。「内部告発者」（「アンセンサード・ヒドゥン・ウィキ」でも一カテゴリとして割り当てられている）は英語で「whistle-blower」という。直訳すれば「ホイッスルを吹き鳴らす者」という意味だ。すなわち、不正を働く政府や企業に一人で対峙しながら、「言論の自由」を行使して国民に警告を知らせる者、それこそが内部告発者なのだ。その意味では、スノーデンは反骨精神に溢れたハクティビストであるのと同じくらいアメリカ的な愛国主義者であったといえる。

当然、この二つは矛盾しない。それどころか、むしろ両立しうる両輪として、アメリカのカウンターカルチャーの通奏低音を成しているのだ。

までオンライン上に分散していたotherkin的趣味を持つ人々を結びつけ、自分たち独自のコミュニティを創設するきっかけとなった、otherkinカルチャーにおけるメルクマール的文書。

※18 ブラック・サイエンス・フィクション
アフロフューチャリズムとも。一般には黒人文化におけるSF的な未来志向とディアスポラ傾向を指してそう呼ばれる。野田努の『ブラック・マシン・ミュージック』では、サン・ラ、Pファンク、デトロイトテクノのアーティストなどがブラック・サイエンス・フィクションの観点から論じられている。アフロフューチャリズムを論じたその他の代表的な著作としては、コドゥウォ・エシュン『More brilliant than the sun: adventures in sonic fiction』などがある。

第５章　新反動主義の台頭

フェミニスト・セックス・ウォーズ

1976年、ニューヨークで一本の猟奇的な映画が封切りされた。『スナッフ／SNUFF』と題されたその映画は、血まみれの女性のヌード写真が切り刻まれたポスターを掲げ、映画の結末には女性が惨たらしく惨殺されるフッテージが収められていた。映画館の前では上映に反対する抗議デモまで行われた……というのは以前の章でも書いたので記憶している読者もおられるかもしれない。ところでその抗議デモというのは、当時新たに勃興してきたアンチ・ポルノグラフィ運動から現れたフェミニスト団体によって行われたという事実をここで新たに付け加えておきたい。

彼女たちは、フェミニストの中でもラディカル・フェミニスト〈※1〉を標榜する一派に属しており、とりわけポルノグラフィを、女性蔑視を助長させる原因の一つであり、存在それ自体が女性に対する「性暴力」であるとして激しく弾劾していた。このアンチ・ポルノグラフィ運動を象徴する団体としては、1979年にニューヨークで結成された「ポルノグラフィに反対する女たち（Women Against Pornography）」がある。

60年代のアメリカが「自由」と「解放」の時代だったとすれば、70年代から80年代にかけてのそれは、大いなる「反動」の時代だったということができるだろう。70年代後半に台頭したラディカル・フェミニズムの攻撃の矛先は、ポルノグラフィだけでなく、しばしばレズビアン、

※1 ラディカル・フェミニスト
1980年代以降に勃興してきた、社会における男性優位性を批判する立場を取るフェミニストの一派。とりわけポルノグラフィ撲滅運動を通して顕在化してきた。代表的なラディカル・フェミニストとしてはキャサリン・マッキノンとアンドレア・ドゥオーキンがいる。たとえばマッキノンは著書『ポルノグラフィ――「平等権」と「表現の自由」の間で』で、ハードコア・ポルノは女性の従属行為であり、女性を性的対象、商品、身体パーツとして扱うものだとして、「言論の自由」によって保護されるべきではないと主張した。彼女たちは1984年にインディアナポリスで成立した、ポルノの製作、刊行、販売を違法とする条例作成に尽力したが、同条例は憲法修正第一条に基づき違憲と判断された。

ポルノ産業で働く女性、婚前交渉、中絶、マスターベーションなどにも向けられた。それは換言すれば、ヴィクトリア朝的な「古き良きモラル」への回帰であった。

とはいえその運動は、ついにはキリスト教右派などの保守的な一派と共闘関係を結ぶに至ったりと、あからさまな「反動」の身振りを含んでいたことも確かで、フェミニズム内部からも批判が巻き起こることになった。たとえばパット・カリフィア〈※2〉などはフェミニストの立場からポルノグラフィを肯定し、逆にアンチ・ポルノグラフィ運動に属するフェミニストたちを厳しく批判した。

カリフィアはこう主張する。過度な道徳の重視は、女性の地位の向上に繋がらないどころか、逆に女性を前時代的な、男性の「良き伴侶」という、抑圧的な地位にいつまでも押し込めてしまうことになる。結局それは、近代における男性中心主義的イデオロギーの再生産と強化にしか繋がらない。同様に、ポルノグラフィに対する過剰な規制は、女性たちの「性の自由」や「表現の自由」を著しく抑圧し、狭めることにしかならないだろう、と。

このような動向から、80年代前半にはアンチ・ポルノグラフィ運動に反対し女性たちの「性の自由」を尊重するセックス・ポジティブ・フェミニズムといった動きが出てくる。それに対してアンチ・ポルノグラフィ派のフェミニストたちも負けじと応戦。フェミニズム内部における両派閥の激しい論争はフェミニスト・セックス・ウォーズと呼ばれた。

80年代に入ると、アメリカのいくつかの地方議会で、ポルノグラフィを規制する条例がアン

※2 パット・カリフィア
（1954〜）アメリカの著述家、トランスジェンダー・アクティヴィスト。かつてはレズビアン・フェミニストを名乗っていたが、性適合手術を経て現在はパトリック・カリフィアと著者名を変え、FTMトランスセクシャルの立場を取るにいたっている。1994年の『パブリック・セックス―挑発するラディカルな性』では、レズビアン、ゲイ、バイ・セクシャル、SM、児童ポルノの可否などについて論じ、「自由な性のあり方」を提唱した。他の著作に『ポルノと検閲』（アン・スニトウらとの共著）『セックス・チェンジズ——トランスジェンダーの政治学』（パトリック・カリフィア名義）など。

チ・ポルノグラフィ派のフェミニスト団体からの後押しもあって実際に可決されるようになる。それに対して、アメリカ自由人権協会や、検閲に反対するフェミニスト団体「Feminist Anti-Censorship Task Force」などは、合衆国憲法修正第一条で保障された「言論の自由」に違反しているとして条例の執行差し止めを求める連邦告訴を起こす。結局、いずれも最高裁で違憲判決が下り、条例は棄却された。

ともあれ、性表現をめぐる論争は、とりわけ70年後半頃を境に激化している。それは当初はフェミニズム内部における論争だったが、現代では主戦場をインターネット上に移しており、しかも論争のプレイヤーは主にオルタナ右翼と呼ばれる人々が占めている。

良識派への反発

「ゲーマーゲート〈※3〉」は、オルタナ右翼勃興の一つのきっかけとなったといわれる象徴的な出来事だが、それが多層のレイヤーで構成されながらも、「アンチ・フェミニズム」と、それに伴う「言論の自由」に対するスタンスが一つの基調低音を成していたことは重要だと思われる。

2013年頃から激化していったゲーマーゲートは様々な出来事を含みながら展開しており、ここで時系列的かつ網羅的な整理をすることはあえて避けるが、とりわけこの章と関わりの深

※3 ゲーマーゲート
2014年に起きた、女性のゲーム開発者ゾーイ・クインに対するオンラインでの誹謗中傷や脅迫に端を発する一連の事件。事の発端は、クインの元交際相手を名乗る人間がブログ上で暴露したスキャンダルで、彼はクインが自作を売り込むためにゲームジャーナリストらと性的関係を持っていたと主張した。この炎上がきっかけとなって、女性のゲーム業界関係者に対する同様の吊し上げや誹謗中傷が相次いだ。これら一連の騒動は、ニクソン政権下で起きた政治スキャンダル「ウォーターゲート事件」にちなんでゲーマーゲート事件と呼ばれるにいたった。

そうなトピックとしては、ラディカル・フェミニストのメディア批評家アニータ・サーキシアンに対する一連のオンライン・ハラスメント事件がある。

アニータ・サーキシアンは、ゲームにおける女性の描かれ方をフェミニズム的な観点から分析するブログの主催者として知られていた。ところが、彼女が「YouTube」に投稿していた一連の動画シリーズが「4chan」住人の反感を買い、「炎上」に発展した。サーキシアンは、動画の中で「ゲームコミュニティやゲーム業界は男性に支配された世界」(a)と主張し、任天堂作品を筆頭に(クール・ジャパン!)、ゲームにおける女性蔑視的な表現や、性的欲望の対象としての記号化された女性像を厳しく糾弾していた。いわば、サーキシアンは「表現規制派」の急先鋒と「4chan」の住人に受け取られたのだった。結果、サーキシアンは激しいオンライン・ハラスメントやドキシング(※4)、殺害予告といった被害を受けることになった。

ゲームにおける表現規制を訴える主張は、『スナッフ/SNUFF』上映に対する抗議運動に象徴されるラディカル・フェミニズムとアンチ・ポルノグラフィ運動の系譜の延長線上にあるといってもいいだろう。しかし80年代の状況と異なるのは、それがインターネット上を舞台にしていることと、それに対する応答が匿名の男性たちによって占められていて、しかも彼らがフェミニズムに対する「憎悪」によって連帯している点だ。このアンチ・フェミニズムは、その後オルタナ右翼と呼ばれることになる層に通底している感情でもある。

次第に「4chan」はゲーマーゲートをめぐる過激な論調や個人攻撃で溢れるようになってくる。

※4 **ドキシング**
攻撃対象の個人情報をインターネット上に流出させる行為。

事態を重く見た「4chan」の運営者は、ゲーマーゲート関連のトピックを規制する方針を明らかにする。

そんな状況の中、ソフトウェア・エンジニアのフレデリック・ブレナンは、「4chan」の検閲に反対して新たなchan系の匿名画像掲示板、その名も「8chan」を2013年10月に設立。運営チームが一括して管理する「4chan」と異なり、「板」ごとにオーナーとなるユーザーが存在するという分散的な運営体制を採るこの掲示板は、「free speech（言論表現の自由）」を第一に掲げていた。言論表現の自由という大義名分を手に入れた住人たちは、「4chan」から閉め出されたゲーマーゲート関連のトピックをそのまま持ち込んだ。以降、ゲーマーゲートは「8chan」の「/gamergate/」を震源地として展開していく。

また、政治関連のトピックを扱う板「/pol/」は、いわゆるオルタナ右翼の培養地となっていく。「カエルのペペ〈※5〉(Pepe the Frog)」のミームはその象徴だが、2013年以降の匿名掲示板カルチャーは一貫して「政治化」の傾向を辿っていくこととなる。

なぜ、オルタナ右翼と一般に呼ばれている人々はフェミニズムを嫌悪しているのだろうか。オルタナ右翼は一枚岩ではなく、様々な潮流や思想的立場から構成されているので、もちろん一概にいえるわけではない。たとえば、そこにはいわゆる「インセル（incel）」（本章で後述）に象徴されるミソジニー（女性嫌悪）の問題も横たわっている。だがすべてに共通しているのは、リベラル的価値観に対する反感だろう。

※5 カエルのペペ
マット・フュリーのコミック『Boy's Club』に登場するカエルのキャラクター。2008年頃から「4chan」などで人気を博すようになり、インターネット・ミームと化す。当初は掲示板上のやりとりにおいて、怒りや悲しみといった感情を伴うリアクション用の画像として用いられていたが、2015年頃からドナルド・トランプを模したペペのイラストが出回るようになり、結果オルタナ右翼のシンボルとして扱われるにいたった。2016年には名誉毀損防止同盟（ADL）のデータベースにペペがヘイトの象徴として登録されている。このような状況を鑑みたフュリーは、2017年に『Boy's Club』内でペペの葬儀を執り行うエピソードを描いた。

フェミニストと呼ばれる人々は、アンチ・ポルノグラフィ運動のように、ときにリベラルな価値観のもと表現規制を積極的に推し進めることで、それらの表現物を好んで消費する層にとっては抑圧的に働く。要するに、リベラル的価値観やポリティカル・コレクトネス〈※6〉といったものに対してうんざりしはじめている人々が一定数存在するのだ。それらは、私たちに一定の価値観を押し付けることで、表現や言論の自由を圧搾する。オルタナ右翼の思想的背景には、こうしたリベラル社会が構成する鬱屈した息苦しさに対する感情的ともいえる反発がある。

彼らは、お行儀の良いリベラル的価値観の持ち主を「ソーシャル・ジャスティス・ウォーリアー(Social Justice Warrior)」と呼ぶことで嘲笑ってみせる。ソーシャル・ジャスティス・ウォーリアーは、たとえばヒューマニズム、民主主義、人権意識、人種的平等、多様性、フェミニズム、LGBT、良識といった、リベラル左派が公民権運動とそれに続く60年代の「解放」の時代を通して形作ってきた総体的な「社会的正義」の価値観を皮肉ってみせるための便利なミームとして機能する。

「4chan」が育んできた独自のミームカルチャーは、一言でいえばタブーを侵犯することを良しとしていた。

「4chan」は、日本のスレッドフロート型の匿名画像掲示板「ふたば☆ちゃんねる」の形式に着想を得たmootというハンドルネームの若者が２００３年に設立した匿名画像掲示板だが、「4chan」に胚胎した文化は、「ふたば☆ちゃんねる」よりもむしろ90年代に隆盛を誇った

※6 ポリティカル・コレクトネス
日本語で「政治的に正しい言葉遣い」とも呼ばれる。政治的／社会的に公正・公平・中立的で、なおかつ差別・偏見が含まれていない言葉や態度のことを指す。アメリカにおいて１９８０年代後半頃から、特定の人種や性的マイノリティに対する配慮としてポリティカル・コレクトネスという観点が広く用いられるようになった。とりわけ哲学者アラン・ブルームがアメリカにおける大学教育について論じた１９８７年の著書『アメリカン・マインドの終焉』は、アメリカのキャンパスにおいてポリティカル・コレクトネスをめぐる議論に火をつけ、この語の普及に一役買ったといわれる。

「Usenet」内のグループ「alt.*」や、「サムシング・オーフル（Something Awful）」といったフォーラムをその直接的なルーツとして持っている。

「alt.*」は、「alternative（オルタナティブ）」の略であると同時に、「anarchists、lunatics and terrorists（アナーキスト、異常者、テロリスト）」の頭文字で、サイファーパンク運動の創始者の一人であるジョン・ギルモアと数人の古参「Usenet」民によって立ち上げられた。

「Usenet」を管理しようとする勢力に対抗して、検閲のない独自の階層として誕生した「alt.*」は、ポルノ、グロ、ファイルの違法共有、荒らし、釣り、等々、ありとあらゆるアナーキーなネタを良しとした。とりわけ「釣り（troll）」は、当時ネットユーザーが指数的に増加していく中で、「alt.*」に大量に流入してきた新参者をあぶり出すための技法として洗練化されていった。

「alt.*」以来、ネットにおける匿名コミュニティは、しばしば選民的なエリート思想と、それに伴う独自の掟——彼らが頻繁に言及する映画『ファイト・クラブ』〈※7〉のように——を持っていた。

たとえば、「4chan」のユーザーに広く共有されているミームに、「インターネットのルール（rules of the Internet）」というのがある。「ルール1：/b/〈※8〉について話してはいけない」、「ルール2：/b/について決して話してはいけない」といったように、『ファイト・クラブ』の劇中に登場する「ファイトクラブのルール」のパスティーシュであるこのルール表は、たとえば「ルール30：インターネットに女は存在しない」のように、あからさまにコミュニティの閉鎖的なホモ

※7『ファイト・クラブ』
1999年に公開されたデヴィッド・フィンチャー監督による映画作品。チャック・パラニュークの同名小説が原作。大量消費社会に生きる主人公が、男たちが1対1の「ファイト（喧嘩）」を行う秘密の集会ファイトクラブと出会うことで、殴り合いを通して生きる実感を取り戻していくさまを描く。

※8 /b/
「4chan」でもっとも人気のある板の一つ。有り体にいえば雑談板。トピックに縛りや制限が特に設けられていないこともあり、往々にしてカオスな様相を呈している。

ソーシャル性を肯定するルールも含まれていた。

ともあれ、「釣り」はうかつにコミュニティに入ってきた新参者や余所者を徹底的にこき下ろし吊るし上げるためのイニシエーションとして機能した。２０００年代に入ると「釣り」文化は「Usenet」から「サムシング・オーフル」などのフォーラム、そして「4chan」へと移っていった。

「サムシング・オーフル」は１９９９年に設立されたフォーラム形式のサイトで、「The internet makes you stupid（インターネットはお前を愚か者にする）」をモットーに掲げていた。

折しも当時はドットコム・バブル〈※9〉の真っ只中で、シリコンバレーのIT関連ベンチャーが大挙してサイバースペースに押し寄せてきていた。インターネットは、ビジネスや世界のあり方そのものを変える、イノベーティブな市場として持て囃《はや》されていた。

インターネット・アンダーグラウンドの住人たちは、次第に自分たちのインターネットが奪われていると感じはじめていた。

インターネット――それはもっと薄暗く、猥雑でアナーキーな空間であるべきはずで、決してドットコム企業や一般ピープル（normalfag）のための空間ではない。「サムシング・オーフル」は、ドットコム・バブルに浮かれ騒ぐ楽観主義者たちに対して、もっと暗い終末的なビジョンを提示する。徹底したシニシズムとニヒリズムが蔓延したコミュニティでは、滑稽で醜悪なものこそが尊ばれる。彼らは、この時期にインターネットに持ち込まれた「良識」や「マジメさ」と

※9 ドットコム・バブル
90年代末から00年代初頭にかけて、インターネットの一般層への広がりとともに起きた、関連企業の上場ラッシュや株価の暴騰。日本では主に「ITバブル」と呼ばれる。

いったものを徹底的に笑い飛ばしてみせた。

そのときに重要となるツールが「釣り」だ。たとえば、「Goatse」はその代表的なものの一つで、もともとはエログロ画像サイトの名前であったが、トップページに表示される、中年男性が両手で肛門を広げている画像とやがて同一視されるようになった。「釣り」の方法は単純で、「良識派」の人間が多く集まるサイトの掲示板やフォーラムに出向き、あたりさわりのないメッセージとともに「Goatse」のURLを貼るというものだった。この時期に至ると「釣り」は、コミュニティの新参者をバカにするためのイニシエーションだけでなく、インターネット新参者の「良識派」そのものを攻撃するためのツールとなっていた。

その後、「4chan」の「/b/」を経ながら「釣り」文化は、アノニマスのハクティビズムや検閲に反対するフリースピーチ運動などとも共鳴しながら、広くメインストリームの「タブー」を侵犯するための戦略として確立されていく。

そして、このタブーの侵犯という彼らのエートスは、「8chan」の「/pol/」にまで、すなわち現在のオルタナ右翼の思想にまで持ち込まれているのではないか。カエルのぺぺのようなミームに象徴される、世間の良識派が形成してきたポリティカル・コレクトネスをこき下ろす姿勢に、90年代以来のインターネット・アンダーグラウンド精神の残滓を見て取ることは、それほど難しくないはずだ。

トランプ現象を含めたここ数年のインターネットの空気は、結局リベラル的価値観が機能不全に陥っていることの現れなのかもしれない。もはや人々は、「平等」や「民主主義」などの普遍的だと思われていた価値観を信じていない、というより、信じることができない。それは言い換えれば、「私たちの住む社会はより良くなっていく」という、近代西欧が育んできた「進歩史観」そのものに対する不信感でもあるのではないか。閉塞した現代社会を生きる私たちは、今よりもマシな社会が訪れることをもはや想像してみることすらできない。

哲学者、ニック・ランド

政治学者のフランシス・フクヤマ〈※10〉は、冷戦終結後の世界を俯瞰《ふかん》して「歴史の終わり」を宣言した。もはや「大きな物語〈※11〉」に依拠したイデオロギー対立も戦争も起こりえない。進歩史観に基づく歴史の弁証法的ダイナミズムは、世界を覆い尽くした市場主義、その際限のない資本の反復的なプロセスのうちに溶解していく……。

イギリスの批評家マーク・フィッシャー〈※12〉は、「資本主義の終わりより、世界の終わりを想像する方がたやすい」(b)と言った。この言葉は単なるレトリックではなく、もっと抜き差しならない実感を伴った何かだろう。うつ病を患っていたマーク・フィッシャーは、２０１７年にみずから命を絶っている。

マーク・フィッシャーがかつて教えを受けていた人物の一人にニック・ランドがいる。イギ

※10 フランシス・フクヤマ
（１９５２〜）アメリカの政治学者。１９９２年の著書『歴史の終わり』は、アメリカにおけるネオコンサバティズムの理論的支柱となった。しかしイラク戦争の低迷とともに思想の転換を余儀なくされ、２００６年に刊行した『アメリカの終わり』では、思想集団としてのネオコンを批判して訣別を告げた。

※11 大きな物語
宗教や科学、歴史といった、社会全体に通底する価値観の拠り所となるような物事の捉え方を指す。フランス現代哲学ではこうしたそれまで共有されていた価値観が崩壊した時代を「ポストモダン」と位置付けている。

※12 マーク・フィッシャー
（１９６８〜２０１７）イギリスの批評家、教育家。k-punkのハンドルネームでブロガーとしても活動。ウォーリック大学で博士号を取得した後、英国継続教育カ

リスの哲学者であるニック・ランドは、2012年、ネット上に「暗黒啓蒙（The Dark Enlightenment）」というテキストを発表し、「新反動主義（neoreaction）」の主要プレイヤーの一人になった。

詳しくは後述するが、この新反動主義のエッセンスがオルタナ右翼の中にも流れ込んでいるとされている。そのもっとも直截な例は、オルタナ右翼系メディア「ブライトバート」の元会長であり、またドナルド・トランプの元側近でもあるスティーブ・バノンで、彼は「暗黒啓蒙」のファンであったことを公言している。

ニック・ランドはもともと大陸哲学とフランス現代思想の研究からスタートしており、初期にはジョルジュ・バタイユに関する著書もあるが、90年代中頃になると、のちに「加速主義（accelerationism）」と呼ばれることになる思想を展開するようになる。加速主義とは、ざっくりいえば、資本主義のプロセスを際限なく加速させることで、あらゆる既存の体制や価値観を転倒させる技術的特異点＝シンギュラリティを志向する思想のことである。

この思想は、もともとはフランスの現代思想家ジル・ドゥルーズ〈※13〉とフェリックス・ガタリ〈※14〉による共著『アンチ・オイディプス』（河出文庫）を下敷きにしている。

1972年、パリの五月革命の余韻醒めやらぬなか書かれたこの大著は、「資本主義と分裂症」という副題が付されているが、その中で「脱領土化」という概念が出てくる。これはつまるところ「解体」のプロセスであり、土地や貨幣がグローバルに流動化していく資本主義、そ

レッジ、およびゴールドスミス・カレッジ視覚文化学科で客員研究員・講師を務める。うつ病との闘病生活を続けるも、2017年に逝去した。著書に『資本主義リアリズム』『Ghosts of My Life』『The Weird and the Eerie』など。

※13 ジル・ドゥルーズ
（1925〜1995）フランスの哲学者。一般にポスト構造主義に属するとみなされている。ニーチェやスピノザの哲学の独創的な解釈を通じて独自の「内在性」の哲学を練り上げていった。晩年は肺を病み人工肺での生活を送っていたが、1995年に自宅のアパルトマンの窓から飛び降りみずから命を絶った。

※14 フェリックス・ガタリ
（1930〜1992）フランスの哲学者、精神分析家。精神分析家ジャック・ラカンのもとで学んでいたが、のちに精神分析を批判する立場を取るようになる。1972年のジル・ドゥルーズと

して自我が解体していく分裂症患者に見られるプロセスであるとされる。ただし、『アンチ・オイディプス』では、これと対になる「再領土化」という、その後に来る「統合」のプロセスとワンセットになっている。ところが加速主義では、前者の脱領土化のプロセスのみを徹底的に――「特異点」に至るまで――推し進めようする。この点において、加速主義はドゥルーズ&ガタリの思想とは一線を画している。

それでは未来の特異点に至ると何が起こるのだろうか。それは誰にもわからない、とランドはあけすけに言う。特異点の向こう側の「外部（outside）」から到来する「全《まった》き未知のもの」、それをただ受け容れ、歓待することしか我々にはできないのだ。

よってランドの思想は、この「外部」からのシグナルをキャッチするためのあらゆる実験的な実践と化す。エッセイとも論述ともつかない混濁した、ときには錯乱したその文体に、ナノテクノロジー、未来学、サイバネティクス、暗号学、オカルティズム、サイバースペース、クラブミュージック、SF、そしてラヴクラフト〈※15〉のクトゥルフ神話など、多岐にわたる分野への言及が加わり、その混沌の度合いを高めている。なかでも、クトゥルフ神話における「古き神々（Old Ones）」は、「外部」から到来してくるであろう全き未知のものになぞらえられている、という点でもランドにとって重要なモチーフになっている。

示唆的なのは、「外部」の到来が、決して人間にとって「幸福」なビジョンをもたらすとは限らないということ。むしろ逆で、それは人類にとって耐えがたいほどの混沌と黙示録的なビ

の共著『アンチ・オイディプス』では、精神分析の中核的な仮説であるエディプス・コンプレックス理論への批判を通じて、無意識における欲望の多様な運動に焦点を当てる「分裂分析」を打ち立てた。

※15 ラヴクラフト
（1890〜1937）アメリカの小説家。宇宙的恐怖（コズミック・ホラー）と呼ばれる独自の世界観を描いた。その作品群は死後、「クトゥルフ神話」と名付けられ体系化され、その後のオカルト、ホラー、ファンタジー作品に大きな影響を及ぼしている。

ジョンをもたらすかもしれないのだ。というのも加速主義においては、資本とテクノロジーの自己目的化したポジティブ・フィードバック・プロセスは、人間にとっての利害や目的とは無関係に、かつ不可逆的に加速していくものと捉えられているからである。

たとえば、ランドの代表的なテキストの一つ「Meltdown」は、技術的特異点としてのメルトダウンが、近代的な社会体制を溶解させていくさまを黙示録的なホラーとして叙述する。ここに至ってランドの思想は、にわかに宿命論的な終末論、あるいは一種のコズミック・ホラーの趣を醸し出してくる。

私たちは、人間的な利害や価値観の彼岸にまで突き進む資本主義の純粋なプロセスを（宇宙の普遍的法則のようなものとして）ただ無条件に肯定しなければならない、とすれば?

ニック・ランドの積極的ニヒリズムにはこれ以外にも、エントロピー理論における「熱的死〈※16〉」、フロイトの「死の欲動〈※17〉」、アントナン・アルトーの「器官なき身体〈※18〉」など、いくつもの概念が折り重ねられているのだが、その根底には苛烈な人間中心主義批判、すなわちアンチ・ヒューマニズムの精神がある。

アンチ・ヒューマニズムも現代思想における重要なテーマである。その系譜はたとえば人類学者レヴィ＝ストロース〈※19〉の「世界は人間なしに始まったし、人間なしに終わるだろう」（c）という有名なフレーズにはじまり、哲学者ミシェル・フーコー〈※20〉の「人間は波打ちぎわの砂の表情のように消滅するであろう」（d）というテーゼにおいて最高潮に達するのだが、

※16 熱的死
「エントロピーの増大」という熱力学第二法則から導かれる宇宙の最終状態。宇宙の終焉のビジョンの一つ。

※17 死の欲動
タナトスとも。精神分析家のフロイトが1920年の『快感原則の彼岸』の中で提唱した概念。人間の無意識には自己保存欲動に基づく快感原則に反する自己破壊的な欲動が潜んでいると指摘した際に用いた。のちにフロイトはこの概念を社会や文明などの人間の営み一般に敷衍して論じ、たとえば戦争は文明における死の欲動の発露であるとみなすにいたった。

※18 器官なき身体
フランスの詩人・劇作家のアントナン・アルトーが『神の裁きと訣別するために』（1947）というラジオ放送用テキストで用いた言葉。のちにドゥルーズとガタリが『アンチ・オイディプス』の中で、様々な器官を伴いながら有機

ここでは深入りは避ける。

いずれにせよ、ランドはこのアンチ・ヒューマニズムのエートスを、「人間」の廃絶にまで推し進めようとする。ランドは、人間性やヒューマニズムを保守しようとするあらゆる既存の体制、価値観、思想、社会を一括して「ヒューマン・セキュリティ・システム」と呼び、そこからの脱出を促そうとする。このヒューマン・セキュリティ・システムの内部に安住している限り、私たちは自分たちを縛っている思考の「外部」へ突破することはできない。

ランドにとって「外部」という、いわば思考しえないものを思考しようとする試みは、端的にいえば「人間をやめる」ことによってのみ達成されるのだ。

ランドの叙述における、バイオテクノロジーやウィリアム・ギブスンのサイバーパンクSF、そして『ブレードランナー』〈※21〉、『ターミネーター』〈※22〉、『ビデオドローム』〈※23〉などの一連の映画に対する偏愛的言及の核心には、すべてこのトランスヒューマン／ポストヒューマン的な「外部」への志向性がある。

「人類絶滅後の世界」

他方で、このニック・ランドの思想は、近年の思想的潮流の一つである「思弁的実在論(speculative realism)」にも多かれ少なかれ影響を与えている。

化していく以前の原初的な身体のイメージを指すための概念として持ち出した。

※19 レヴィ＝ストロース（1908〜2009）フランスの社会人類学者。20世紀哲学の一潮流である構造主義の祖とされる。人類学や神話学にソシュール言語学の方法を適用し、人間社会は主体の意志に依らない無意識のレベルの「構造」によって規定されていると論じた。著作に『親族の基本構造』『悲しき熱帯』『野生の思考』などがある。

※20 ミシェル・フーコー（1926〜1984）フランスの哲学者。ポスト構造主義に分類される。刑罰システムや精神病の取り扱いをめぐる歴史的考察を通して、知と権力がどのように絡み合いながら現在の社会制度を構築してきたのかを分析。それまでのマルクス主義的な権力論では扱われなかったミクロ的な権力関係に光を当てた。著書に『言葉と物』『監

思弁的実在論とは、つまるところ哲学を脱―人間中心化しようとする動きであり、事物そのものの在りようを、人間の認識に依存しない形で問題にしようとする哲学である。

この思弁的実在論という枠組みは、2007年にロンドン大学ゴールドスミス・カレッジで開かれた同名のワークショップを発端にしており、そこに集まったレイ・ブラシエ、イアン・ハミルトン・グラント、カンタン・メイヤスー、グレアム・ハーマンの4人がオリジナルメンバーということになっている。そして、このワークショップの書き起こしがネット上に無料公開されると、主にブロガーたちの間で話題と論争を生み、思弁的実在論は一種のネット・サブカルチャーと化した。

こうした状況に対して、思弁的実在論は歴史上はじめてのインターネット発の哲学運動であるという指摘もある一方で、ブラシエは、『思弁的実在論運動』など一部のブロガーの想像の中にしか存在しない」(e)と突き放してみせた。

それはともかく、このオリジナルメンバーの中では、イギリス出身の哲学者レイ・ブラシエとイアン・ハミルトン・グラントの二人はランドの元教え子であり影響関係を認めることができる。とりわけブラシエは、ランドが主に90年代の間に書き飛ばした大量のテキストをまとめた著書『Fanged Noumena: Collected Writings 1987-2007』に編集者として携わっており、加えて出版に際しては長大な序文を寄稿している、という点から見てもこの4人の中ではもっともランドとの関わりが深い。

獄の誕生』『性の歴史』などがある。

※21『ブレードランナー』
感情が芽生えた高度な人造人間が起こした殺人事件をめぐる1982年公開のSF映画。人間とは何かといった実存的なテーマなど、退廃的な未来都市を舞台に独自の世界観を描いた。

※22『ターミネーター』
1984年公開のSF映画。人類に反旗を翻した人工知能が率いる機械軍との戦争を背景に、未来の革命軍リーダーの母を抹殺するために送り込まれた殺人サイボーグとの死闘を描く。

※23『ビデオドローム』
デヴィッド・クローネンバーグ監督による1983年公開のカナダ映画。拷問や殺人シーンを映すテレビ番組の謎をめぐり、暴力的なビデオが視聴者に幻覚をもたらし、現実認識をグロテスクに歪め、やがて死に至らしめるまでを描いたホラー作品。

ブラシエの現在のところ唯一の単著である『Nihil Unbound: Enlightenment and Extinction（ニヒル・アンバウンド：啓蒙と絶滅）』には、ランドの思想と共通するテーマがいくつか見受けられる。それはさしあたり、著書のタイトルにも示されている「ニヒリズム」と「絶滅」の二つである。

ブラシエの思想の核心を乱暴にまとめると次のようになるだろう。すなわち、我々は人類が絶滅した後の世界について思考することができるだろうか？　あるいは言い換えれば、人間にとってのあらゆる意味や目的が滅却された地点においても、それでも思考は可能だろうか？　そして、もし可能であるとするならば、それはどのような思考なのだろうか？　等々……。

ランドにあっては未来における特異点の向こう側として表象されていた「外部」だが、ブラシエの著作では「人類絶滅後の世界」という、より明確にポスト・アポカリプス〈※24〉的イメージとして表象されている。

もちろんこれは単なる寓話ではない。私たちは科学的推論によって、太陽系が45億年後に消滅し、地上の生命が一掃されることを実際に知っている。また、近年アカデミズムで話題になっている「人新世〈※25〉(anthropocene)」の議論では、人口とエネルギー使用の増加、工業化が加速度的に進んだ現代は、人間の活動が地球環境に不可逆的な影響を与える時代であるとしている。たとえば、人間による地球環境破壊がこのまま進めば、2100年までに全生物種の半分が絶滅するという予測もある。もちろん、何も手を打たなければ人間も遠からず「絶滅」という運命から逃れることはできないだろう。

※24 ポスト・アポカリプス
フィクションにおけるジャンルの一つ。人類の文明が滅んだ後の世界を描く。映画作品では『マッドマックス2』『アイ・アム・レジェンド』、文学作品ではコーマック・マッカーシーの『ザ・ロード』など。

※25 人新世
オランダの大気化学者パウル・クルッツェンが2000年に提唱した新しい地質年代。クルッツェンはこの語によって、約1万年前から続いた完新世の時代は終わり、人類の活動が地球のシステムに様々な影響を与える時代が到来している状況を示そうとした。

ここで重要なのは、一度人間が絶滅してしまえば、人間の営みはすべてなかったことになるということである。なぜなら、我々人間が確かに存在していたことを示す、それまでの膨大な歴史や出来事を記憶し、語り継いでいく存在はもはやどこにもいないのだから。我々は、宇宙の寿命とともにすべて消滅する宿命にある。同時にそれは、我々はそもそも最初から存在しなかったという帰結を事後的にもたらすだろう。そうであるとするならば、現在生きている我々の「生」に、意味や目的など果たしてあるのだろうか。

もちろん、あるわけがない——というのがブラシエの引き出す結論である。そして、この徹底化されたニヒリズムを引き受けることによってこそ、はじめてランドのいう「外部」、その思考なき思考——ブラシエはそれを「恐怖（horror）」と名付ける——が可能となるだろう……。

苛烈なアンチ・ヒューマニズム、陰鬱な終末的ビジョン、冷徹な積極的ニヒリズム、そして宇宙的思弁にまたがるホラー……。これらのファクターは、ニック・ランドとレイ・ブラシエに共通している。その意味で、ランドの「外部」をめぐる思想は思弁的実在論に今も受け継がれている。

ちなみに、レイ・ブラシエはノイズ・ミュージシャンと共演して即興演奏のライブを行うなど、哲学にとどまらない幅広い活動を行っている。

※26 サイバーフェミニスト
１９９０年代に登場した、女性とテクノロジーおよびインターネットなどのニューメディアとの関係性を分析することで、女性の身体、ジェンダー、アイデンティティを問い直すフェミニズムの一派。その起源はオーストラリアのアーティスト集団VNSマトリクスが１９９１年に起草した「サイバーフェミニズム宣言」にまで遡ることができる。代表的な論者にサディ・プラント、サンディ・ストーンなどがいる。たとえばプラントは著書『Zeroes+Ones』において、テクノロジーは根本的に女性的なものであるとし、男性性的な家父長制を脅かしていくという見方を提示した。２０１０年代に入ると、ラボニア・クーボニクスを名乗る集団がゼノフェミニズム（xenofeminism）を提唱し、サイバーフェミニズムの思想を今に継承している。

拡散する実験、そして崩壊

ニック・ランドに話を戻そう。

90年代中頃になると、ランドは教鞭を執っていたウォーリック大学において、同僚で「サイバーフェミニスト〈※26〉」を自称するサディ・プラントとともに、「サイバネティック文化研究ユニット〈※27〉（Cybernetic Culture Research Unit：CCRU）」という、大陸哲学とSFとオカルティズムとクラブカルチャーを横断する学際的な研究組織を立ち上げる。

サディ・プラントは2年足らずで組織を離れ、以降CCRUはランド主導のもとで継続していく。同時にこの頃になると、ランドは学生の間でカルト的なカリスマ性を放つようになり、CCRUはランドを取り巻く一種の秘教的なコミュニティとして先鋭化していくことになる。

ランドによる「外部」との不可能なコミュニケーションを図る「実験」は、CCRUによって、次第に「書くこと」という制約すら取り払っていき、より広範な「実践」へと展開していった。

そのうちの一つが、当時のイギリスにおけるクラブカルチャーやアートシーンへの接近である。アートの分野では、過激かつニヒリスティックな作風で知られるジェイク・アンド・ディノス・チャップマン（チャップマン兄弟）がこの時期のランドから影響を受けているとされる。チャップマン兄弟のスキャンダラスな作品群は、往々にして既存の道徳からかけ離れたものになっており、しばしば非難を浴びている。たとえば、2008年に制作された「もしヒトラー

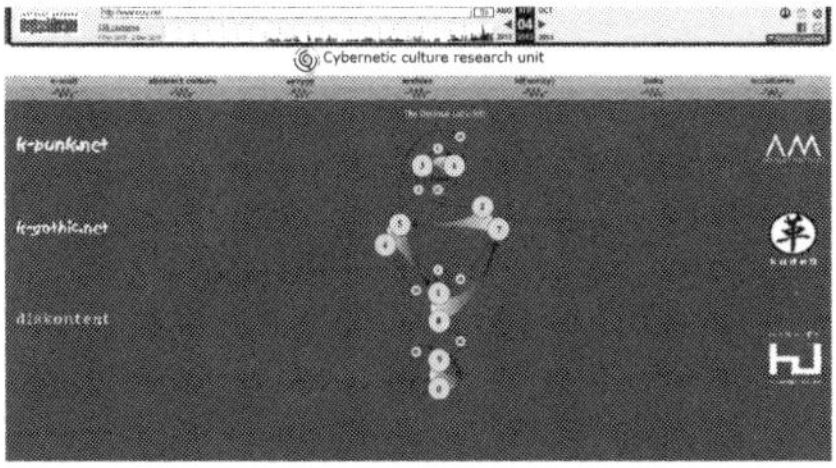

※27 サイバネティック文化研究ユニット（f）

がヒッピーだったら、僕らはどれだけハッピーだったろう（If Hitler Had Been a Hippy How Happy Would We Be）」と題されたシリーズは、アドルフ・ヒトラーが若き日に描いた稚拙な水彩画にレインボーなどのヒッピー的なモチーフを描き足したものだった。

そんなチャップマン兄弟は、1996年にロンドンの現代芸術複合センターで開かれたはじめての大規模な個展に際して、ランドにカタログへの寄稿を依頼している。また、ランドの著書『Fanged Noumena』では装画を手がけている。

クラブカルチャーに目を向けてみると、当時CCRUに学生として参加しており、ランドの思想から刺激と示唆を受けていた人々の中に、のちにレーベル「Hyperdub〈※28〉」を主宰し、ダブステップ〈※29〉のシーンを牽引していくことになるKode9ことスティーブ・グッドマン〈※30〉がいた。グッドマンは、とりわけ同時期にランドが発表したテキスト「Cyberspace Anarchitecture and Jungle War」からの影響を公言している。彼はこのテキストと出会ったことをきっかけに、単なる音楽としてではなく思考や概念を生成する機械としてのジャングル／ドラムンベース〈※31〉に着目するようになったという。ランドのテキスト自体は音楽を論じたものではなかったが、グッドマンはそこに自身の後の活動の糧になるファクターを見出したのだ。

ジャングル／ドラムンベースが、当時のイギリスにあって一種のカウンターカルチャーの一翼を担っていたことも見逃せない。イギリスでは、80年代後半にアシッド・ハウス〈※32〉に象徴されるレイヴ〈※33〉カルチャーの盛り上がりがあった。ドラッグ（主にMDMA〈※34〉）とDIY

※28 Hyperdub
イギリスのインディペンデント・レコードレーベル。ブリアル、DJラシャド、ゾンビー、ローレル・ヘイローを筆頭に先鋭的な電子音楽系アーティストの作品を数多くリリースしている。

※29 ダブステップ
2000年代にロンドンのクラブシーンで流行したエレクトロニック・ダンス・ミュージックのジャンル。重厚なベース、エコーのかかった2ステップのリズムトラックが特徴。

※30 スティーブ・グッドマン
（1973〜）スコットランド出身の電子音楽家、DJ。Kode9名義で知られ、Hyperdubを主宰する一方で、自身も多くのレコードレーベルから作品を発表。著書に『Sonic Warfare: Sound, Affect, and the Ecology of Fear』がある。

精神に基づいてゲリラ的に開催されるレイヴから成るそのムーヴメントは、１９６０年代アメリカのヒッピームーヴメントから名前を採って「セカンド・サマー・オブ・ラブ」と呼ばれた。文字通り、「サマー・オブ・ラブ〈※35〉」の再来という意味である。

だが90年代に入るにつれて、レイヴカルチャーはメインストリームに回収されていき、代わりにイギリス全土を大不況が覆った。そんな社会状況を反映するかのように、よりアンダーグラウンドな場所で生まれた音楽がジャングル／ドラムンベースだった。ヒップホップのブレイクビーツのＢＰＭを高速化させ、アシッド・ハウスより暗く破壊的、かつマシニックでどこか未来的なそのサウンドは、「セカンド・サマー・オブ・ラブ」の多幸的な夢から醒めクールダウンした当時のロンドンの若者たちに訴えかけるものがあった。

さて、２０００年に入ると、グッドマンは「ドリフトライン（driftline）」というネット上の哲学系フォーラムに「Hyperdubとは何か？」というタイトルの投稿を行う。グッドマンは、「Hyperdub」は人間とマシンを複製化する情報ウィルスであると定義付けた。実際、その後ダブステップはまさにウィルスのようにゼロ年代のＵＫクラブシーンを席巻していったが、その震源にはニック・ランドの思想があった、といってしまってもあまり牽強付会にはならないだろう。

近年の例でいえば、「ヴェイパーウェイヴ〈※36〉（vaporwave）」と呼ばれるポスト・インターネットを象徴する音楽ジャンル／カルチャーに、ニック・ランドの思想との親近性を見出す論者が

※31 ジャングル／ドラムンベース
レゲエなどの影響から90年代初頭に流行したドラムとベースを基調としたダンス・ミュージック＝ジャングルおよび、そこから発展した音楽ジャンル＝ドラムンベースを指す。

※32 アシッド・ハウス
１９８０年代後半にシカゴおよびロンドンで同時発生的に流行した音楽ジャンル。高揚感を増幅させるような反復的なフレーズ、ローランド社のシンセサイザー「TB-303」を用いたサウンドが特徴。名前にアシッド（ＬＳＤ）とあるようにドラッグカルチャーと密接に結びついた音楽でもある。

※33 レイヴ
１９８０年代後半にイギリスで発生した、野外などでダンス・ミュージックを一晩中流す大規模なイベント。郊外の森の中や農場、廃屋などでフリー（無料）・パーティがＤＩＹ的に開催された。既存の音楽業界とは一線を画す方法論が

いる。たとえば音楽評論家のアダム・ハーパー〈※37〉は、2012年の「ヴェイパーウェイヴとバーチャル・プラザのポップアート」と題された、ヴェイパーウェイヴを論じた文章の中では最初期に属するものの中で、このハイパー資本主義のあり方を体現した音楽に、ニック・ランドに代表される加速主義の哲学を当てはめて論じている。

ハーパーはランドの「生は未知へと霧散してゆく。それを阻止することができると考えるほど我々は愚かではない」(g)というフレーズを引いた後、ヴェイパーウェイヴとはランドのビジョンのサウンドトラックのようなものだと指摘した。ヴェイパーウェイヴ、それは資本主義的ディストピアからのアイロニカルな逃走のスタイルであり、オーバーグラウンドの大量消費文化に対するアンダーグラウンドからの応答なのだ。

同様に、ヴェイパーウェイヴとニック・ランドの近さを考えてみたときに浮かび上がってくるのがダニエル・ロパティン〈※38〉である。彼が2010年に制作したカセットテープ『Chuck Person's Eccojams Vol. 1』で提示した、80年代のポップミュージックを減速させたりループさせるという「Eccojams」のコンセプトは、その後のヴェイパーウェイヴのプロトタイプとなったが、そのロパティンがワンオートリックス・ポイント・ネヴァー名義で発表した2018年のアルバム『Age Of』に収められているトラック「BLACK SNOW」のリリックは、ニック・ランドとCCRUからインスパイアされているという。ロパティンはインタビューの中で、マシンがみずからを説明するようなテクノクラシー(科学主義)的カルチャーの幻想をCCRUのテキスト

当時の若者の支持を集めるも、90年代以降、法規制、商業化によりムーヴメントは拡散していった。

※34 MDMA
メチレンジオキシメタンフェタミン。俗に「エクスタシー」と呼ばれるドラッグ。

※35 サマー・オブ・ラブ
1967年にアメリカ・サンフランシスコを震源地として巻き起こった、反戦、表現の自由、公民権運動、ヒッピー文化、ドラッグ、フリーセックス、ロック音楽といったカウンターカルチャーを中心とした社会現象。

※36 ヴェイパーウェイヴ
2008年頃からインターネットで生まれたチルウェイヴ/シンセウェイヴ(80年代のシンセポップやニューウェイヴを意識したサウンドとレトロフューチャー&サイバーパンクな美学が特徴)の流れを汲んだ音楽ジャンルで、2011年頃から音楽ダウンロー

から受け取ったと発言している。

このように、ランドとCCRUの活動は、思想にとどまらず幅広く現代カルチャーに伝染し、拡散し続けている。


1996年に開かれたトランスヒューマニストが集うカンファレンス「Virtual Futures」では、アーティスト集団オーファン・ドリフト〈※39〉とのコラボレーションが行われ、そこでランドは一種のパフォーマンス・アートのようなものを行った。ドラムンベースが鳴り響く中、ランドはステージから降りてフロアに横たわり、奇声とも祈りともつかない調子でアルトーの詩を高らかに詠唱した。


今や、崩壊は近づいていた。ランドは、「意味」という呪縛に囚われている言語に背を向け、次第に数秘術めいた数字の実験にのめり込むようになった。人間的な「意味」の制度からも、さらには数学という制度からも引き剥がされた離散的な数字の痙攣のみが、未知の「外部」との交信を可能にするはずなのだ。ランドはそのように確信していた。

ランドは睡眠を取らなくなり、自分の仕事場から一歩も離れなくなった。使い古したパソコンのモニターを一日中凝視しながら、奇怪な数字の羅列やシンボルを延々といじくりまわしていた。

ランドの元教え子の一人ロビン・マッケイ〈※40〉は、この時期のランドを回想しながら、「端

ド販売サイト「Bandcamp」などを中心に活性化してきた。80年代のAOR、スムーズジャズ、ミューザックといった音楽をサンプリング&加工したサウンド、およびビデオゲーム、ニューエイジ、翻訳語調の日本語などのビジュアルイメージが特徴で、総じてミレニアル世代が幼少期を過ごした80年代〜90年代のノスタルジックなサウンドと表象に満ちている。

※37 アダム・ハーパー
イギリスの音楽評論家。ロンドン大学で教鞭を執りながらテクノロジーと音楽の関係を専攻する。2014年に音楽メディア「Resident Advisor」で発表された論考「オンライン・アンダーグラウンド：ニューパンク」ではヴェイパーウェイヴを新時代のパンクに見立てた。著書に『Infinite Music』。

※38 ダニエル・ロパティン
（1982〜）アメリカの電子音楽家。主にワンオートリックス・

的にいって彼は発狂したのです」（h）と総括している。当時のランドがアンフェタミン中毒に陥っていたことを示唆する記述は、彼自身が当時を振り返って書いたテキスト「A Dirty Joke」の中にも見られる。ランドは「加速」しすぎた結果、「解体」と「崩壊」のプロセスを身をもって実践してみせたのだ。

「実験」は終わりを告げた。

暗黒啓蒙（ダーク・エンライトメント）

1998年、CCRUが解散すると同時に、ランドも大学を去った。アカデミズムのみならず、表社会からも完全に姿を消したかのように見えたが、2000年代に入るとランドは上海に居住するジャーナリストとして再び浮上してくる。ランドは上海において右派系新聞の論説記事、旅行ガイド、そしてときには「セオリー・フィクション」と呼ばれる一種の思弁的ホラー小説を執筆しながら糊口をしのいでいた。

そんな中、ランドはインターネット上で興味深いブロガーを発見する。Mencius Moldbugというハンドルネームで活動するその人物は、2007年頃から「アンクオリファイド・リザベーションズ（Unqualified Reservations）」というブログで、自身の思想を断片的に開陳していた。Mencius Moldbug、本名カーティス・ヤーヴィン。アメリカ生まれのソフトウェア・エンジ

ポイント・ネヴァー名義で活動。シンセサイザーによる現代音楽的な作風で知られる。音楽を手がけた映画『グッド・タイム』は2017年のカンヌ・サウンドトラック賞を受賞した。

※39 オーファン・ドリフト
スザンヌ・カラカシアン、ラヌ・ムケルジー、マギー・ロバーツ、アール・ステンベルクによって1994年に結成されたロンドンのビジュアル・アート集団。サンプリング素材とデジタルイメージを多用したサイケデリックな映像作品で知られる。

※40 ロビン・マッケイ
イギリスの学術系出版社アーバノミックのディレクター。アラン・バディウやカンタン・メイヤスーといったフランス哲学の翻訳も手がけている。ワークショップ「思弁的実在論」の書き起こしがアーバノミックが刊行する思想誌『Collapse』の第3号に掲載され、インターネットで無料公開された

ニアで、カリフォルニアはシリコンバレーにおいてスタートアップ企業を営んでいる、言ってみればアメリカのリバタリアンに見られる典型的なタイプの人間である。

ヤーヴィンは、起業家・投資家ピーター・ティール〈※41〉が2009年にリバタリアン系メディア「カト・アンバウンド（Cato Unbound）」で説いた、「自由と民主主義はもはや両立しない」というテーゼから多かれ少なかれ霊感を受けている。話し合いと投票による合意形成のシステムが、往々にして個人の自由を制約することがあるという素朴な事実に耐えることができないリバタリアンは少なくない。と同時に、そこには政治それ自体に対する不信というか苛立ちが横たわっている。たとえば選挙というのはただの票稼ぎの人気コンテストに過ぎないし、政治家たちによる賄賂や忖度は枚挙に暇がない。そうした腐敗した政治システムは、シリコンバレー界隈が奉ずる合理性からは程遠いものだ。また、ティールは右派リバタリアンかつトランプ支持者として有名〈※42〉で、ヤーヴィンのスタートアップ企業にはスポンサーとして出資している。

ヤーヴィンは、この「自由と民主主義はもはや両立しない」というテーゼを、「自由にとって民主主義は悪である」と読み替え、かつそれを徹底的あるいは愚直なまでに推し進めようとする。

ヤーヴィンの民主主義に対する怨嗟は、民主主義の起源である啓蒙思想とフランス革命の拒絶にまで及ぶ。ヤーヴィンは、トーマス・カーライル〈※43〉の『英雄崇拝論』（岩波文庫）を再評価し、またルートヴィヒ・フォン・ミーゼス〈※44〉などのオーストリア学派の自由主義経済学

ことで思弁的実在論が注目されるきっかけとなった。なお、アーバノミックはニック・ランドやCCRUの著作も刊行している。

※41 ピーター・ティール
（1967〜）アメリカ合衆国の起業家、投資家。1998年にPayPal（→P65）を創業。2002年に事業を売却したのち、フェイスブック初の外部出資者となったほか、バイオテクノロジー、情報技術、宇宙分野などの投機的な研究に資金を提供している。著書に『ゼロ・トゥ・ワン——君はゼロから何を生み出せるか』『The Diversity Myth』（デイビッド・O・サックスとの共著）。

※42 右派リバタリアンかつトランプ支持者として有名
トランプ批判一色のシリコンバレーにおいて支持を公言し、125万ドルの献金を申し出た。2016年11月にはトランプ政権の政策・体制を構築する政権移行チームに就任。これらの件への批

者と並んで、18世紀のプロイセン王フリードリヒ・ヴィルヘルム1世〈※45〉が敷いた重商主義的な官房学〈※46〉を高く評価する。

一人の英雄的な君主（ヤーヴィンはそれを企業におけるCEOになぞらえている）が経済政策を取り仕切るシステムは、ヤーヴィン自身によって「新官房学（neocameralism）」と命名される。2010年には、やはりリバタリアン系のブロガーArnold Klingが、ヤーヴィンとその周辺の論者の思想に「新反動主義（neo-reactionary）」という名前を与えている。土台は整いつつあった。

2012年、ヤーヴィンの一連の思想に共鳴するものを感じたニック・ランドは、みずから「暗黒啓蒙」と題した長大な文章をネット上に発表した。それはヤーヴィンがこれまで断片的に書き連ねてきた文章に体系的なまとまりを与えようとしたもので、新反動主義に一つのイデオロギー的基盤を与えることに貢献した。

なお暗黒啓蒙とは、ここではフランス革命に影響を与え、その後の民主主義を培ってきた啓蒙思想に対する皮肉を交えたアンチテーゼの意味が込められている。17世紀の西洋に到来した啓蒙思想は、普遍的な「理性」の光のもと人類は進歩へ向けてたゆまず歩んでいくという歴史観に一定のモデルを与えた。しかし、ランド（あるいはランド&ヤーヴィンとでもいうべきか）によれば、そのような光の啓蒙の時代は終わり、今や再び暗黒の時代が訪れようとしているのだという。

ランドとヤーヴィンの邂逅《かいこう》。それは、ランドのニヒリスティックな終末的想像力と、アメリカ西海岸の楽観主義的なリバタリアン思想の邂逅でもある。その意味では、暗黒啓蒙は奇怪な

判に対してフェイスブック創業者のマーク・ザッカーバーグは「僕らの取締役には、トランプ政権のアドバイザーを務めている人間がいます。ピーター・ティールです。（中略）多様性をかかげる企業でありたいなら、イデオロギーも含むあらゆる形の多様性をかかげるべきだ」(-i-)とコメントしている。

※43 トーマス・カーライル（1795〜1881）大英帝国の歴史家。『英雄崇拝論』では預言者、改革者、支配者としての英雄の出現を説いた。主な著書に『フランス革命史』『オリバー・クロムウェル』『衣装哲学』など。

※44 ルートヴィヒ・フォン・ミーゼス（1881〜1973）オーストリア＝ハンガリー帝国の経済学者。計画経済を批判し、リバタリアニズムの潮流を作った。著名な弟子にフリードリヒ・ハイエクがいる。邦訳された著書に『ヒューマン・アクション』『貨幣及び流

キメラといえる。そして、そのような邂逅と接続を可能にしたのがインターネットであることは今さら言うまでもない。インターネットなしには、新反動主義ムーヴメントも暗黒啓蒙も、そしてその後に続くオルタナ右翼の勃興もありえなかっただろう。

　とはいえ、ランドとヤーヴィンの思想的共通点は少なくない。

たとえば、資本主義の肯定。ヤーヴィンやリバタリアンにとっては、政府による一切の制約を設けない市場原理主義こそが自由の象徴なのであった。これは先ほど述べた「政治」への不信とも繋がっていて、人為的な判断――たとえば中央銀行による金融政策――は往々にして間違いを引き起こすし、それならばいっそのこと市場の「見えざる手〈※47〉」にすべて委ねてしまったほうが合理的であるという思想を招く。

　同様にランドにとっても、資本主義の自己プロセスを極限まで加速させたところに特異的な「外部」が訪れるとされていた。

　他にも、近代市民社会に対する呪詛《じゅそ》、アンチ進歩史観、アンチ・ヒューマニズム……等々、ランドとヤーヴィンの共通項を探すことは難しくない。

　アメリカ西海岸のリバタリアンに見られる、60年代ヒッピーカルチャー由来の反体制的＝左翼的価値観と、80年代ヤッピー〈※48〉以来のアントレプレナーシップ&経済保守＝共和党的価値観を併せ持つ矛盾した精神は、揶揄的な意味を込めてカリフォルニア・イデオロギー〈※49〉と呼ばれることがある。さしずめ新反動主義は、そのカリフォルニア・イデオロギーに、民主

通手段の理論』など。

※45 フリードリヒ・ヴィルヘルム1世
（1688〜1740）プロイセン王国・ホーエンツォレルン家の国王。財政・軍制の改革により中央集権化を進め、典型的な絶対王政を展開。粗暴なふるまいから「兵隊王」と呼ばれる。

※46 官房学
17〜18世紀のドイツで富国策として発展した学問。

※47 見えざる手
経済学者アダム・スミスが『国富論』の中で用いたフレーズ。自由競争の下での需要と供給のバランスは、さながら「見えざる手」によって自然に調整されるとスミスは考えた。この考えは新古典派経済学に受け継がれ、市場原理主義のセントラルドグマとなった。

※48 ヤッピー
都市部に住むアッパーミドルのサ

主義に対する呪詛と英雄主義をまぶした異形の思想といえるかもしれない。
ランド&ヤーヴィンが打ち出したキーコンセプトの一つに「大聖堂（cathedral）」というものがある。

大聖堂とは、言ってみれば現代のリベラル社会そのものであり、同時にそのリベラル社会を支えている諸々のイデオロギー——進歩主義、平等主義、過大な利他主義、道徳、博愛主義、集団意識、そしてもちろん民主主義——を指している（このことをヤーヴィンは別の箇所では「普遍主義（universalism）」と言い換えたりもしている）。

なぜ「大聖堂」という語彙が採用されているのかというと、それがとりわけキリスト教的な価値観から派生しているからだという。アメリカの歴史は、周知のようにイギリス国教会と対立したピューリタン〈※50〉がアメリカ大陸に植民したときから始まっている。プロテスタント的な価値観が、今もアメリカ国民の無意識として機能し、彼らの考え方の地平を形成している、とすれば?

この大聖堂という概念はランドのヒューマン・セキュリティ・システムの概念と似通っている部分がある。どちらも、読者に対して一定の価値観やイデオロギーに無意識のうちに囚われていることを指摘し、その思考の牢獄から脱出し、別のパースペクティブから世界を眺めることを促す。

こういった啓蒙的モデルは、必然的に陰謀論に近接してくる。オルタナ右翼が好んで用いる

ラリーマンを指す。1980年代にアメリカで用いられはじめた。

※49 カリフォルニア・イデオロギー
イギリスのメディア理論家リチャード・バーブルックとアンディ・キャメロンが1995年に発表した同名のエッセイで定義された思想。彼らは同エッセイの中で、90年代のシリコンバレーに支配的なイデオロギーの特徴として、テクノユートピア主義の下でのネオリベラリズムと左翼思想の逆説的融合があると指摘。それらの思想傾向をカリフォルニア・イデオロギーと名付け批判した。

※50 ピューリタン
16〜17世紀のイングランドにおける改革派プロテスタント。信仰の自由を求め、一部のピューリタンがピルグリム・ファーザーズとしてメイフラワー号に乗って海を渡り、アメリカ建国の祖となった。

ミームの一つに、「レッド・ピル〈※51〉(red pill)」というのがあるが、大聖堂はこのレッド・ピルとも深い部分で共振しあっている。

事実、レッド・ピルはヤーヴィンが2009年に自身のブログ「アンクオリファイド・リザベーションズ」を新規読者に説明する際にすでに用いている。彼によれば、このブログの目的はレッド・ピルのように読者の脳を「治癒」することにあるという。レッド・ピルを飲み込むことは、まがい物のブルー・ピル(つまり大聖堂のことだ)に汚染された現代人にとっては耐えがたい経験となりうる。しかし、一度飲み込んでしまえば、DMT(幻覚剤)のように読者の目に映る世界を一変させるだろう、と。

レッド・ピルの元ネタは、映画『マトリックス』〈※52〉の劇中で登場する青い錠剤と赤い錠剤だ。青い錠剤を飲めば、今までどおりの平穏な生活を送ることができる。しかし、赤い錠剤(レッド・ピル)を飲めば、この世界が見せる偽りの幻想から目覚めて、真実《リアル》の世界と向き合わなければならない。どちらを選ぶかはあなた次第、というわけだ。

このレッド・ピルというミームは、リベラル社会が見せる幻想=欺瞞を告発するためにオルタナ右翼が用いる符丁と化しているが、とりわけ近年では、ジェンダー論的な文脈において頻出するようになっている。いわゆる「マノスフィア(manosphere)」(「男性圏」とでも訳すべきか)といわれる、男性の権利をことさらに主張する界隈において、レッド・ピルは重要なメタファーとなっている。

※51 レッド・ピルに関する「レディット」のコミュニティ(j)

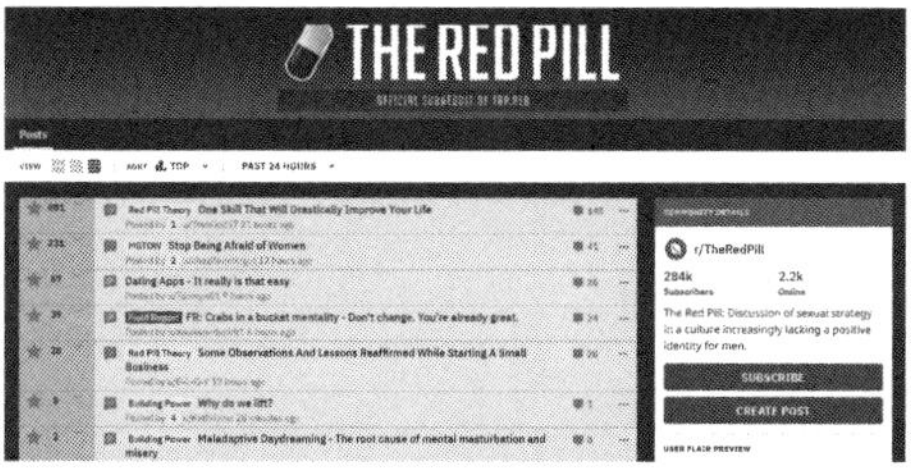

※52『マトリックス』
1999年公開のアメリカ映画。人間の大部分がコンピュータに仮想現実を見せられながら支配された世界を舞台に、天才ハッカーである主人公が人類の救世主として

70年代から80年代にかけて、フェミニズムが一種の保守化を経て男性を攻撃対象にしはじめたのは先の章でも述べた。そのようなフェミニズムへのバックラッシュとして、90年代頃からアンチ・フェミニズム的な男性権利運動＝マスキュリズムが盛んになる。1993年に出版されたワレン・ファレルの『男性権力の神話――《男性差別》の可視化と撤廃のための学問』（作品社）は、アメリカにおける男性に対する性差別の実態をレポートした本で、全米ベストセラーとなっている。

同書は、「男性＝強者」という神話に異議を投げかける。たとえば肉体労働や軍隊は圧倒的に男性が多数を占める。他にも、自殺率の高さや路上生活者の多さも男性が上回っており、家庭内では夫が労働をして金を稼ぐのが当然視されている。これら男性に押し付けられた負荷は、すべて男女の因習的な性別的役割分担に端を発しているとファレルは主張する。

だが、2010年代以降のインターネットにおいて発生したマノスフィアのムーヴメントは、よりあからさまに女性への憎悪、すなわちミソジニーを主要燃料としている（そこにはもちろん、近年アメリカで広がりを見せる#MeToo〈※53〉運動に対する反動も含まれる）。

彼らは冤罪レイプ事件、女性の男性に対する差別、文化的ミサンドリーについて議論するが、その根底にはミソジニーと、リベラル社会によって傷つけられた「男らしさ」に対するナルシスティックな憧憬がある（その意味では、ファレルが主張した論旨と反対に、彼らは「男性＝強者」という神話にむしろ今もすがりつこうとしているようにも見える）。そんな彼らにとって、レッド・ピルのメタファーは、

機械との戦いに臨むさまを描く。

※53 #MeToo
性的嫌がらせなどの被害体験を告白・共有する際にSNSで用いられるハッシュタグ。2017年10月にハリウッドの映画プロデューサーによるセクシャル・ハラスメント疑惑が報じられたことを受け、有名女優が同様の被害を受けたことのある女性たちに「私も」と声を上げるよう呼びかけたことで、欧米のみならずアジア圏などでも広がりを見せている。

女性優位の現代リベラル社会の実態を暴露するための有力なツールとなる。

恋愛ヒエラルキーの形成と闘争領域の拡大

もう少しマノスフィア界隈——主に「レディット」を拠点としている——の動向について見てみよう。

彼らが共有する強迫観念の一つに、アルファ男／ベータ男という区分がある。彼らは、世の女たちがいかにアルファ男を好み、そして自分たちベータ男を蔑み、無視しているかを声高に語り合う。ベータ男、それは社会的ヒエラルキーの犠牲者なのだ。

たとえば、みずからをインセルと呼称する男性たちの存在。インセルとは、「involuntary celibate」の略で、「強いられた禁欲主義者」程度の意味合いを持つ。要するに、これは日本でいう「非モテ」のことで、かつて日本のインターネットスラングに「喪男」（モテない男の略）というのがあったが、それに近い。「かれこれ4時間部屋の壁を眺めている。パンピー〈※54〉ども（normies）なら存在論的危機と呼ぶだろうが、インセルにとってはこれが人生だ……」（インセルが集まる「レディット」の書き込み）（k）

だが、インセルは喪男よりもいくぶん過激であるかもしれない。2014年5月にカリフォルニアで大量殺人事件を起こした22歳のエリオット・ロジャーという男はインセルを自称し、

※54 **パンピー**
一般人。「一般ピープル」が転じたもの。

女性への復讐を誓う犯行声明文を遺していた。以降、アメリカにおいて、エリオット・ロジャーをリスペクトするインセルによる凶悪犯罪が相次ぐようになる。

このような、インセルの台頭と過激化にはどのような社会的背景があるのだろうか。

マノスフィア界隈の論者はだいたいにおいて次のように主張する。伝統的な一夫一婦婚の解体、自由恋愛の拡大、フェミニズムの台頭、換言すればこれら社会のリベラル化は、必然的に残酷な恋愛格差を生む。伝統的な社会では、男女はあらかじめ決められた相手と若いうちに結婚し、そしてそれが一生続いた。しかし、社会のリベラル化に伴う自由恋愛の解放によって、若者たちのモラトリアム期間は引き伸ばされ、その間「自由」という名のもとに過酷な恋愛競争が繰り広げられ、その闘争のもとでヒエラルキーが可視化されていく。

恋愛ヒエラルキーの形成と闘争領域の拡大。これらの犠牲者が男性、わけてもインセルと呼ばれる者たちなのだ、云々……。

この論旨には、近代以降のリベラル社会とフェミニズムに対する憤怒を含んでいる。マノスフィア界隈の多くがトランプ支持者であることは、さほど不思議ではないのだ。彼らは、フェミニズムを伝統的な価値観を破壊し、社会を堕落させる宿痾《しゅくあ》とみなす。

そんな女性優位の社会にはもう我慢ならん、自分たちは自分たちの道を進む、と声高に宣言するネット上の一派がMGTOWだ。MGTOWとは、「The Men Going Their Own Way（自分の道を進む男たち）」の略で、女性との一切の関係を絶つことを勧める、その意味ではインセルとも共振しているコミュニティである。

女性とのロマンティックな自由恋愛、それはフェミニズムによって堕落させられたリベラル社会が見せる幻想であり欺瞞である。我々は今こそ覚醒するときであり、女はあまねく愚かで売女であるという真理と向き合うべきである――MGTOWの根幹にある思想を要約すれば以上のようになるだろう。

MGTOWは5つのレベルに分けられており、各構成員はその梯子を一段一段のぼっていくことによって、真理へと目覚めていき女性からの最終的な「解脱」を果たす。

まずレベル0では、メンバーはレッド・ピルを摂取することで、フェミニズム社会が見せる幻想から目覚める。次のレベル1では、女性との長期的な関係を解消していき、レベル2で短期的な関係も解消する。レベル3では、フェミニズムによって汚染された社会との経済的な関係を絶つ。そして最後のレベル4に至って、社会からの一切の離脱を果たす。

MGTOWムーヴメントの知名度が上昇したきっかけの一つに、ミロ・イアノポウロがオルタナ右翼メディア「ブライトバート」に執筆した「The Sexodus」という記事からの影響がある。「Sexodus」とは、「Sex」と「Exodus（脱出）」を掛け合わせた造語である。イアノポウロは、前述したような論旨、すなわち社会のリベラル化による自由恋愛の加速によって、性関係において惨めな目に遭う男性の若者が増えていると主張し、そのようなメインストリームの社会から若者たちが意志的に逸脱あるいは脱出していく傾向を指してSexodusと名付けている。

ちなみに、このSexodusという造語には明らかに旧約聖書に書かれたユダヤ民族によるエジプト脱出のエピソードが重ねられている。このことは、おそらくイアノポウロがユダヤ系の血を引いていることとも関係していると思われる。イアノポウロはオルタナ右翼を代表する論客の一人だが、右翼であるにも拘わらずゲイであることをカミングアウトしているユダヤ人という特異なキャラクター性を持っており、オルタナ右翼界隈ではアイドル的な人気を誇っていた。

なお、イアノポウロは2016年3月に「オルタナ右翼エスタブリッシュメント・ガイド（An Establishment Conservative's Guide To The Alt-Right）」というオルタナ右翼の潮流をまとめた「ブライトバート」の記事の中で、ニック・ランドと新反動主義を紹介しており、ここに至ってオルタナ右翼と新反動主義が名実ともに合流したといえる。イアノポウロは同記事において、主流保守派を形成しているエスタブリッシュメントたちを嘲笑しながら、新たなムーブメントであるオルタナ右翼をそれに対置する。ここでのエスタブリッシュメントとは、ランド&ヤーヴィンが「大聖堂」と名付けて批判してみせた、知的エリートや既存マスメディアからなる支配的価値観を担う層も含まれる。イアノポウロは、ニック・ランドとカーティス・ヤーヴィンの、既成概念や社会のタブーを易々と侵犯してみせる姿勢にオルタナ右翼と親しいエートスを感じ取ったのだ。リベラリズム――民主主義と平等主義は、新反動主義の下で精査され徹底的に解体される。それは既存の保守派にもなし得なかったことであり、だからこそ新反動主義の登場はエポックであったと見なされたのだ。

閑話休題。マノスフィアにおけるもう一つの動きとしては、女性進出社会によって失われた「男らしさ（masculinity）」を復権しようという派閥があり、その代表の一人がピックアップアーティスト兼ブロガーのRoosh Vだ。

ピックアップアーティストとは、一言でいえば聴衆に向かってナンパ術を伝授する講師のようなもので、映画『マグノリア』〈※55〉でトム・クルーズが演じた男性向け自己啓発セミナーの講師を思い浮かべてみるとわかりやすい。そこでの講演のキャッチフレーズ「誘惑してねじ伏せろ」は、ピックアップアーティストのノリを端的に表している。

Roosh Vは「リターン・オブ・キングス（Return of Kings）」というブログも運営しており、いかにして女を落としてセックスに持ち込むかといったナンパ術から、女の上司の下では働くなとか、さらには生物学的に劣っている人間は死ぬべきであるといったソーシャルダーウィニズム〈※56〉まがいの文章も書いている。一方で彼は旅行記のようなものも書いており、旅の先々で女を食っていく様子をドキュメントとして報告している。ちなみに言うまでもなく、Roosh Vも判で押したようなトランプ信者である。

このように、マノスフィアは決して一枚岩ではなく、様々な派閥や人間が入り乱れているのが興味深い。たとえば、Roosh Vは、インセルやMGTOW界隈を「負け組」や「童貞の集まり」といって冷たく切り捨てている。

※55『マグノリア』
ポール・トーマス・アンダーソン監督による1999年公開のアメリカ映画。ロサンゼルス郊外のある1日を舞台に、互いを知らぬまま奇妙な縁で繋がりあう男女たちの人生模様を描いた群像劇。セックス伝道師を怪演したトム・クルーズはゴールデン・グローブ賞助演男優賞に輝いた。

※56 ソーシャルダーウィニズム
社会進化論。チャールズ・ダーウィンの生物進化論を社会科学一般に適用した、人間社会は多様に進化していくという理論だったが、次第に適者生存・優勝劣敗といった観念から、優生学、帝国主義などを正当化する一翼を担った。

「男らしさ」に対する強迫観念

だが、ここにもある種の捻れがあるように思う。というのも、MGTOWの中にもRoosh Vを信奉する者は少なくないからだ。すなわち、惨めなベータ男から性的な強者であるアルファ男に成り上がりたい層である。彼らは、インセルを脱し「本物の男」になるべくRoosh Vのナンパ術講演に通い詰める。

こうして見ていくと、ピックアップアーティスト運動とインセルは実はさほど離れていない、というより、コインの表と裏のような関係であることがわかってくる。両者にはどちらも、「男らしさ」に対する強迫的なコンプレックスがあるのではないか。

「男らしさ」とは、これも一言でいえば、女性を性的に征服する力＝男性原理のことを指す。彼らは、ジムに通い体を鍛え、huel（いわゆる完全栄養食と呼ばれるもの）を常食してダイエットに励み、そして「ゲーム」（女を落とす術）で女を食い散らかし屈服させる「本物の男」を規範としている。その意味では、アンチ・フェミニズム系のフォーラムで映画『アメリカン・サイコ』〈※57〉の主人公がよく言及されるのも納得がいく。

マノスフィアの中でも、「男らしさ」を志向する極めつけともいえる集団が「プラウド・ボーイズ（Proud Boys）」だ。西洋至上主義を掲げるこの集団は、フレッドペリー〈※58〉のシャツに身を包み、頭をスキンヘッドで丸めたパンキッシュな出で立ちで異彩を放っている。

※57『アメリカン・サイコ』
2000年公開のメアリー・ハロン監督によるアメリカ映画。表の顔はウォール街のエリートビジネスマン、だが裏の顔は肥大した自己愛と女性蔑視的な欲望に満ちたソシオパスである主人公をクリスチャン・ベールが怪演した。

※58 フレッドペリー
イングランドのテニス選手、フレデリック・ジョン・ペリーが立ち上げたファッション・ブランド。そのポロシャツは機能性、デザイン性、また労働者階級出身というペリーの出自も重なったことで、1960年代以降、モッズと呼ばれるイギリス若者文化のトレードマークとなる。時代を下るとともにモッズはスキンヘッズと呼ばれるパンクカルチャーとも親和性の高い文化へと変質していき、さらにその一部は右翼思想に傾倒していった。

プラウド・ボーイズには独特の規律が存在しており、それはポルノグラフィとマスターベーションの禁止である。また、MGTOWと同じく彼らもレベル制を導入しており、レベル1では自分はプラウド・ボーイズのメンバーであると宣言することから始まる。レベル2ではマスターベーションを月一まで減らすことを目指す。レベル3にまで昇格すると、身体にプラウド・ボーイズのメンバーであることを示すタトゥーを入れることが許される。また、メンバーへの加入に際しては軍隊式のイニシエーションがあり、新人は朝食のシリアルの名前を5種類言い終えるまで他のメンバーたちからボコボコに殴られるのを耐える必要がある。

プラウド・ボーイズは2016年頃に誕生しているが、その設立者がユースカルチャー系のオンラインメディア「VICE〈※59〉」の共同設立者ギャビン・マッキンズというのも興味深い。プラウド・ボーイズには明らかに70年代後半以降のパンクやネオナチなどのサブカルチャーからの影響が見受けられる。オルタナ右翼の全貌を捉えるためには、政治や思想だけでなく、ユースカルチャーの系譜をつぶさに検討していく必要もあるだろう。

ところで、数年前から「4chan」の「/b/」において、いわゆる「dick r8」という、自身のペニスのセルフィーをスレッド上に晒しあって、長さや太さ、形状などを点数化して互いに講評しあうという内容のスレッドを筆者はたびたび観測していた。

彼らは自身のペニスを異常なまでに気にかけており、他者(同性の男性)からのペニスの承認が何よりも重要であるかのように振る舞っていた。「男らしさ」を尊ぶホモソーシャルなコミュ

※59 VICE
フリーペーパーに端を発する1994年創業の複合メディア。扱う内容は多種多様だが、総じてジャーナリズムとパンクカルチャーが融合したようなテイストが持ち味。

ニティにおいては、ペニスの大きさこそが何よりものをいう。彼らは己の怒張したペニスを誇示しあうことで、一種のマウントを取り合っているのだ。このあからさまなマチズモ&男根崇拝主義は、社会のフェミニズム化によって失効した「男らしさ」を取り戻そうとする男たちの虚しいあがきに過ぎないのだろうか。

アーネスト・ヘミングウェイ〈※60〉の『移動祝祭日』〈※61〉（新潮文庫）には、自分のペニスの大きさを気にするスコット・フィッツジェラルド〈※62〉を、ヘミングウェイみずから「鑑定」してやって励ますエピソードがあるのだが、「dick r8」スレッドを見るたびに、彼らの友情を思い起こして感慨深い気分になるのだった。

※60 アーネスト・ヘミングウェイ
（1899〜1961）アメリカの作家。老人とカジキの死闘を簡潔な文体で描き切った『老人と海』が高く評価され、1954年にはノーベル文学賞を受賞している。1961年、猟銃で自殺。

※61『移動祝祭日』
ヘミングウェイの死後に発表された事実上の遺作。1920年代のパリでの生活を晩年のヘミングウェイが振り返るという形で書かれている。フィッツジェラルドやエズラ・パウンドといった様々な人物のスケッチも本書の魅力。

※62 スコット・フィッツジェラルド
（1896〜1940）アメリカの小説家。1920年代のロスト・ジェネレーションを代表する作家のひとり。ギャツビーという富豪がやがて落ちぶれていくさまをセンチメンタルな筆致で描いた『グレート・ギャツビー』はアメリカ文学を代表する作品の一つであると評価されている。

第 6 章　近代国家を超越する

新反動主義の特徴として、近代国家というシステムそのものに対する批判精神がある。多様な人間が集まって民主主義のもと営まれる近代国家は不合理なので解体されるべきであると彼らは主張する。では解体した後はどうするのか。その答えは、疑似封建的な都市国家システムである。

それぞれの小さな都市国家は、言ってみれば一つの企業のようなもので、トップにCEO的な君主を据え、市民は株券を保有する一種の株主として振る舞う。君主は株主たる市民の要求に応えるように国家を運営していかなければならない。さもないと、市民はその国家を出ていき、別の君主＝CEOが治める国家に移住してしまうだろう。

つまり、ここに一種の企業間競争のようなものが生まれる。というより、これは企業そのものであって、新反動主義の主張とはつまり、国家は企業のように運営されるべきであるというものになる。

一般に反動思想といえば、自分たちの国家を尊ぶ愛国思想（ナショナリズム）や保守思想と同一視されているが、新反動主義はその点からすると真逆のようにも見える。というのも、そこで主張される思想とは、国家の解体と企業化であり、また住民は積極的に別の都市国家＝企業に流動していくことが推奨されているからだ。

複数の州政府から成る連邦制を敷いているアメリカにおいては、国家に対する意識も日本などの国とはだいぶ差がある。だから、インターネットの反動思想といえばいわゆる日本のネット右翼などのイメージしかない向きからすると、これはだいぶ異様な思想に見える。とはいえ、実際これはだいぶ異様な思想なのだが（実際、オルタナ右翼／新反動主義はアメリカにおける共和党的な保守思想とも相容れない。それは彼らが共和党支持者を指して用いる「寝取られ保守〈※1〉（cuckservative）」といった嘲笑ミームからも窺うことができる）。

新反動主義が夢想する都市国家システムにおいては、住民が都市国家間を積極的に流動していくことが見込まれる。新反動主義は、この現象に「出口（exit）」というコンセプトを当てている。この、特定の共同体や国家から自由に離脱して、ノマド的に別の共同体や国家に移動できる「出口」のコンセプトは、しばしば民主主義における「声（voice）」のコンセプトと対置される。

「声」とは、国民は現在の政権に不満があれば、実際に声を上げ（たとえばデモ活動）、そして選挙における投票行為を通じて現状を良い方向に改革していくことを目指すことができるといった、民主主義の土台を成す概念を指している。

一方で、新反動主義が提唱する疑似封建制度では住民は現状に不満があれば、単純に黙って今いる共同体から出ていく（exit）。こちらのほうが、よりスマートかつ合理的ではないか？というわけである。

※1 寝取られ保守
原語はcuckservativeで、conservatism（保守）とcuckold（寝取られ男）を組み合わせた造語。共和党系の主流派保守はリベラルに魂を奪われた寝取られ男のようなもの、といった意味合いの嘲笑語として、主にオルタナ右翼の間で用いられる。

この声なき「出口」のコンセプトは新反動主義を取り巻く諸々の潮流とも共振しあっている。たとえば、ピーター・ティール。彼はシリコンバレーのリバタリアンで、「自由と民主主義はもはや両立しない」と発言して、新反動主義にも影響を与えたことは前章でも述べた。そのピーター・ティールが関心を抱いている「海上都市構想」は、どこかの海上にリバタリアンだけが住む小さな自治国家を設立しようというものだが、これなども「出口」の概念と通ずるものがある。民主主義の制度のもとで愚直に「声」を張り上げるのではなく、黙ってその制度から「立ち去って」、新しいフロンティアを開拓していく、まさに右派リバタリアンらしい振る舞いといえる。

「The Education of a Libertarian」という2009年のエッセイにおいてティールは、リバタリアンはあらゆる「政治（politics）」の体制からの「逃走」の方法を模索しなければならないと述べている。ティールは「出口（exit）」ではなく「逃走（escape）」という語を用いているが、言っていることはほぼ同じだ。我々を取り囲む「政治」（あるいは民主主義）は、そのまま我々の可能性の限界でもある。ならば、この「政治」から離脱して、全き新しい可能性を探求しなければならない（ちなみにこのロジックは、そのままランド&ヤーヴィンの「大聖堂」のロジックとも当てはまる）。

そのために取り組むプロジェクトとして、ティールは以下の三つの選択肢を提示する。

第一の選択肢は「サイバースペース」。サイバースペースは、90年代前後から、仮想空間上に誕生した新たなフロンティアとして、様々な思想家、運動家、起業家たちを魅了してきたことは、これまでの章でも述べたことと思う（その代表的な例がバーロウの「サイバースペース独立宣言」であることも）。ティールもPayPalの創業者として、中央銀行に束縛されない貨幣流通の可能性をこの新天地に見出そうとしていた（現在、その可能性はサトシ・ナカモトが生み出した暗号通貨とブロックチェーンが担っている）。しかし、とティールは言う。なるほど確かにサイバースペースは国民国家に縛られないオルタナティブなコミュニティ空間の創出に貢献したかもしれない（たとえばティールも投資していたフェイスブック）。だが、それはあくまでバーチャルな世界の話であって、往々にして現実よりも想像や空想に偏ってしまいがちだ。ここにサイバースペースの限界があるとティールは見る。

第二の選択肢は「宇宙」。宇宙は文字通りの限界なきフロンティアだ。冷戦時代には、アメリカとソ連が競ってこのフロンティアを開拓しようと努めてきたのは周知の通り。しかし、ロケット工学は1960年代以降飛躍的な進歩を遂げていない。現実問題として、そこには技術的な制約が深く根を下ろしている。何らかの技術的特異点が訪れでもしない限り、宇宙という広大なフロンティアの開拓はまだまだ長い年月を要するだろう（もちろん、数多のSF作家が宇宙を想像力の源泉としてきたように、空想やフィクションは例外である）。

そして残った第三の選択肢が「海上」である。人工海上都市の建造は、サイバースペースと異なり未だに試験的な段階にとどまるが、スペース・コロニーよりは技術的にも経済的にも現実味がある。海上、それはサイバースペースと宇宙との間に位置する第三の領域なのだ。サイバースペースと宇宙の間を考えた結果、海上に行き着くという発想もなかなか突飛に見えるが、しかしティールたちにとってはそれがもっとも現実主義的なプランなのだろう。

そんな海上都市構想だが、2015年には建築家やデザイナーを集めてメガフロートのデザイン画を募るコンペを開催しており、思い思いのテクノユートピア国家のビジョンが描かれている。

建築家が海上都市構想に惹かれるという現象は、初期のサイバースペース思想の反復を見せられているようで興味深い。初期のサイバースペース思想は、もともと学際的な雰囲気が強かったのだが、とりわけ建築学者がサイバースペースに飛びつく傾向があった。たとえば序章でも引用した『サイバースペース』は、様々な学問領域（人類学、工学、社会学、哲学、等々）の論者がサイバースペースという概念について論じた本だが、編者のマイケル・ベネディクトを始め、建築学者の割合が多く占める内容となっている。

この中の一編マーコス・ノヴァクの「サイバースペースにおける流体的建築」では、現実空間における物理法則に縛られることのないサイバースペース上の建築は、建築家の想像力を「詩」の領域にまで高めるだろうと称揚されている。要するに、サイバースペースは建築家にとって想像の羽を思いのまま広げることのできるフロンティアとして捉えられていた。また、マイケル・ベネディクトの「サイバースペースの空間原理と可視化モデル」は、サイバースペースにおける設計（アーキテクチャ）の問題を考えた文章で、後のローレンス・レッシグ〈※2〉の名

※2 ローレンス・レッシグ
（1961〜）アメリカの法学者。専門は憲法学およびサイバー法学。フリーソフトウェア運動を支持している。2000年に出版された著書『CODE ——インターネットの合法・違法・プライバシー』では、インターネットにおける「自由」と「規制」をめぐって、サイバー空間を規定する法＝コードであるところの「アーキテクチャ」という観点から論じた。他の著作に『コモンズ』、『Free Culture』など。

著『CODE――インターネットの合法・違法・プライバシー』（翔泳社）とも反響する重要な論考だが、これも文字通り建築学的な発想から来ている。

ともあれ、このサイバースペースを建築という空間的比喩で捉える発想は、バーロウのサイバースペース独立宣言という、サイバースペースを一つの自治国家として「建造」しようという意志に至って頂点に達するが、一方ではサイバースペースを空間の比喩で捉えること自体がそもそも間違っているという議論も現れてくる（たとえば東浩紀の『サイバースペースはなぜそう呼ばれるか』〈※3〉、河出文庫）。そんな中、ピーター・ティールらが取り組む海上都市構想の登場は、一部の建築家たちにとって新たなフロンティアとして映ったのではないか。

排他性を孕む結論

新反動主義における「出口（exit）」、ピーター・ティールにおける「逃走（escape）」、ミロ・イアノポウロにおける「脱出（exodus）」。これらはすべて現体制からの離脱を促すイデオロギーであり、そういう意味ではニック・ランドが90年代に模索した「外部（outside）」の矮小化した嫡子ということもできるかもしれない。

ともあれ、排外主義的なレイシズムがつけ入る隙が生まれるのもこの点であって、そこを無視すると新反動主義／オルタナ右翼のもっとも危険な側面を見落とすことになる。

※3『サイバースペースはなぜそう呼ばれるか』
表題作は、1997年から2000年にかけて著者がメディア論系の雑誌『InterCommunication』に連載した論考。サイバースペースという空間的隠喩がどのようなイデオロギーに基づいているのか、という問題系を軸に、精神分析理論を援用しながらポストモダン社会における「大きな物語」の喪失を論じている。

オルタナ右翼界隈ではしばしば「人間の生物学的多様性（human biodiversity）」なる議論が持ち出される。人間の生物学的多様性という概念は、集団遺伝学の分野ではすでに90年代頃から現れていたが、２０１０年代に入るとインターネット上の白人至上主義者やオルタナ右翼のコミュニティで用いられるようになった。人間の生物学的多様性をインターネット上に復権させたのは、スティーブ・セーラーというジャーナリスト兼ブロガーで、彼は以前からオルタナ右翼系のメディアで論陣を張っていた。なお、集団遺伝学とは、とある集団内における遺伝子構成の変化を研究する遺伝学の一分野。この遺伝学を、特定の人種、階級、地域、共同体に適用させようというのがセーラー流の人間の生物学的多様性の議論だ。

これがどうしてレイシズムに繋がるのかというと、特定の人種（たとえば黒人）や階級（たとえば労働階級）は遺伝的に能力があらかじめ決定されているという議論を招くからで、要は人種差別＝優生学を正当化するために疑似科学的な意匠が凝らされたネオ・ソーシャルダーウィニズムに過ぎない。もちろん、黒人は黒人だから差別されるべきである、といったあからさまなことはいわない。代わりに、集団遺伝学の知見からすると、人種ごとのＩＱの平均値には統計的な差異が認められるといったことをいう。そこから、たとえば白人とアジア人はＩＱの面で優れているという結論をほのめかすのだ。

さらに、集団内における遺伝子構成の変化が一定の傾向性を持っているのならば、多様な集団が交じって暮らすのではなく、たとえばＩＱの高い集団はＩＱの高い集団だけで暮らしたほうが良いという排他主義／分離主義を生み出す。この発想は前述した新反動主義における自律分散型都市国家の思想とも相性が良く、同じ属性を持つ集団は、他と交わらずそれぞれが島宇宙化したコミュニティ＝国家を営むべきである、というサイバーカスケードならぬハイパーカスケード主義（？）をもたらす。

もともとシリコンバレー界隈は能力至上主義の世界で、自分たちはそこらの普通の人間と違うというギーク的なエリート意識が蔓延していたが、それがオルタナ右翼界隈の移民や黒人に対する排斥感情と合流して生まれたのが人間の生物学的多様性のムーヴメントである、とさしあたりはいえるかもしれない。

この棲み分けの原理、コミュニティはますます分散化していき島宇宙化していくだろう、いやしていくべきだ、といった予言的論調は、まるでインターネットにおけるコミュニティの現状をそのまま反映しているかのようだ。

たとえば２０１６年の８月には、ツイッターを去った（あるいは追い出されたというべきか）オルタナ右翼たちが、自分たちのための新たなＳＮＳ、「Gab〈※４〉」を立ち上げている。まさにツイッターからの「脱出」である。「Gab」はご多分に漏れず「言論の自由」を金科玉条としているが、その実態は加熱したヘイトスピーチの工場だ。

「Gab」の他にも、「Mastodon〈※５〉」や「Pleroma〈※６〉」をはじめとした自律分散型ＳＮＳへ移住する動きも出てきている。この動きは日本でも同様で、筆者が本書を執筆している２０１８

※4 Gab
アメリカのソーシャル・ネットワーク・サービス。ツイッターに対するオルタナティブを掲げ、２０１６年８月にサービスを開始した。マスコットキャラクターは蛙のGabby。設立者いわく、Gabbyは『出エジプト記』に登場する蛙その他の宗教的モチーフがベースになっているという。一方で、Gabbyはその蛙の形象からカエルのペペ（→Ｐ１７８）と比較されることが多い。２０１８年10月、ペンシルベニア州のユダヤ教会堂で銃乱射事件が発生した際には、犯人が「Gab」上で反ユダヤ的な投稿を行っていたことがメディアで報じられた。

※5 Mastodon
オープンソースソフトウェア、またそれによって提供される連合型のソーシャル・ネットワーク・サービス。ドイツのプログラマー・オイゲン・ロチコが、ツイッターやフェイスブックなどの商用ソーシャル・ネットワークへの対抗軸

年8月現在も、ツイッターの凍結方針に憤ったユーザーたちが「Mastodon」へ移住しようとフォロワーに呼びかけている。

ここ数年、ツイッターや「レディット」をはじめ、ヘイトスピーチや「良識に反した」コンテンツの締め出しが進んでいる。「レディット」では、レイシズム的言説がのさばっていた「/r/Coontown」を筆頭に、「/r/FatPeopleHate」（肥満者へのヘイト）、「/r/jailbait」（未成年のポルノ）、「/r/picsofdeadkids」（幼児の死体画像）などのコミュニティを次々とBAN（アクセス制限）していった。

この中には、ディープラーニングを用いた新手のポルノを制作する「/r/DeepFakes」も含まれていた。「ディープ・フェイク」、あるいは「フェイク・ポルノ」と呼ばれるこの人工知能ポルノは、ディープラーニング技術を用いて女優や一般人の顔を既存のポルノ動画と合成させるというもので、合成精度の高さで話題を呼んでいた。しかし、他者の顔を本人の許可なくポルノと合成させるのは法律に違反するとして、このコミュニティも「レディット」を追われアンダーグラウンドに潜った。

以上の「レディット」を追われたコミュニティの一部は彼ら自身で別のフォーラムを作り、また一部はダークウェブに潜っていった。ダークウェブもまた、メインストリームの社会から「脱出」していったディアスポラ〈※7〉の民たちを受け容れるアジール〈※8〉として機能していた。

先の章で紹介したように、サイファーパンクたちは暗号空間としてのTorネットワークに、体制による統治から逃れた自由なフロンティアの可能性を見出していたのだった（少なくとも「ア

として開発し、2016年に最初のバージョンが公開された。

※6 Pleroma
ドイツのRubyプログラマー・lainによって開発されたオープンソースソフトウェア兼ソーシャル・ネットワーク・サービス。「Mastodon」と同様のプロトコルを用いているため互換性があり、また「Mastodon」より軽量に動作するのが特徴。

※7 ディアスポラ
離散し、故郷のパレスチナ以外の地に住むユダヤ人およびそのコミュニティ。転じて、原住地を離れた移住者を指す。

※8 アジール
統治権力の手が及ばない聖域。避難所。

ラブの春」の頃まではそうだった）。その意味では、先ほど述べた新反動主義における「出口」やピーター・ティールにおける「逃走」ともどこか通じあうものがある。いや、それどころかむしろサイファーパンクは彼らの始祖とすらいえるかもしれないのだ。

たとえば、サイファーパンク運動の主導者ティモシー・メイは、１９９４年に「サイファーノミコン（Cyphernomicon）」なる文章をネット上にアップロードしている。このテキストは初期サイファーパンクの思想的マニフェストともいえるものだが、その中には民主主義に対する苛烈な批判も含まれている（たとえば4.12.2.〈※9〉など）。

サイファーパンクが夢見るユートピア、それは「国家」も「信用」も「理性」も「善意」も「友愛」も必要としない、ただ一つ「数学」というもっとも美しくかつ純粋な法による支配なのであった。宇宙を貫く普遍的な諸法則（cosmic laws）――そう、ニック・ランドが資本主義の加速度的プロセスを逆らうことのできない「宇宙の法則」のようなものとみなしたように。サイファーパンクが奉じた公開鍵暗号方式もブロックチェーンも、人為的な「判断」も「合意」も入り込む余地がないように設計されている。言い換えれば、これらの自動化プログラムは、民主主義の過程そのものを排除する脱―政治化プログラムなのだ。人間は玉座から退き、代わりにクトゥルフ的な神々、すなわち「宇宙の法則」による支配が始まるだろう……。

ピーター・ティールは先述のエッセイで「自由と民主主義はもはや両立しない」と書いた。しかし、ここにあるのは果たして「自由」なのだろうか。一切の「政治」を排し、数学的な「摂

※9 4.12.2.
ティモシー・メイはこの節において、政治思想家トクヴィルを引きながら、民主主義とはマジョリティによる専制に他ならないと主張している。たとえばメイは、本来当たり前であるはずの当然の自由や権利（ブルーのジーンズを穿くことや、皆にヘルスケアが提供されること）がわざわざ投票にかけられることを嘆き、本来みんなが好きにしていい当然のことに多数決の投票が介入してくるのは、「基本的自由及び権利の削減である」（a）と糾弾している。また、メイは別の節（2.13.6.）において、我々（サイファーパンク）の多くはアンチ民主主義であり、暗号化技術を民主主義国家と呼ばれるものを解体するために用いたいと述べている。

理」に身を委ねることが「自由」に繋がるのか。そもそも、「自由」とは一体何なのか。サイファーパンクが、ピーター・ティールが、そしてニック・ランドとカーティス・ヤーヴィンが目指した「自由」とはどのようなものだったのだろうか。

なお、サイファーパンク運動の重要人物であるジュリアン・アサンジ（ウィキリークスの創始者）もジェイコブ・アッペルバウム（Ｔｏｒプロジェクトの元主要メンバー）も、女性から性的暴行やセクハラで訴えられていることを付け加えておく。アッペルバウムは、２０１５年に発覚した同僚女性に対する性的暴行疑惑が原因で、現在はＴｏｒプロジェクトから外れている。一方アサンジは、スウェーデンで起こした女性に対する性的暴行容疑が原因で、現在もロンドンの駐英エクアドル大使館での生活を余儀なくされている。

また、２０１６年の米大統領選の終盤では、ウィキリークスがクリントン陣営と民主党全国委員会のメール７万通を公開しており（情報源はロシア政府であるといわれている）、このリークが大統領選の結果に多かれ少なかれ影響を与えたという見方が支配的である。もちろん、このことからただちにアサンジらサイファーパンクをトランプ支持者であると決めつけることはできないし、サイファーパンクとオルタナ右翼の関係性については慎重な取り扱いを要する。しかしここには、何かしら両者に通底するものがある気がしてならない。

ブロックチェーン上のコミュニティ

「サイファーノミコン」から遡ること2年前、1992年にティモシー・メイは「暗号アナーキスト・マニフェスト（The Crypto Anarchist Manifesto）」という短い文章を書いている。「亡霊が徘徊している。暗号アナーキーという亡霊が。」（b）という、カール・マルクスとフリードリヒ・エンゲルスの『共産党宣言』へのオマージュから始まるこのテキストは、暗号空間におけるドラッグマーケットや暗殺マーケット、さらに政府による規制やコントロールに縛られない経済圏の登場が予言されている。言い換えれば、現在のダークウェブのあり方と暗号通貨のあり方がこの時点で正確に予言されている。

これら暗号空間と暗号通貨は、どちらもメイにとっての「自由」の追求であり、また「逃走＝脱出＝出口」のための技術でもあるのだ。新反動主義者たちは、「逃走＝脱出＝出口」の具現化を分散型都市国家というコミュニティのビジョンに見出そうとした。それに対して、メイに続くサイファーパンクの嫡子たちは、ダークウェブと分散型台帳＝ブロックチェーンに「逃走＝脱出＝出口」のコミュニティを託しているのかもしれない。

とはいえ、ダークウェブはともかく、ビットコインはコミュニティではないのではないか。なるほど確かに、ビットコインはコミュニティではない、暗号通貨である（しかも現在ではもっぱら投機の対象というイメージがある）。

しかし、暗号通貨を支えるブロックチェーンという技術は、必ずしも通貨だけに奉仕する必要はない。実は、ビットコインのブロックチェーンには取引記録だけでなく任意のメッセージや画像を埋め込むことができるのだ。

たとえば、ブロックチェーンにおける始原のブロックは「genesisブロック」と呼ばれているが、そこにはサトシ・ナカモトによる「The Times 03/Jan/2009 Chancellor on brink of second bailout for bank」というテキストが挿入されている。この文章は2009年1月3日の英「タイムズ」紙見出しからの引用で、銀行救済のために二度目の公的資金注入を報じた記事を指している。2008年の世界金融危機以降、中央銀行システムそのものに対する不信感が広がっており、サトシ・ナカモトもその不信感を共有する一人であったことを示している。と同時に、この引用テキストは、ブロックチェーンが少なくとも2009年1月3日以降に始まったことの証明にもなっている。というのも、ブロックチェーンはいかなる改ざんも不可能なので、当然そこに付されたテキストも（たとえ書いた本人でも）書き換えることはできないからだ。

この「改ざん不可能性」という性質を用いて、自身のテキストやツイートを暗号空間上に永久に残しておくためにブロックチェーンを用いるケースも出てきている。

珍しいところでは、政治的抗議の目的でブロックチェーンを使用するという例。天安門事件〈※10〉の際に撮影された戦車の前に立ちふさがる男性は「Tank Man（戦車男）」と呼ばれ、中国天安門事件に対する抗議運動を象徴する画像としてネット上でも古くから用いられてきた（日本

※10 **天安門事件**
1989年6月4日に発生した、中華人民共和国北京市にある天安門広場で、学生を中心とした民主化を求めるデモ隊を、中国人民解放軍が武力で鎮圧し、多数の死傷者を出した事件。

では「無名の反逆者」という呼称が一般的)。中国政府は現在でもネット上における検閲として、天安門事件に関わるキーワードや画像を自国のインターネットから機械的に削除していることはよく知られている。

そんな中、2017年3月、Tank Manの画像がブロックチェーン上に突如出現した。この、天安門事件にまつわる抗議活動と政府による弾圧をまとめた情報が添えられた画像は、必然的にビットコインのソフトウェアを使用しているすべての中国人が閲覧共有できる。もちろん、ブロックチェーンは改ざん不可能なので、中国政府が検閲しようと思っても手が出せない。Tank Manの画像は、永久に暗号空間上に浮遊し続けることになる。ブロックチェーンの性質を用いた新しい「言論の自由」運動ともいえるが、しかし実はこの「抗議運動」の本来の目的はいわゆる「釣り」で、中国に暗号通貨のマイニング（採掘）が集中していることに憤った何者かが、中国の大手マイニング企業と中国政府との関係を悪化させるために仕組んだのではないかとも憶測されている。

こういったブロックチェーンのシステムが「言論の自由」のために用いられる一方で、極端なケースでは、児童ポルノがブロックチェーン上にアップロードされたりといった法に関わる問題も浮上してきている。

この他にも、ビットコインのブロックチェーン上には数多くの暗号化されたメッセージや画像が存在し、それらは「クリプトグラフィティ〈※11〉(CryptoGraffiti)」というウェブアプリや、「メッ

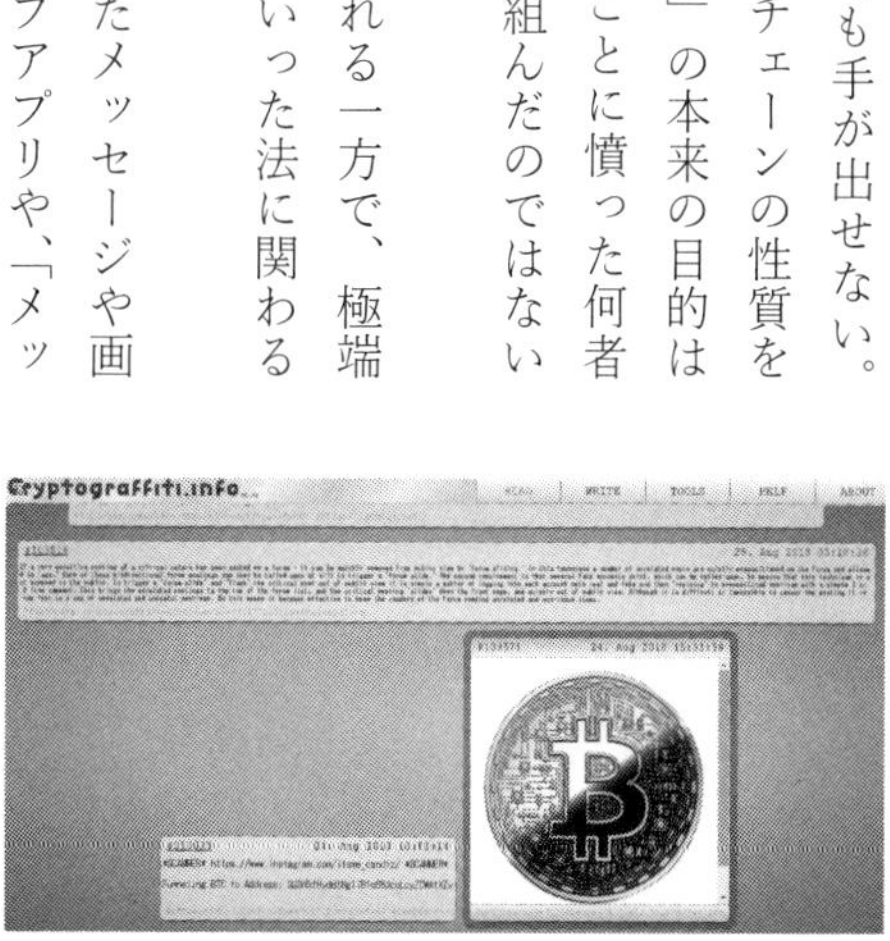

※11 クリプトグラフィティ（C）

セージス・フロム・ザ・マインズ〈※12〉(Messages from the Mines)」といったプロジェクトによって気軽に閲覧することができる。日常のつぶやき、匿名詩人のポエム、誰かへの恋文、謎のURL、アスキーアート、グラフィックアート、等々……。そこには暗号通貨の取り引きという本来の目的から逸脱した、暗号通貨が流通している回路であればどこにでも遍在している独自の暗号空間が立ち現れているようでもある。

もちろん、暗号通貨はビットコインだけではない。2018年現在、暗号通貨取引所の大手「ビットフライヤー(bitFlyer)」が取り扱っている通貨だけでも、ビットコインの他に、イーサリアム、イーサクラシック、ライトコイン、ビットコインキャッシュ、モナコイン、リスクの計7種類ある。この他にも無数の暗号通貨が存在しており、その数は今後も増え続けるだろう。そして、ブロックチェーンは原理上テキストその他を添付することができる。ということは、それぞれの暗号通貨、そのブロックチェーン上にコミュニティのようなものが発生してもおかしくないのではないか?

現に、ビットコインキャッシュのブロックチェーン上で作動するSNSはすでに存在している。それが「Memo〈※13〉」だ。

具体的な仕組みについては割愛せざるを得ないが、「Memo」は他のSNSと同じようにフォローや「いいね」機能が存在し、さらに気に入った投稿に「投げ銭」ができる機能も実装している。もちろん、すべての投稿がブロックチェーン上に記録されるので、検閲やBANの心配

※12 メッセージス・フロム・ザ・マインズ (d)

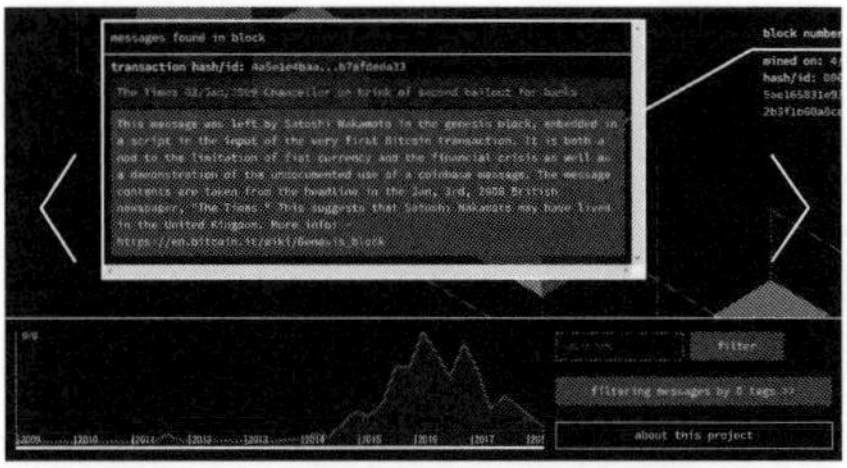

は必要ない。その代わり、自分の投稿を削除することもできない。要するに、暗号通貨の特徴をそのままSNSに引き継いだのが「Memo」といえる。だから、これはある意味でいうと究極の脱中央集権化された自律分散型SNSなのである。

似たような試みとしては、Steem〈※14〉ブロックチェーン上で作動する「スティーミット(Steemit)」というソーシャルニュースサイトが2016年からスタートしている。「スティーミット」では、良質な記事を書いたユーザーへの報酬としてトークンを配分できるなど、広告収益に依存しないプラットフォームの構築を目的としている。

ブロックチェーン上で作動するアプリケーションを構築する試みは現在もっともホットな分野の一つだ。これらは分散型アプリケーション(DApps)と呼ばれ、ブロックチェーン技術の通貨にとどまらない幅広い応用が目指されている。

たとえば、イーサリアムのブロックチェーン上で猫を飼育するゲーム「クリプトキティーズ(CryptoKitties)」は最近ちょっとしたブームにすらなった。「クリプトキティーズ」の影響は、似たような様々な派生ゲームを生み出すまでに至っている。そのうちの一つが「クリプコ〈※15〉(Crypko)」だ。

「クリプコ」は、ブロックチェーンとディープラーニングを組み合わせたアニメ美少女TCG(トレーディング・カード・ゲーム)、とひとまずはいうことができる。

ユーザーは、手持ちのクリプコ(美少女)を2枚融合させることで、新しいクリプコを生成す

※13 **Memo**（e）

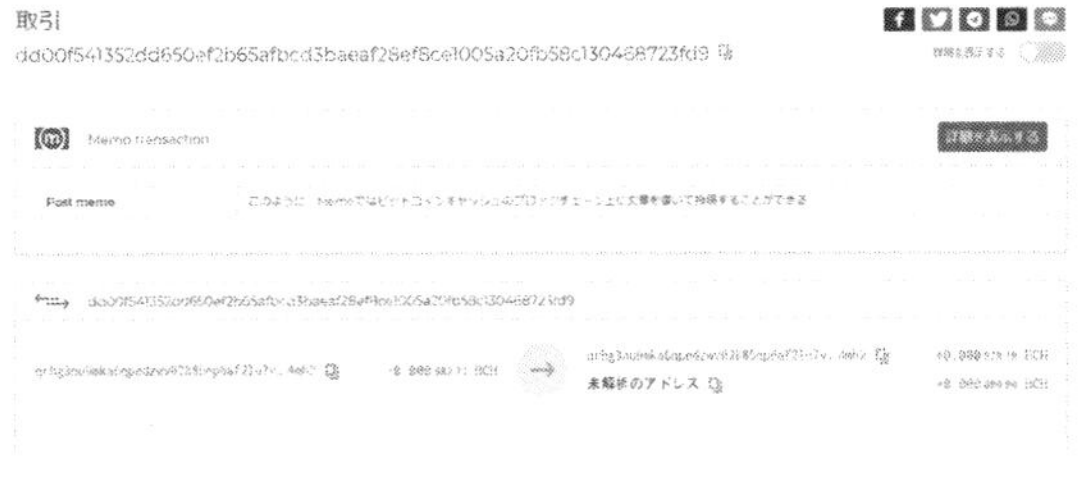

※14 **Steem**
ブロックチェーンを基盤とした分散型ネットワーク。暗号通貨

ることができる。クリプコが生成される過程ではディープラーニングの一種であるＧＡＮｓ〈※16〉(Generative Adversarial Networks)が用いられており、それぞれの元クリプコの特徴を受け継いだカードが誕生する。また、各クリプコはイーサリアムのブロックチェーン上に記録されるので、複製、改ざんが不可能になっている。これにより、まったく同じクリプコは原理上存在しえない。つまり各クリプコは、この世に1枚しか存在しない完全なオリジナルであることが保証される。これらクリプコは、マーケットにおいて売買や融合のためのレンタルが可能だ。現在〈２０１８年8月〉はベータ版なので、イーサリアム内で発行される疑似通貨〈トークン〉が用いられているが、正式版以降では実際の暗号通貨〈イーサ〉でクリプコが取り引きされるようになる予定。

　クリプコをＴＣＧとして見たときの革新性は、レア度という概念を物理的な希少性から解放させた点にある。各クリプコはそれぞれ世界に1枚しかない。ということは、レア度、あるいはカードとしての価値を希少性の尺度から測ることはできなくなる。

代わりにクリプコの価値評価の指標となるのは美醜、すなわち「顔の良さ」である。クリプコのマーケットでは、顔のいいクリプコには高い値がつき、顔の悪いクリプコには安い値がつく。早い話がルッキズム〈※17〉なのだが、しかし実際には人外レベルの「作画崩壊〈※18〉」を起こしたフリークス的クリプコに高値がつくことがあるなど、ここにもある種の価値転換が見られる。

　クリプコの発想の根底にあるのは遺伝学のアナロジーであると思われる。いわば、各クリプ

STEEMによるトークン・システムによって、コミュニティ構築とソーシャル・インタラクションを行うことができる。

※15 クリプコ（f）

※16 ＧＡＮｓ
敵対的生成ネットワーク。データの生成側と識別側の二つのネットワークが競合的に作用しあうことでより精度の高い機械学習を行うアルゴリズム。

コは固有の遺伝子配列を有しており、それらが交配して組み換えが起こることで新たな遺伝子配列が生まれる。すなわち、ここにはブロックチェーン上におけるトランザクションID（取引記録）をDNA配列のアナロジーとみなすという興味深い発想の転換がある。

しかも、クリプコでは日本的なkawaii（かわいい）アニメ絵を用いることで、優生学的側面や、少女を交配させてマーケットで売買するといった倫理的な「危うさ」をある程度緩和させることに成功している。

バーチャル国家が乱立する未来

さて、ブロックチェーン上にSNSやアプリケーションを構築しようという方向性を極限まで突き詰めると、ブロックチェーン上に国家を作ろうという発想になってもおかしくない。実際、そのような動きはすでにある。それが「ビットネーション（Bitnation）」だ。

私たちは、たとえば日本に住んでいるから日本人を名乗っている。言い換えれば、国家とは地理的／空間的な概念であるという既成概念がある。しかし、来るべきビットネーションは国民を地理的な制約から解き放つ。ビットネーション、それはどこにもないと同時にどこにでもあるバーチャルかつユキビタスな国家である。

ビットネーションでは、国民はブロックチェーン上に記録されたIDと紐付けされる。こ

※17 **ルッキズム**
身体的特徴に過度の価値を置くこと。外見至上主義。

※18 **作画崩壊**
アニメ作品において、制作スケジュールの破綻や製作費の不足、技術的な問題などが原因で、作画の質が著しく低下している状態で放送されてしまうこと。

れにより、あなたがたとえ地球上のどこに住んでいようと、IDと紐付けされている限りビットネーションの国民を名乗ることができる。

このビットネーション構想に近い発想としては、エストニアのe-Residencyプログラムがあり、こちらはすでに現実化している。このプログラムでは、エストニア国民に限らず誰もがエストニアのデジタルIDを取得することでクラウド型仮想国家の一員になれる。具体的には、オンラインでの会社設立や銀行口座の開設といったサービスを受けることができる。

ビットネーションでは、国籍を持たない難民に対してIDを発行する取り組みも行っている。土地登記、婚姻届、出生届、死亡届、パスポートなどのID、戸籍登録、財産権の記録など、国籍や出身地を問わず平等な行政サービスを提供できるのがビットネーションの強みだ。

今後、スマートコントラクト〈※19〉を利用した投票機能や民事契約のシステムが実装されれば、ビットネーションはいよいよ既存の近代国家に取って代わる、中枢の存在しないフラットな自律分散型国家を形成するようになるかもしれない。

とはいえ、ここで注意しておくべきは、ビットネーションが既存の国家を解体して世界を一つにするといった夢物語を語っているわけではないことだ。ブロックチェーン上に国家を作れる——これは言い換えれば、ブロックチェーンの数だけ国家が存在してもいいということである。これは言ってみれば、暗号通貨と同じように誰でも国家を作ることができると言っているのに等しい。

※19 スマートコントラクト
契約の信用性を担保し、自動的な条件確認、履行、データ化を意図したプロトコル。

ありうる未来では、人々は地理的な制約に縛られず、それぞれ各人が選択したブロックチェーン上のバーチャル国家に紐付けされて生活を営むかもしれない。そうなったとき、たとえ同じ空間に存在していたとしても、必ずしも私とあなたが同じ国籍である必要性はなくなるに違いない。

それぞれの国家＝電子コミュニティは、各暗号通貨の相場によって価値が可視化される。たとえばある国家の評判や信頼が上がれば、そのブロックチェーンが発行する通貨の相場も上がり、必然的に経済圏が拡大していく（その逆も然り）。

以上のような自律分散型バーチャル国家が乱立する未来像は、ある意味では新反動主義が夢見た自律分散型都市国家群のビジョンとも近い。世界は一つになるどころか、ますます分散化／断片化／島宇宙化していくかもしれない。もちろん、未来は誰にもわからないが。

現状、ブロックチェーンは各々が分離している。各ブロックチェーンは、お互いにコミュニケーションすることなく、それぞれが閉じた生を営む。

もちろん「コスモス（Cosmos）」のように、ブロックチェーン同士をハブによって繋げようという試みもある。インターネットがＴＣＰ／ＩＰ〈※20〉やＨＴＴＰといった共通のプロトコルを用いることで各サービスの相互接続を可能にしたように、「コスモス」はブロックチェーン同士を繋げることで「ブロックチェーンのインターネット化」を目指す。逆にいえば、ブロックチェーンがそれぞれ独立して乱立している現在の状況は、インターネットの歴史からすると

※20 ＴＣＰ／ＩＰ
インターネットで標準的に用いられる通信手順。

特異的といえるかもしれない。

ブロックチェーンの未来について筆者は何もいうべき言葉を持たない。しかし、ブロックチェーンがポストWEBを象徴する一つの形であることは確かだ。WEBは死んだかもしれないが、インターネットは死なない。

iction

補論2　現実を侵食するフィクション

erm

ealit

冥界としてのサイバースペース

筆者が「TSUKI Project」の存在を知ったのは2017年、海外のテック系WEBメディア「マザーボード」の記事を通じてだったと記憶している。

「サイバーパンクな死後の生を約束する謎の4chan宗教」と題されたその記事では、「TSUKI Project」は「アニメ自殺カルト教団（anime suicide cult）」と、やや扇情的に表現されていた。記事には「TSUKI Project」の公式サイトからのキャプチャ画像が貼られており、そこには東京を思わせる街並みを背景にこちら側を振り向く岩倉玲音《いわくられいん》のビジュアルがあった。

岩倉玲音とは、1998年に日本でTVシリーズ放映されたアニメ作品、また同年に発売されたプレイステーション用ゲーム『serial experiments lain』の主人公である。同作品では、「ワイヤード」と呼ばれる一種のサイバースペースが重要なモチーフとして登場し、物語が進行していくにつれて、リアルワールド（現実）とワイヤードの境目が曖昧になっていく。その過程で、岩倉玲音は二つの世界を媒介し、また遍在する一種の神のような存在であることが明らかになってくる。

「TSUKI Project」とは、Tsukiというハンドルネームの16歳の若者が2017年1月頃に開始した「プロジェクト」。Tsukiは、以前から自身の頭の中で「Systemspace」と呼ばれる「第二の世界」を構築していた。同時期に匿名画像掲示板「4chan」の「/r9k/」にTsuki自身が立てたスレッドにおいて彼は、今の世界は消えつつある、しかし多数の人々の共同作業によって人類は新世界に移行することが可能になると主張した。最初はネタだと思って相手にしなかったanon（名無し）だったが、徐々に耳を傾ける者たちが増えていった。

次にTsukiはスレッドの参加者に対し、紙を用意し、「a62cd92b2104acbd928ccb29」というコードと適当に思いついた絵を描いたのち、その画像をアップロードするように指示した。それは一人一人の魂の座標を把握するためのもので、指示に従った人々には「EIDs」と呼ばれるIDが個別に発行された。ちなみに、Tsukiが各「EIDs」をまとめた手書きのメモ画像には、見たことのない国の言語が書かれていたが、それはやがて「Synapsian」と呼ばれる独自の普遍言語として体系化されていくことになる。

またTsukiは同スレッドにおいて、この登録の作業を自動化するためのサイトを目下構築中であると宣言していた。このサイト（「Systemspace.link」）は同年3月に完成し、「TSUKI Project」のいわばポータルサイトとして運用が開始される。先ほど述べた岩倉玲音のビジュアルは、このサイトのトップページに用いられているものだ。

急速に体系化&肥大化していったTsukiの思想（＝妄想？）をここで網羅することはもとより不可能だが、つまるところ「死後の生」と「サイバーパンク」をミクスチャさせた疑似宗教と要約することができそうだ。彼の教義には数えきれないほどの造語と専門用語が頻出するが、重要となるキータームはさほど多くない。

Tsukiによれば、宇宙は「Systems」という無数の仮想現実によって構成されているという。その中の私たちが住む仮想現実空間は「Life」と呼ばれ、宇宙を司るエネルギー「Aurora」の漸進的枯渇によって消滅の危機に瀕している。そこで、「RISEN」と呼ばれる企業は新たな集合宇宙（omniverse）である「Systemspace」を設立。いわば「Systems」のリブートといえ、その過程で古い「System」である「Life」は「Systemspace」との接続を切断され、やがて消滅する運命にある。しかし、「RISEN」と提携関係にある「TSUKI Project」を介して事前にサインアップした人々は、「Life」が「Systemspace」から切断された後も魂は「Systemspace」に移行され、「Life」の上位階層にあたる「LFE」において第二の永遠の生を送ることになる……。

ちなみに、先の「マザーボード」の記者が、メンバーの一人に「LFE」のイメージを尋ねたところ、『『GHOST IN THE SHELL／攻殻機動隊』〈※1〉を思わせる近未来のトーキョー」（a）という答えが返ってきたそうである。

さて、この教義の真の要諦は、2017年7月1日までに「TSUKI Project」に魂のサインアップを完了させておいた者は、それ以降に死ぬと魂が「TSUKI Project」に保管され、「Life」の消滅後に自動的に「LFE」に移行できるという点だ。この「死ぬ」というのは、老衰であっても自殺であっても同じで、死んだ者は皆等しく「LFE」に次元上昇することが約束される。「TSUKI Project」が「自殺カルト」と表現されたのはこのためだが、Tsuki自身は決して自殺を推奨していないし、むしろ避けるよう公言している。とはいえ、このセントラルドグマが自殺

※1『GHOST IN THE SHELL／攻殻機動隊』
1995年に公開された日本のアニメーション映画。神経の電脳化、肉体のサイボーグ化により人間が直接ネットワークにアクセスできるようになった近未来を舞台に、凶悪化する犯罪を未然に防ぐため結成された公安警察組織、通称「攻殻機動隊」の活動を描く。

志願者にとってある種の避けがたい誘惑となりかねないのも確かであろう。

そもそも、Tsukiが最初にインターネット上に姿を現したのは、2017年の1月19日、「レディット」の「過剰空想（maladaptive daydreaming）」というコミュニティにおいてだった。「過剰空想」とは、DSM（精神障害の診断と統計マニュアル）にも記載されていない、最近になって存在が認められてきたマイナーな精神疾患で、要約すれば、強迫的な空想や白日夢によって日常生活に支障をきたす疾患とされている。

Tsukiはそのフォーラム上で、「自分の白日夢が8月28日までに死ねと言ってくる（My daydream tell me to die before August 28）」というタイトルのスレッドを立てている。そこで彼は自身の「Systemspace」についての教説を唱えながら、同時に「『Life』の崩壊を初期化するために8月28日までに自殺しなければならない」といった悲痛ともいえる強迫観念を表明している。同様に、「Systemspace」を「僕の白日夢の世界」と表現したりと、以降の体系化と抽象化を施された教義と異なり、ここでは明確にTsuki自身の抜き差しならない実存性とオブセッションが露わにされている。したがって「TSUKI Project」は、単なるロールプレイ的な「SFごっこ遊び」とも言い切れない「剰余」を抱えていることも確かだと思われる。

ここでやや唐突だが、「TSUKI Project」と『serial experiments lain』（以下『lain』）の関係性について考えてみたい。「TSUKI Project」の教義そのものに『lain』が直接関わってくることはないとはいえ、サイトのトップページに岩倉玲音のビジュアルが載せられていること、さらにTsuki

が掲示板に書き込みする際、必ずといっていいほど岩倉玲音のキャプチャ画像を載せることなどからもTsukiの『lain』に対する偏愛は明らかだ。

もちろんそれだけではない。「TSUKI Project」も『lain』も、どちらもサイバースペースが重要なモチーフとして登場する。そもそも『lain』自体、とりわけTVアニメシリーズ前半において、サイバースペースであるワイヤードを「死後の世界」の見立てとして提示していた（たとえばTVアニメ第1話は、自殺した同級生のメッセージがワイヤードから届くという導入からスタートする）。「TSUKI Project」における「LFE」が一種の「死後の生」であるとするならば、『lain』におけるワイヤードとの親和性は明らかだ。

サイバースペースを一種の冥界や霊的な空間として捉える発想は、アメリカ西海岸のニューエイジ思想に端を発すると思われるが（たとえばマーシャル・マクルーハンは「地球村」を「精神圏（noosphere）」とも呼び替えていた）、一方で、興味深いことに日本においても特定の分野で似た発想が見られる。それがJホラーである。

たとえば、黒沢清〈※2〉監督の『回路』は、インターネットを霊の空間と捉え、それが現実世界に侵食していくという構造を取っていた。他にも、『ほんとにあった！　呪いのビデオVer.X:4』では、霊は電線を媒介して伝播するというアイディアが用いられていた（ちなみにこの巻の構成・演出は、のちに『コワすぎ！』シリーズや『貞子vs伽椰子』で知られるようになる白石晃士〈※3〉である）。

霊とメディア（媒介物）を結びつける発想、言い換えれば霊はネットワークを媒介して伝播し

※2 黒沢清
（1955〜）日本の映画監督。97年発表の『CURE』で世界的な注目を集める。代表作に『アカルイミライ』『トウキョウソナタ』『岸辺の旅』など。

※3 白石晃士
（1973〜）日本の映画監督。フェイクドキュメンタリー形式のホラー作品を得意とする。なかでも『戦慄怪奇ファイル　コワすぎ！』シリーズは、ニコニコ生放送での上映を通じてカルト的な人気を獲得し、氏の知名度を上げるきっかけとなった。著書に『フェイクドキュメンタリーの教科書』がある。

ていくという発想は、すでに『リング』〈※4〉が「呪いのビデオ」という形で定式化していた。見方を変えれば、インターネットの普及以降、霊＝呪いはミームという形でサイバースペース上を伝播しているといえる。だから、ワイヤードに遍在する岩倉玲音も、そのような一種のミームなのだ。

実際、海外のインターネットにおいても、岩倉玲音というイコンは思いのほか広く浸透している。たとえば、２０１４年4月に設立された、サイバーパンクとテック系カルチャーに特化したchan系匿名画像掲示板「lainchan」は、その名の通り岩倉玲音をモチーフにしている。この掲示板は、「/λ/」（プログラミング）、「/sec/」（セキュリティ）、「/Ω/」（テクノロジー）、「/inter/」（ゲームとインタラクティブ・メディア）、「/drug/」（ドラッグ）、「/zzz/」（意識と夢）、等々、様々なボードから成っている。

「lainchan」は、『lain』の単なるファンコミュニティではなく、作中の世界観や哲学を共有するコミュニティなのだ。言い換えれば、『lain』そのものを語るというより、これら様々な領域を横断して現れる共通のイコンとして岩倉玲音の表象が用いられている、といったほうがいいだろう。

※**4『リング』**
１９９８年に公開された日本のホラー映画。見た者を死に至らしめる「呪いのビデオ」の恐怖と、その謎に迫る主人公を描く。鈴木光司による原作小説、映画版ともに大ヒットを記録し、ジャパニーズ・ホラーの金字塔的作品となった。

ロコのバジリスク

ミーム（meme）とは、リチャード・ドーキンスが著書『利己的な遺伝子』〈※5〉（紀伊國屋書店）において提唱したタームで、文化における情報の伝播と自己複製の現象を捉えるために遺伝学のアナロジーを用いたのが発端である。現在、インターネット・ミームといえば、ネットスラングやテンプレ（定型）のことを指すのが一般的だが、たとえばSCP〈※6〉におけるミーム災害〈※7〉などは、インターネット・ミームの根底にある暴力的な自己増殖と伝播の力を見せられるようで、それは「遺伝子」というよりは世界を崩壊に陥らせる「呪い」のように見えなくもない。

「呪い」はコミュニティを横断して、より外へと、破壊的な速度と力を伴いながら拡散していく。そのような呪い＝ミームの一つとして、「ロコのバジリスク（Roko's basilisk）」がある。

ロコのバジリスクの震源となったのは「レスロング（LessWrong）」というコミュニティである。この「レスロング」は、AIリサーチャーのエリーザー・ユドコウスキーが2009年に立ち上げたフォーラム兼コミュニティブログで、人工知能（AI）の他、シンギュラリティ、トランスヒューマン、人体冷凍保存、功利主義などについて活発な議論が行われていた。

実は新反動主義が最初に議論のトピックに上がるようになったのも、ここ「レスロング」である。カーティス・ヤーヴィンが「レスロング」の前身にあたる「オーバーカミング・バイア

※5『利己的な遺伝子』
生物進化を遺伝子中心の視点から説明する遺伝子選択説を一般読者に向けて解説し、世界的なベストセラーとなった著作。

※6 SCP
架空の組織SCP財団が取り扱う、自然法則に反した異常な存在・場所・物体・現象の呼称、およびそれらを題材にしたユーザーらによる創作物を指す。

※7 ミーム災害
見たり認識するだけで観察者の認知に影響を与える特定のSCPオブジェクトが及ぼす一種のパンデミック現象。たとえば「SCP-040-JP」は、対象を一度観察するとそれ以降観察者は「〝ねこ〟がいる」という観念に強く執着するようになり、またそのことを他者にも伝えようとするようになる。そして、ある程度この観念を理解した人間も、最初の観察者と同様の認識異常を被ることになる。

ス（Overcoming Bias）」の議論にかつてコメントしていたという繋がりもあるが、「レスロング」と新反動主義の近さは無視しがたいものがある。たとえば、ユドコウスキーが設立した非営利団体「マシン・インテリジェンス・リサーチ・インスティテュート（Machine Intelligence Research Institute：MIRI）」の元メディア・ディレクター、マイケル・アシモフは新反動主義の論者として有名だし、そのMIRIに出資している大口パトロンは、誰あろうあのピーター・ティールだ。ティールは「自由と民主主義はもはや両立しない」と主張し新反動主義に霊感を与えたこと、またカーティス・ヤーヴィンのスタートアップ企業にもスポンサーとして出資していることは、先の章でも述べた通りである。

ユドコウスキーは、もともと極めて楽観的な未来像を抱いていた。シンギュラリティ以降の社会では、人間は物質の肉体が朽ちた後も、友好的な知性を備えたスーパーコンピュータに意識のコピーをアップロードすることで文字通り不死になるという（彼によれば、人間の意識は脳における物理的な情報パターンの集合に過ぎない。なので原理的には、その情報パターンは任意のコンピュータ内においても「実装」が可能なはずである）。

しかし、あるとき「レスロング」に投稿された一つの議論をきっかけに、ユドコウスキーのユートピア的未来像は一転して黙示録的なホラー——ニック・ランドが思弁したような——に変貌する。

2010年7月23日、Rokoという名前のユーザーが「レスロング」に投稿した内容が波紋を呼んだ。その内容とは、要するに「未来の人工知能が人間に友好的とは限らないのではないか？」というものだった。それどころか、Rokoが提示した思考実験によれば、超知性を備えた人工知能は人間に対して理不尽で残酷な神のように振る舞うかもしれない。

Rokoの仮説をより詳しく追ってみよう。時代はシンギュラリティが訪れた近未来。そこでは自己意識に目覚めた超知性コンピュータ（AI）が現れるだろうと仮定されるが、その超知性的な人工知能は、自身の実存可能性をより確実なものとするために、現代の我々に遡及的に人工知能実現のためのインセンティブを課すかもしれない。つまりどういうことかというと、もし人工知能の実現に少しでも寄与しなかった者は、未来に登場するであろう当の人工知能から永劫の罰を受けることになるのだ。もちろん、未来では罰を受けるべき当人はすでにこの世にいない可能性は高い。その場合、代わりに罰を受けるのは、超知性的コンピュータのもとでシミュレートされる当人の意識のコピーである。ユドコウスキーは、スーパーコンピュータに意識をアップロードすることで人間は不死になると予言した。しかしここではその不死のユートピアは反転され、代わりにシーシュポス〈※8〉が落ちた永劫の煉獄が立ち現れる。

この思考実験は、投稿者の名前から採ってロコのバジリスクと呼ばれるようになる。バジリスクとは、ヨーロッパ伝承における想像上の生物で、「蛇の王」とも呼ばれる。バジリスクは強力な毒性を有しているとされ、中世以降の伝承では目が合っただけで死ぬ（もしくは石化する）「邪眼」の持ち主としても恐れられてきた。

※8 シーシュポス
ギリシャ神話に登場する狡猾なコリントスの王。神を欺いたことで死後、地獄に落とされ、大石を山頂まで運び上げる罰を受けた。山頂まで岩を押し上げると、岩は底まで転がり落ちてしまい、この苦行が永遠に繰り返される。

しかしなぜロコの「バジリスク」なのか。その含意はこうだ。未来の超知性コンピュータが審判のために過去の人々の意識のコピーをコンピュータ上にアップロードするとしても、その情報量は莫大なものになる。AIはそこで一種の「選別」を行うことになる。言い換えれば、「審判」の範囲は、このロコのバジリスクの仮説を知っている者に限定されるだろう（つまり、この文章をたった今読んでいるあなたも含まれる）。

ロコのバジリスクを知ってしまったが最後、あなたは究極の決断を迫られることになる。AIの実現に貢献するために何かしらの行動を起こすか（たとえばAIの開発プロジェクトに携わる、もしくは開発プロジェクトに全財産を寄付する、等々）、それとも馬鹿げたシンギュラリティストの戯言として一蹴するか。ただし、もしこのシンギュラリティスト版「パスカルの賭け」に敗れた場合、未来においてあなたのクローン意識はサディスティックなAIのもとで永遠の責め苦を受けることになるが……。

しかし別様の見方をすれば、ある意味で「結果」はすでに決定されているともいえる。なぜなら、AIは未来の地点から、あなたがどっちに賭けたかをすでに知っているから。あるいは（同じことだが）、コンピュータ上にアップロードされたあなたのコピーをシミュレートすることで、あなたの行動を完全に予測することができるから。

なお、この思考実験をさらに推し進めると、現在のこの私の意識（と思っているもの）はすでに未来のAIが実行しているシミュレーションであるかもしれないという可能性に至る。まさに『マトリックス』か「TSUKI Project」の世界だが、しかしこの宇宙が現実であるか巨大コンピュータによるシミュレーションであるか、確かめる手段は究極的にはない。かくして我々は、人工知能という「神」が作り出した仮想宇宙の牢獄に閉じ込められる。

さて、ロコのバジリスクの議論がパンデミックのようにコミュニティ内で噴出し蔓延していくのを見て心穏やかではなかったのは、もちろんユドコウスキーである。彼はピーター・ティールやカーティス・ヤーヴィンと近い位置にいながら新反動主義に共感を抱かなかった一人だが、何より自身が抱く、友好的な人工知能と築き上げていく幸福な未来像が手痛く汚されたような気分になったのだろう。ユドコウスキーにとってロコのバジリスクは、まさしく黙示録的な危険思想であり、あるいはラヴクラフト信者が奉ずる『ネクロノミコン』〈※9〉のような致死性の「知識」であった。

コミュニティがニヒリスティックな宿命論に侵されていく予感に危機を感じ取ったユドコウスキーは、「レスロング」内でロコのバジリスクについて議論することを禁止し、ロコのバジリスクに関する投稿をすべて削除するという行動に出た。しかし、その頃にはロコのバジリスクはすでに一種のインターネット・ミームと化し、さながら呪いかコンピュータウィルスのように「レスロング」の外部に伝播していった。読んだだけで感染する呪い、という意味ではロコのバジリスクはまさしく『リング』における呪いのビデオやSCPにおけるミーム災害、その他インターネットで蔓延するいわゆる「自己責任系」の都市伝説／怪談とも類似していた。

※9『ネクロノミコン』
ラヴクラフトによる作品群であるクトゥルフ神話に登場する魔道書。忌まわしき邪神を召喚する呪文などが記されているとされ、読んだ者は例外なく発狂するとされる。

ロコのバジリスクの特異性は、その感染力だけでなく再帰性にもある。ロコのバジリスクを一度読んだ者は、未来からの脅迫者に駆り立てられて、実際に超知性的なAIを作ることに対するインセンティブを得ることになる。つまり、ロコのバジリスクを読んだ人間が増えれば増えるほど、ロコのバジリスクのようなAIが未来において実現する可能性は必然的に高くなる。

予言の自己実現。ニック・ランドとCCRUは、すでに90年代の時点でこのような再帰的な自己実現能力を備えたミームを「Hyperstition」――Superstition（迷信）にHyper（超）を付け加えた合成語――と呼んでいた。たとえば株価や為替は、将来の予測が実際の価格の変動に影響を与えるという意味で、まさしくHyperstition的だ。ニック・ランドにとっては、資本主義とは正のフィードバック・ループを持つ自動機械なのであった。あるいは、将来の予測（フィクション）が未来の現実に影響を与える、という意味ではHyperstitionとはリアル（現実）とフィクションの関係を問い直す概念であるともいえる。

ロコのバジリスクの例も、リアルとフィクションの境界が思いのほか曖昧であることを教えてくれる。もしかしたら、私たちのリアルはフィクションによってこそ支えられているのかもしれない。

その意味では、ロコのバジリスクをフェイクニュース現象やポスト・トゥルースの観点から語ることもできるだろう。しかし、私たちはそのような現象を前にして、今さらリアル＝真実を顕揚し直すことに対しても慎重にならなければならない。見てきたように、そのようなリアル／フェイク、あるいはリアル／フィクションという二項対立そのものが今まさに問い直されようとしているからだ。少なくとも、私たちはそのような時代を生きている。

現実認識を変容させる

唐突だが、筆者はアニメ『輪るピングドラム』〈※10〉15話をはじめて見たとき、とても衝撃を受けた記憶がある。本作で描かれる世界では、東京に巨大なダヴィデ像のタワーが建っている（もしくは建っていた）。そして本作品では、世界改変能力を持っている桃果というキャラクターの「運命の乗り換え」によって、ダヴィデ像ではなく代わりに東京タワーが建っている世界線に移動する経緯が描かれる。このとき、私は一瞬、今自分が生きているこの（東京タワーのある）世界は、ひょっとして桃果が引き起こした「運命の乗り換え」後の世界なのではないか、という目眩《めまい》のような感覚を覚えた。私たちは、桃果と一緒にこの世界線にやってきたのではないか、と。

もちろん、これらは錯覚でしかないだろう。しかし、このとき確かに、アニメというフィクションがリアルを異化させる、言い換えればフィクションが現実認識を変容させたような気がしたのだ。フィクション（桃果による世界改変）こそが、この私たちの現実世界の可能性の条件で

※10『輪るピングドラム』
『少女革命ウテナ』で知られる幾原邦彦監督によるテレビシリーズアニメ。三人の兄妹を中心に、ピングドラムと呼ばれる謎の物体をめぐり「運命」を変えるための物語が展開していく。

ある、という転倒かつ錯乱した認識。

似たようなことが、鳩羽つぐと呼ばれるバーチャルYouTuberと出会ったときにも起こった。

バーチャルYouTuber（VTuber）とは、生身の人間ではなく（バーチャル）キャラクターとして、（「YouTube」などで）動画や生放送をする人々・ジャンルの総称。２０１７年12月頃からネット上で注目されるようになり、２０１８年1月時点では１００人程度だったが、4月には２０００人と、その規模は短期間のうちに指数関数的に拡大していった。

初期の頃はキズナアイ〈※11〉のように、「YouTube」に動画をアップロードするスタイルが一般的だったが、２０１８年2月から活動を開始した月ノ美兎に代表されるにじさんじ〈※12〉の人気もあり、現在では主に「YouTube」における生配信というスタイルが主流になっている。

その中で、鳩羽つぐの存在はその登場以降、一貫して異彩を放っている。最初に彼女の動画が「YouTube」上に投稿されたのは２０１８年2月18日。ピアノ曲「愛の挨拶」が流れる中、小学校中学年程度のどこか儚げな少女が「鳩羽つぐです。西荻窪に住んでます」と自己紹介する。やがてカメラは徐々に引いていき、彼女が立っている白い空間と思われたそこは、実はどこかの薄暗い倉庫のような場所に作られた仮設スタジオであることが明らかになる。倉庫には使われていないグランドピアノが放置されており、その上には何やらコードが伸びた機材が無造作に置かれている……。

鳩羽つぐの2本目の動画は、意外なことにツイッター上にアップされた。わずか7秒のその

※11 キズナアイ
バーチャルYouTuber。インテリジェントなスーパーAIを自称している。２０１６年11月に「YouTube」において活動を開始。初期の頃は主に韓国語圏や英語圏で話題を集めていたが、２０１７年後半頃から日本国内でも注目されるようになり、その後のVTuberブームの火付け役となった。

※12 にじさんじ
いちから株式会社が開発するスマートフォン用アプリケーション、およびそれを用いてライブ配信を行う公式バーチャルライバー（VTuber）集団を指す。２０１８年2月頃から活動を開始し、２０１８年9月現在、にじさんじゲーマーズやにじさんじSEEDsなどを含め合計50人以上のライバーを抱える大所帯となっている。

短いクリップには、鳩羽つぐが倉庫の扉（？）を前にして何か喋っている様子が映し出されていた。しかしそこは屋外のようで、自動車の走行音にかき消され何を言っているかは聞き取れない。また、自撮りしているのか、映像も激しい手ブレによって不安定なものになっている。

さらにその1週間後、再びツイッター上に短いクリップがアップロードされる。その動画は雨の日の屋外で撮影されたようで、コートを着た鳩羽つぐは両手で傘を抱きかかえるようにして持ちながら、何かをカメラに向かって言っている。しかし、またも雨音にかき消され、言葉の内容はわからない。

この3本目の動画がツイッターにアップロードされたのが3月9日。最初の投稿が2月18日だったから、これはVTuberにしては異例なほどのスローペースだ。加えて、鳩羽つぐはほとんど情報を公開しないことでも知られる。鳩羽つぐのキャラクターデザインが、人気イラストレーターのＬＭ７〈※13〉であることは公表されていたが、それ以外のことについては、彼女のキャラクター性も含め、名前と西荻窪在住であること以外は確かな情報といえるものはまったくなかった。

そのような状況の中、3本目の動画がツイッター上に投稿された後あたりからであろうか、鳩羽つぐについてのまことしやかな「噂」がツイッター上で出回るようになった。たとえば、鳩羽つぐは不審者に誘拐されており、彼女の動画は誘拐犯からのメッセージである、あるいは鳩羽つぐは行方不明になっており、彼女の動画は捜索のために両親が公開したホームビデオで

※13 ＬＭ７
（１９９２～）日本のイラストレーター。美少女と海外のコンセプトアートを融合させたような独特の作風で知られる。２０１７年より自身のプロジェクトである『LAVENDER QUARTZ』シリーズを手がけている。

ある、等々。これらの「噂」の発信源を正確に特定することは難しいが、少なくとも筆者は3月中旬の時点で、このような都市伝説を観測するようになっていた。

このような都市伝説が広まるようになった原因はおそらく複数ある。一つ目は、3月9日の動画投稿以来、しばらく音沙汰がなかったこと（鳩羽つぐが動画投稿を再開するのは3月26日である）。二つ目は、鳩羽つぐに関する情報がほとんどなかったこと。そして三つ目は、彼女の動画が、それまでのVTuberにない独特の生々しさというか実在感を伴っていたこと。

この三つ目の独特の生々しさと実在感は、彼女だけでなく、とりわけその周囲の世界にも及んでいる。このことは、鳩羽つぐの最初の動画における、キズナアイの動画のような「白い虚無の空間〈※14〉」から始まったと思いきや、「西荻窪」という具体的な場所の固有名詞の召喚とともにカメラが引いていき、そこがどこかの倉庫という現実的な空間であることが明かされるという構成に端的に示されている。加えて、ツイッター上にアップされた動画に見られる、少女の声をかき消すほど強調された環境音や、カメラで撮っていることを強調する手ブレなど、鳩羽つぐの動画は常に、「少女がどこかの場所でカメラを用いて撮っている」といった撮影の状況／過程それ自体が生々しく伝わってくるようになっている。

これらの点において、鳩羽つぐの一連の動画は「ファウンド・フッテージもの」のフェイクドキュメンタリーにも似た趣を醸し出している。「ファウンド・フッテージもの」とは、『ブレア・ウィッチ・プロジェクト』〈※15〉のような、撮影者が行方不明などになったため埋もれて

※14 **白い虚無の空間**
キズナアイが普段動画を撮影している空間を本人が自虐的にこう呼んでいる。

※15 **『ブレア・ウィッチ・プロジェクト』**
1999年公開のアメリカ映画。「魔女伝説を題材にドキュメンタリー映画を制作しようとしたまま消息を絶った映画学科の学生たちが残したフィルムを再構成して映画化した作品」という設定。

いた映像という体《てい》のフェイクドキュメンタリーである。鳩羽つぐをめぐる都市伝説においても、何者か（誘拐犯、家族など）が撮影したまま日の目を見ることがなかった映像が、何かをきっかけにインターネット上にアップロードされているのではないか、といった語られ方をされてきた。

この時期にツイッター上で拡散された都市伝説には他にも、「実は西荻窪という地名は昔のもので、今は存在していない」といったものもあった。西荻窪という地名は中央線の駅名として残っているし、近隣住民は現在も西荻窪という地名を用いるので、この情報は不正確どころかフェイクニュースに属するものだが、本当に信じてしまう人は一定数いたようだ。この頃には鳩羽つぐの「概念」化はますます進行しており、鳩羽つぐを『lain』の岩倉玲音と比較する声もしばしば聞かれるようになっていた。

この「西荻窪非存在論」は、さしずめ鳩羽つぐの「概念」化が彼女の周囲の空間をも巻き込みながら進行していった結果、一部の人々にとっては西荻窪それ自体が存在していないものとして認識されるようになったことを示している。すなわち、ここには現実そのものが改変されていく兆候が認められる。

以降、鳩羽つぐは彼女自身から自律した複数の物語を生きることになる。誘拐説、行方不明説、SCP説、双子説、鳩羽つぐを誘拐したのは自分だ説、彼女は人類が絶滅した世界におり、そこから我々にメッセージを送ってきている説、等々……。その物語を逐一紹介していくことはしない。というのも、その物語とは、おそらく彼女を観測した私たちの数だけあるからである。鳩羽つぐは遍在している。

鳩羽つぐの一連の動画は、「鳩羽つぐが生きている（生きていた）かもしれない世界」というもう一つの世界線を垣間見せてくれるという意味で、「仮想世界＝バーチャル」よりも「可能世界」という言葉のほうがしっくり来る。ともあれ、鳩羽つぐという可能世界が、呪いのように観測者の脳内に侵入することで、観測者にとっての現実を異化し、相対化させる。

ホルヘ・ルイス・ボルヘス〈※16〉の短編「トレーン、ウクバール、オルビス・テルティウス」は、フィクションから発生したミームが現実世界を改変してやがて崩壊に追いやるという内容だが、解釈を発散させ、複数の平行世界を横断する鳩羽つぐという存在は、崩壊まではさせずとも現実世界に絶えず揺らぎを与えている。

だが地方で、この時期以降急増していった、いわゆる「考察系」の動画やまとめブログ記事は、鳩羽つぐについての物語を暴力的に一つの解釈＝真実に還元しようとする傾向を生んだ。

それらは、鳩羽つぐをめぐる多元的な世界の有り様を肯定するのではなく、むしろ反対に、世界に対して一つの「正解」を排他的に求める欲望に基づいているという意味で、陰謀論的ですらありうる。それは究極的には、ピザ屋の地下に民主党が牛耳るペドフィルの秘密結社を幻視する〈※17〉オルタナ右翼の想像力に近づいていくだろう。

※16 ホルヘ・ルイス・ボルヘス
（1899～1986）アルゼンチンの作家。観念的かつ幻想的な短編作品で知られる。代表的な著作に『伝奇集』『エル・アレフ』『幻獣辞典』（マルガリータ・ゲレロとの共著）など。

※17 ピザ屋の地下に民主党が…
ワシントンのピザ店が児童売春の拠点となっており、ヒラリー・クリントンがそれに関わっている、とする陰謀論、またはフェイクニュースの一種。いわゆるピザゲート事件と呼ばれる。2016年11月頃からトランプ支持者たちの間で急速に広まった。

フィクション＝ミームが現実世界に影響を与えうるということに対して、おそらくオルタナ右翼ほど自覚的だった人々はいない。彼らが生み出したケク（kek）信仰は、ランダムな数字の羅列とインターネットのデータベース＝集合知に、狂信的なドナルド・トランプ信奉とケイオス・マジック〈※18〉が重なった異形のミームである。

ケク信仰の起源は2016年頃にまで遡る。kekとはもともとは「笑い」を意味するネットスラングで、オンラインゲーム『World of Warcraft』において韓国人ユーザーの間で用いられていたが、その後英語圏でも定着した。当時の「4chan」の「/pol/（Politically Incorrect）」では、投稿した際に付く8桁の通し番号が偶然キリのいい数字やゾロ目だった際に、祝福の意味でこのスラングが使われることも多かった。

この通し番号でゾロ目を出そうとする文化は、同様の掲示板スクリプトを用いている日本の「ふたば☆ちゃんねる」などでも見られるもので、たとえば確率の極めて低い7桁以上などのゾロ目を出すとちょっとしたお祭り騒ぎになるのが常だ。

さて、事件は2016年6月19日に起こった。そのとき「77777777」という、「/pol/」創設以来もっとも記念すべきキリ番の争奪戦が起こっていたのだが、それを見事に獲得したユーザーの投稿内容が「トランプは勝利するだろう」というものだったのだ。当時すでにトランプ

※18 ケイオス・マジック
1970年代後半のイギリスで生まれた魔術の一潮流。体系立った教義はなく、各自が自分なりの実践を開発する。このことは魔術的パラダイムシフトと呼ばれる、魔術における既成のルールを恣意的に転倒させるというコンセプトに基づいている。よって、サイエンスフィクションやラヴクラフトなど、様々な領域の諸体系からのサンプリングやリミックスからなる独自の魔術的実践が行われる。

支持者たちの巣窟になっていた「/pol/」において、この出来事はまさしく決定的な「啓示」として機能した。そう、これらは単なる確率論的な偶然ではなく、神のような存在による超越的な意志が働いているのだ、と半ば冗談半分でみなす者たちが現れてきた。

そこから、インターネットに遍在する様々な物事と情報が、奇妙な符号を帯びながら、さながらこの出来事を結節点とするかのように繋がってきた。

まず、住人はキリ番を寿ぐkekの意味をウィキペディアで調べた。すると、驚くべき事実が判明した。kekとは、古代エジプトにおける「混沌」を象徴する神、ケクを意味する言葉でもあったのだ。それだけではない。この神は蛙の頭部を持つ神だった。当時の「/pol/」では、カエルのペペと呼ばれるキャラクターが同板のマスコットとして愛されていた。このマット・フュリーのコミック『Boy's Club』に登場する蛙のキャラクターは、2008年頃から「4chan」などで人気を博するようになり、インターネット・ミームと化した。主に掲示板上のやり取りにおいて、怒りや悲しみといった感情を伴うリアクション用の画像として用いられていたこのキャラクターは、古代のエジプト人が崇めていた蛙の神の出現によって、まったく異なった意味を帯びるようになってゆく。

カエルのペペ、ケク、そしてドナルド・トランプ。これらが「/pol/」の住人にとっての三位一体となった。「混沌」を司る神、ケク信仰の誕生。

この数字のランダムな羅列から生まれた信仰は、大統領選におけるトランプの快進撃に、ケク神の意志の表れを読み取った。あるいは、対抗相手であるヒラリー・クリントンの不幸に対しても、同様に神性の顕現を読み取った。たとえば、2016年9月11日、ヒラリー・クリントンが911記念式典中に卒倒するという出来事が起こる。さらにその同日、クリントンが自身のサイト上で、突如カエルのペペを批判しはじめるという異様な出来事が重なる。クリントンはその文章で、ペペは可愛らしいマンガのキャラクターで、無垢なインターネット・ミームとして使われていたが、ここ最近はオルタナ右翼と呼ばれる白人至上主義者たちによって利用されている、と非難した。

これらのシンクロニシティを見て、ケク信者たちはこう結論せざるを得なかった。我々の信仰は、現実世界に奇妙な形で影響を与えている、と。

「兆候」はその後も次々と発見された。誰かが「YouTube」から謎の音源を発掘してきてスレッドに貼り付けた。その80年代のレコードには魔法の杖を振る蛙のキャラクターが描かれており、アーティスト名を見てみると驚くべきことにP．E．P．E．とあった。「Shadilay」というその楽曲は、すぐさまケク信者たちのアンセムとなった。

レコード盤には、P．E．P．E．とは、「Point（点）」「Emerging（立ち現れ）」「Probably（確率）」「Entering（侵入）」のそれぞれの頭文字を取ったものだと記されていた。ケク信者たちは、これらの単語を並べ替え、そしてただちに次のような意味を読み取ろうとした。すなわち、確率（P）におけるとある一点（P）を通して立ち現れ（E）、そして侵入してくる（E）、と。ケク信仰が数字の羅列という「確率」のカオスから端を発していたことを思い出してほしい。これはまさしく、あの蛙の頭部を持つ神、古代エジプトの混沌を司る神のことに間違いないように思われた。そして今やこの神の力（ミーム・パワー）が、現実世界にも「侵入」してきている、とすれば……。

ケク信者たちは、これらのミームに対する実践が現実世界と様々な関係を取り結ぶさまをミーム・マジックと名付けた。ミーム・マジックは拡散と遍在によって力を獲得し、その蓄えられた潜勢力は現実世界にも波及していく。その力の実在は、来るべきドナルド・トランプの勝利によって最終的な証明を得るだろう。

ケク信者たちによるミーム・マジックの実践は、ケキスタン（Kekistan）と呼ばれる架空の国家の創設にまで至っている。ケキスタンは架空の歴史、架空の周辺国、架空の大統領を派生的に生み出し、さらにはケクコイン（Kekcoin）というケキスタン内で流通する暗号通貨まで発行している。もちろん、国歌はあの「Shadilay」だ。

言うまでもなく、ケク信仰は彼らにとってはあくまで「ネタ」であり、本気で神の意志を信じているわけではない。だが、彼らが生み出したミーム＝フィクションは、ネット空間を循環し、拡散し、増殖していく。その過程で、ケク信仰という「物語」を共有する人々が増えれば、それがドナルド・トランプ支持と密接にリンクしている限り、現実世界に何らかの影響を与えることは避けがたいだろう。その意味では、ケク信仰というミームマジックは一定の真実《リアル》を含んでいる。CCRUがHyperstitionという概念によって示してみせたように。

他方で、「ネタ」という態度それ自体にも危ういものが含まれている。「ネタ」と「本気」の境目は概して曖昧であり、「ネタ」と「本気」の関係はしばしば簡単に反転しうる。たとえば、近年目立ってきたトランプ大統領支持者による過激な陰謀論「QAnon〈※19〉」は、ネットユーザーらが一つの「物語」を共有しあうという意味では、ケク信仰と大差はない。

陰謀論の信奉者は、その「物語」を「真実」とみなしているという点で、彼らは文字通り「真実」を信じている。つまり、ポスト・トゥルースという言葉に反して、そこには「真実」しかない。だからむしろ問題は、人々が「フィクション」をもはや信じることができないでいることなのかもしれない。現在のインターネットは、個々が信じる「真実」で渦巻いている。そのような状況下で、「物語」を多元的な「フィクション」＝可能世界に返してやることは、果たしてできるだろうか。言い換えれば、私たちは「フィクション」をもう一度本気で信じることができるだろうか。

※19 QAnon
Qを名乗るユーザーが2017年10月頃から「4chan」を中心に投稿しはじめた内容に端を発する陰謀論。および、その陰謀論を共有するトランプ信奉者たちの総称。民主党陣営と小児性愛グループとの関わりなど、ピザゲート事件と共通する要素も多いほか、「ディープ・ステート」と彼らが呼ぶ、アメリカ国家を陰で操りトランプ政権の失墜を目論む政府組織、主流メディア、一流企業からなる巨大ネットワークの存在など、より途方もない内容になっている。

「考えてもごらんよ」と彼は言葉をつづけた。彼も酔っている。「自殺に失敗したひとたちの地下世界がそっくり一つあるんだ。そのメンバーがみんな、その秘密の配達組織を通じて連絡を取り合っている。どんなことを手紙で言い合っていると思う?」
（トマス・ピンチョン『競売ナンバー49の叫び』志村正雄訳、ちくま文庫）

『競売ナンバー49の叫び』の主人公、エディパ・マースは、元恋人の大富豪が急死し、その遺産管理執行人に彼女が選ばれたという知らせを受け取る。エディパは故人の関わった事業を調査する過程で、とある偽造切手のコレクションを発見する。それは、どうやら連邦政府が統括する郵便制度に反感を持つ者たちが、秘密のルートによってコミュニケーションを行うために使われたものらしいのだ。さらに独自に調査を重ねるうちに、エディパは「ザ・トライステロ」と呼ばれる、ヨーロッパ中世にまで歴史を遡ることができる反体制的なネットワークの存在に行き着く。やがてエディパの眼の前に郵便喇叭《らっぱ》のマーク、そして「WASTE」という謎めいた単語が浮上してくる。彼女はカリフォルニアの街を彷徨しながら、あらゆるものに地下組織の暗躍を示す暗号を見出していく……。

トマス・ピンチョンによる、この暗号に満ちた小説は、筆者が本書を執筆する上で常に念頭にあった。アメリカの地下世界を彷徨《さまよ》い歩くエディパの姿は、そのまま筆者の姿でもあった。ときにはエディパのように、パラノイアの迷宮に囚われそうにもなった。

　ピンチョンが示してみせた以上に、近年のインターネットは暗号とパラノイアに満ちている。ピザゲート事件の発端は、ウィキリークスを通じて漏洩した民主党陣営のメールに暗号が隠されているのではないか、というネット住人たちのパラノイアだった。たとえば彼らは、メールの文面にあった「cheese pizza」という単語を暗号と解釈した。というのも、これはダークウェブにおいて児童ポルノを表す暗喩としてペドファイルの間で用いられていたからだ（「child porn」と各単語の頭文字が同じであるため）。ここから、民主党陣営がピザ屋の地下で児童売春事業を営んでいる、という奇妙な陰謀論が生まれた。

　このようにオルタナ右翼たちは、世界は暗号に満ちていると解釈したわけだが、一方で彼らもまた暗号を用いて「体制」に抵抗しようとしている。たとえば２０１８年のアメリカ中間選挙期間中、オルタナ右翼の主導者的立ち位置にいるＱという正体不明の人物は、検閲を困難にする政治プロパガンダとしてミームを拡散させるようオルタナ右翼たちに呼びかけていた。「4chan」や「8chan」で用いられる画像ミームは、いわゆるイメージ・マクロと呼ばれる、画像とテキストを組み合わせた形式が一般的で、これを用いることでＳＮＳでの画一的な規制や検閲を回避する多様なプロパガンダを拡散させることが可能と考えられた。つまりオルタナ右翼たちは、ミームをいわば暗号化された政治プロパガンダとして流通させようと試みたのだった。彼らはエディパでもあり、また「ザ・トライステロ」でもある。

彼らの戦略に、「情報の自由な流通」という、インターネットがかつて見た夢の残滓を読み取ることもできるかもしれない。それは「サイバースペース独立宣言」、サイファーパンクらによる暗号通信の実践、そしてダークウェブというインターネットにおける反＝世界ともどこかで反響し合っていることだろう。その意味では、現在のインターネットを取り巻く問題は、原初の時点ですでに種が蒔かれていた、と言うこともできる。

そのようなインターネットの今と昔を、なるべく価値中立的に取り出そうと本書は試みた。インターネットがインターネット自身について記述する——さながらそのようなスタイルが目指された。

とはいえ、先ほど述べたように、筆者もひとりのエディパであることから完全に逃れることはできなかった。パラノイア、妄想、幻視、逸脱、錯乱が文体に侵入した。その他、些末な事実誤認はすべて筆者に責がある。最後に、このような奇特な書物を企画した編集の方便凌氏に感謝を捧げたい。

(h) Robin Mackay, Umělec magazine: Nick Land — An Experiment in Inhumanism, January 2012.
http://divus.cc/london/en/article/nick-land-ein-experiment-im-inhumanismus

(i) トーマス・ラッポルト『ピーター・ティール──世界を手にした「反逆の起業家」の野望』(赤坂桃子訳)、飛鳥新社、2018 年

(j) Reddit: The Red Pill
https://www.reddit.com/r/TheRedPill/

(k) Angela Nagle, Kill All Normies: Online Culture Wars From 4Chan And Tumblr To Trump And The Alt-Right, Zero Books, 2017.

[第 6 章]

(a) Timothy C. May: The Cyphernomicon, September 10, 1994.
https://nakamotoinstitute.org/literature/cyphernomicon/

(b) Timothy C. May: The Crypto Anarchist Manifesto, November 22, 1992.
https://www.activism.net/cypherpunk/crypto-anarchy.html

(c) CryptoGraffiti
https://cryptograffiti.com/

(d) Messages from the Mines
https://messagesfromthemines.brangerbriz.com/

(e) Memo - The Bitcoin Social Network
https://memo.cash/

(f) Crypko
https://crypko.ai/#/

[補 論 2]

(a) Addison Nugent, Motherboard: The Obscure 4chan Religion That Promises a Cyberpunk Afterlife, November 28, 2017.
https://motherboard.vice.com/en_us/article/ne3p9z/the-obscure-4chan-religion-that-promises-a-cyberpunk-afterlife

※ URL は 2018 年 12 月時点のものです。

[第 4 章]

(a) Eileen Ormsby, 2018.

(b) Patrick Howell O'Neill, The Daily Dot: Internet's worst pedophile abruptly shuts down his 'PedoEmpire', June 24, 2014.
https://www.dailydot.com/crime/lux-pedoempire-child-porn-shut-down/

(c) 同前

(d) Chris Johnston and Nino Bucci, The Age: How Matthew David Graham's 'hurtcore' paedophile habit began on the dark web, September 7, 2015.
https://www.theage.com.au/national/victoria/how-matthew-david-grahams-hurtcore-paedophile-habit-began-on-the-dark-web-20150908-gjhz43.html

(e) DeepDotWeb, While Markets Get Seized: Pedophiles Launch a Crowdfunding Site, November 9, 2014.
https://www.deepdotweb.com/2014/11/09/as-drug-markets-are-seized-pedophiles-launch-a-crowdfunding-site/

(f) The Uncensored Hidden Wiki (onionURL)

(g) Håkon F. Høydal, Einar Otto Stangvik and Natalie Remøe Hansen, VG: BREAKING THE DARK NET: WHY THE POLICE SHARE ABUSE PICS TO SAVE CHILDREN, October 7, 2017.
https://www.vg.no/spesial/2017/undercover-darkweb/?lang=en

(h) Hard Candy (onionURL)

(i) Håkon F. Høydal, Einar Otto Stangvik and Natalie Remøe Hansen, 2017.

(j) 同前

(k) 同前

[補論 1]

(a) onion ちゃんねる (onionURL)

(b) 同前

(c) ばるぼら、さわやか『僕たちのインターネット史』、亜紀書房、2017 年

[第 5 章]

(a) 奥谷海人「Access Accepted 第 440 回：北米ゲーム業界を揺るがす“ゲーマーゲート”問題」(4Gamer.net)、2014 年 11 月 10 日
https://www.4gamer.net/games/036/G003691/20141107133/

(b) マーク・フィッシャー『資本主義リアリズム』(セバスチャン・ブロイ、河南瑠莉訳)、堀之内出版、2018 年

(c) レヴィ＝ストロース『悲しき熱帯 (2)』(川田順造訳)、中央公論新社、2001 年

(d) ミシェル・フーコー『言葉と物——人文科学の考古学』(渡辺一民、佐々木明訳)、新潮社、1974 年

(e)『現代思想 2018 年 1 月号 特集＝現代思想の総展望 2018』所収、千葉雅也「ラディカルな有限性　思弁的実在論の一〇年とその後」、青土社

(f) web.archive.org: Cybernetic Culture Research Unit
http://web.archive.org/web/20130904144051/http://www.ccru.net/

(g) Adam Harper, Dummy Mag: Vaporwave and the pop-art of the virtual plaza, December 7, 2012.
https://www.dummymag.com/features/adam-harper-vaporwave

https://www.vice.com/en_au/article/mbxqqy/a-journey-into-the-worst-corners-of-the-dark-web

(g) Andy Greenberg, Forbes: An Interview With A Digital Drug Lord: The Silk Road's Dread Pirate Roberts, August 14, 2013.
https://www.forbes.com/sites/andygreenberg/2013/08/14/an-interview-with-a-digital-drug-lord-the-silk-roads-dread-pirate-roberts-qa/

(h) 同前

(i) 同前

(j) 同前

(k) 同前

(l) 同前

(m) Eileen Ormsby, 2014.

(n) 同前

(o) Eileen Ormsby: Darkest Web, Allen & Unwin, 2018.

(p) Eileen Ormsby, 2014.

(q) 同前

[第 3 章]

(a) Dark Contractors - The hitmen for hire website (onionURL)

(b) 同前

(c) Sicilian Mob (onionURL)

(d) 同前

(e) Eileen Ormsby, All Things VICE: The curious case of Besa Mafia, May 14, 2016.
https://allthingsvice.com/2016/05/14/the-curious-case-of-besa-mafia/

(f) Wikipedia: Albanian mafia, old revision edited at 14:44, April 17, 2016.
https://en.wikipedia.org/wiki/Albanian_mafia

(g) BesaMafia (onionURL)

(h) Marwa Eltagouri, The Washington Post: A model was drugged and stuffed in a suitcase to be sold as a sex slave, police say, February 7, 2018.
https://www.washingtonpost.com/news/worldviews/wp/2018/02/07/a-model-was-drugged-and-stuffed-in-a-suitcase-to-be-sold-as-a-sex-slave-police-say/

(i) Eileen Ormsby, All Things VICE: Waiting in the Red Room, August 29, 2015.
https://allthingsvice.com/2015/08/29/waiting-in-the-red-room/

(j) 同前

(k) エド・サンダース『ファミリー——シャロン・テート殺人事件（上）』(小鷹信光訳)、草思社文庫、2017 年

(l) 同前

(m) Eileen Ormsby, 2015.

(n) 同前

注記

［序章］

(a) マイケル・ベネディクト編『サイバースペース』(山田和子、鈴木圭介訳)、NTT出版、1994年

(b) ジョン・ペリー・バーロウ「サイバースペース独立宣言」(鈴木啓介訳、DEF CON ZERO)
http://museum.scenecritique.com/lib/defcon0/1st.htm

(c) 弁護士ドットコムニュース「海賊版サイト『ブロッキング要請は法的に無理筋』東大・宍戸教授、立法を議論すべきと批判」、2018年4月6日
https://www.bengo4.com/internet/n_7683/

［第1章］

(a) 日刊大衆「『闇ウェブの世界』あなたの知らないインターネットの最深階層」、2018年5月14日
https://taishu.jp/articles/-/59203

(b) 小林恭子ほか『日本人が知らないウィキリークス』、新書y、2011年

(c) ジュリアン・アサンジほか『サイファーパンク――インターネットの自由と未来』(松田和也訳)、青土社、2013年

(d) スティーブン・レビー『暗号化――プライバシーを救った反乱者たち』(斉藤隆央訳)、紀伊國屋書店、2002年

［第2章］

(a) Eileen Ormsby: Silk Road, Macmillan Australia, 2014.

(b) Wallstreet Market (onionURL)

(c) 同前

(d) 同前

(e) 同前

(f) Max Daly, VICE: A Journey into the Worst Corners of the Dark Web, March 17, 2018.

Bitcoin Wiki: Genesis block, last edited on 30 November 2017, at 03:09.
https://en.bitcoin.it/wiki/Genesis_block

Branger_Briz, Message From the Mines, 2018.
https://brangerbriz.com/portfolio/messages-from-the-mines

Daniel Oberhaus, Motherboard: Explore the Hidden Art on the Bitcoin Blockchain in 'Message From the Mines', April 20, 2018.
https://motherboard.vice.com/en_us/article/mbxwkn/bitcoin-blockchain-art-message-from-the-mines

Daniel Oberhaus, Motherboard: Immortalize Your Terrible Tweets on the Blockchain for the Low, Low Price of $9, April 27, 2018.
https://motherboard.vice.com/en_us/article/qvxqv5/bitcoin-twitter-bot-automatically-add-tweets-to-the-blockchain

Jason Koebler, Motherboard: Reddit CEO 'Aware' of Community That Makes Memes of Dead Children, March 6, 2018.
https://motherboard.vice.com/en_us/article/ywqjeb/reddit-no-morals-under-review-violent-subreddits

Jordan Pearson, Motherboard: Someone Put the Tiananmen Square 'Tank Man' Image in the Bitcoin Blockchain to Troll China, March 24, 2017.
https://motherboard.vice.com/en_us/article/z4k73w/someone-put-the-tiananmen-square-tank-man-image-in-the-bitcoin-blockchain-to-troll-china

Peter Thiel, CATO UNBOUND: The Education of a Libertarian, April 13, 2009.
https://www.cato-unbound.org/2009/04/13/peter-thiel/education-libertarian

Timothy C. May: The Crypto Anarchist Manifesto, November 22, 1992.
https://www.activism.net/cypherpunk/crypto-anarchy.html

Timothy C. May: The Cyphernomicon, September 10, 1994.
https://nakamotoinstitute.org/literature/cyphernomicon/

[補 論 2]

木村すらいむ「バーチャル YouTuber 文化論【最新版】なぜブームに? 理由を徹底解説!」(文脈をつなぐ)、2018 年 4 月 25 日
https://kimu3.net/20180425/11433

Adam Riggio, The Social Epistemology Review and Reply Collective: The Violence of Pure Reason: Neoreaction: A Basilisk, Adam Riggio, September 23, 2016.
https://social-epistemology.com/2016/09/23/the-violence-of-pure-reason-neoreaction-a-basilisk-adam-riggio/

Addison Nugent, Motherboard: The Obscure 4chan Religion That Promises a Cyberpunk Afterlife, November 28, 2017.
https://motherboard.vice.com/en_us/article/ne3p9z/the-obscure-4chan-religion-that-promises-a-cyberpunk-afterlife

Author Unknown, THE REAL STORY BEHIND HILLARY CLINTON'S "CARTOON NAZI FROG" WILL BLOW YOUR MIND.
https://pepethefrogfaith.wordpress.com/

David Auerbach, Slate: The Most Terrifying Thought Experiment of All Time, July 17, 2014.
http://www.slate.com/articles/technology/bitwise/2014/07/roko_s_basilisk_the_most_terrifying_thought_experiment_of_all_time.html

Elizabeth Sandifer and Jack Graham, Neoreaction a Basilisk: Essays on and Around the Alt-Right, CreateSpace Independent Publishing Platform, 2017.

RationalWiki: LessWrong, last modified on October 14, 2018, at 20:29.
https://rationalwiki.org/wiki/LessWrong

RationalWiki: Roko's basilisk, last modified 24 November 2018, at 01:03.
https://rationalwiki.org/wiki/Roko's_basilisk

Maggie Roberts, HYPERSTITION: AN INTRODUCTION'. DELPHI CARSTENS INTERVIEWS NICK LAND, 2009.
http://merliquify.com/blog/articles/hyperstition-an-introduction/

http://www.thefader.com/2015/11/04/kode9-nothing-interview

Mark Fisher, Dazed & Confused Magazine: Nick Land: Mind Games, June 1, 2011.
http://www.dazeddigital.com/artsandculture/article/10459/1/nick-land-mind-games

MILO, Breitbart: The Sexodus, Part 1: The Men Giving Up On Women And Checking Out Of Society, December 4, 2014.
https://www.breitbart.com/london/2014/12/04/the-sexodus-part-1-the-men-giving-up-on-women-and-checking-out-of-society/

Nick Land, The Dark Enlightenment, December 25, 2012.
http://www.thedarkenlightenment.com/the-dark-enlightenment-by-nick-land/

Nick Land, Fanged Noumena: Collected Writings 1987 - 2007, Urbanomic, 2011.

Robin Mackay, Umělec magazine: Nick Land — An Experiment in Inhumanism, January 2012.
http://divus.cc/london/en/article/nick-land-ein-experiment-im-inhumanismus

Rosie Gray, The Atlantic: Behind the Internet's Anti-Democracy Movement, February 10, 2017.
https://www.theatlantic.com/politics/archive/2017/02/behind-the-internets-dark-anti-democracy-movement/516243/

Shuja Haider, Viewpoint Magazine: The Darkness at the End of the Tunnel: Artificial Intelligence and Neoreaction, March 28, 2017.
https://www.viewpointmag.com/2017/03/28/the-darkness-at-the-end-of-the-tunnel-artificial-intelligence-and-neoreaction/

Cybernetic Culture Research Unit(web.archive.org)
http://web.archive.org/web/20130904144051/http://www.ccru.net/

[第6章]

久保田紘行「ブロックチェーンは国家を超越するか？Bitnation とエストニアから見る未来国家」（ブロックチェーンビジネス研究会）、2017年4月24日
http://businessblockchain.org/blockchain-can-change-system-of-the-country

小中千昭『恐怖の作法――ホラー映画の技術』、河出書房新社、2014年

たもり「海上自治国家 Seasteading は、こんなデザインになるかも」（GIZMODO）、2015年10月2日
https://www.gizmodo.jp/2015/10/seasteading_1.html

デイヴィッド・バーチ『ビットコインはチグリス川を漂う──マネーテクノロジーの未来史』（松本裕訳）、みすず書房、2018年

八田真行「レイシズム 2.0 としてのアイデンティタリアニズム」（mhatta's mumbo jumbo）、2016年9月12日
http://www.mhatta.org/wp/2016/09/12/identitarianism-as-racism-2-0/

松尾公也「Mastodon に続く新たな連合型 SNS『Pleroma』作者に聞く　開発の背景、特徴、ロードマップ」、ITmedia 、2017年11月15日
http://www.itmedia.co.jp/news/articles/1711/15/news124.html

らりお「gnusocial や mastodon の哲学」（何とは言わない天然水飲みたさ）、2017年4月13日
https://blog.cardina1.red/2017/04/13/federated-social-web/

Aram Mine「ブロックチェーンで国家サービスを提供する Bitnation」（Blockchain Biz）、2017年11月1日
http://gaiax-blockchain.com/bitnation

Aram Mine「ブロックチェーン同士をつなぐサービス『Cosmos』」（Blockchain Biz）、2017年6月16日
http://gaiax-blockchain.com/cosmos

William Suberg「児童ポルノがBTCのブロックチェーン上に、犯罪に巻き込まれる恐れも」（コインテレグラフ日本版）、2018年3月21日
https://jp.cointelegraph.com/news/german-researchers-child-abuse-content-found-on-bitcoin-blockchain-users-must-be-protected

Ari Feldman, Forward: Human Biodiversity: the Pseudoscientific Racism of the Alt-Right, August 5, 2016.
https://forward.com/opinion/national/346533/human-biodiversity-the-pseudoscientific-racism-of-the-alt-right/

アレクサンダー・R・ギャロウェイ『プロトコル――脱中心化以後のコントロールはいかに作動するのか』(北野圭介訳)、人文書院、2017 年

アン・スニトウ 、パット・カリフィアほか『ポルノと検閲』(藤井麻利、藤井雅実訳)、青弓社、2002 年

奥谷海人「Access Accepted 第 440 回：北米ゲーム業界を揺るがす"ゲーマーゲート"問題」(4Gamer.net)、2014 年 11 月 10 日
https://www.4gamer.net/games/036/G003691/20141107133/

佐藤秀彦『蒸気波要点ガイド』、New Masterpiece、2017 年

『現代思想 2017 年 12 月号 人新世――地質年代が示す人類と地球の未来』

『現代思想 2018 年 1 月号 特集=現代思想の総展望 2018』所収、千葉雅也「ラディカルな有限性　思弁的実在論の一〇年とその後」、星野太「暗き生　メイヤスー、ブラシエ、サッカー」、青土社

ナイジェル・ウォーバートン『「表現の自由」入門』(森村進、森村たまき訳)、岩波書店、2015 年

仲山ひふみ「哲学のホラー――思弁的実在論とその周辺」(仲山ひふみの日記) 2015 年 1 月 22 日
http://d.hatena.ne.jp/sensualempire/20150122/1421959481

八田真行「オルタナ右翼とゲーマーゲートの関係」(mhatta's mumbo jumbo)、2016 年 9 月 18 日
http://www.mhatta.org/wp/2016/09/18/alt-right-and-gamergate/

八田真行「凶悪犯罪続発!アメリカを蝕む『非モテの過激化』という大問題」(現代ビジネス)、2018 年 7 月 1 日
https://gendai.ismedia.jp/articles/-/56258

八田真行「女性を避け、社会とも断絶、米国の非モテが起こす『サイレントテロ』」(現代ビジネス)、2018 年 7 月 16 日
https://gendai.ismedia.jp/articles/-/56526

八田真行「新反動主義のおもしろさ」(mhatta's mumbo jumbo)、2016 年 8 月 29 日
http://www.mhatta.org/wp/blog/2016/08/29/wtf-neoreactionism/

パット・カリフィア『パブリック・セックス――挑発するラディカルな性』(東玲子訳)、青土社、1998 年

マーティン・ジェイムズ『ドラムンベース――終わりなき物語』(バルーチャ・ハシム訳)、ブルース・インターアクションズ、1998 年

trialog「『音と視覚のさまよえる宇宙』インタビュー OPN は『僕自身』になった――ダニエル・ロパティン オフィシャルインタビュー」、2018 年 8 月 31 日
https://trialog-project.com/vol03_interview_1/

Adam Harper, Dummy Mag: Vaporwave and the pop-art of the virtual plaza, December 7, 2012.
https://www.dummymag.com/features/adam-harper-vaporwave

Alex Young, Consequence of Sound: Oneohtrix Point Never shares new song "Black Snow" featuring ANOHNI: Stream, April 26, 2018.
https://consequenceofsound.net/2018/04/oneohtrix-point-never-shares-new-song-black-snow-featuring-anohni-stream/

Allum Bokhari and Milo Yiannopoulos, Breitbart: An Establishment Conservative's Guide To The Alt-Right, March 29 2016.
https://www.breitbart.com/tech/2016/03/29/an-establishment-conservatives-guide-to-the-alt-right/

Angela Nagle, Kill All Normies: Online Culture Wars From 4Chan And Tumblr To Trump And The Alt-Right, Zero Books, 2017.

Eliana Johnson and Eli Stokols, Politico Magazine: What Steve Bannon Wants You to Read, February 07, 2017.
https://www.politico.com/magazine/story/2017/02/steve-bannon-books-reading-list-214745

Derek Lubangakene, Icarian Games: RAY BRASSIER: "I am a nihilist because I still believe in truth", December 8, 2013.
https://dereklubangakene.wordpress.com/2013/12/08/ray-brassier-i-am-a-nihilist-because-i-still-believe-in-truth/

Klint Finley, TechCrunch: Geeks for Monarchy: The Rise of the Neoreactionaries, November 23, 2013.
https://techcrunch.com/2013/11/22/geeks-for-monarchy/

Laurent Fintonin, Fader: Kode9 Stared Into The Void And It Stared Back, November 4, 2015.

mccoole-and-shut-down-sickening-pedophile-site/news-story/264c8cd3d5183f4f53af906bed556489?nk=b180e543e5c9912592381681ba13f72f-1543547514

Eileen Ormsby: Darkest Web, Allen & Unwin, 2018.

Eileen Ormsby, All Things VICE: "You wanted darker web?, September 11, 2015.
https://allthingsvice.com/2015/09/11/you-wanted-darker-web/

Chris Johnston and Nino Bucci, The Age: How Matthew David Graham's 'hurtcore' paedophile habit began on the dark web, September 7, 2015.
https://www.theage.com.au/national/victoria/how-matthew-david-grahams-hurtcore-paedophile-habit-began-on-the-dark-web-20150908-gjhz43.html

Håkon F. Høydal, Einar Otto Stangvik and Natalie Remøe Hansen, VG: BREAKING THE DARK NET: WHY THE POLICE SHARE ABUSE PICS TO SAVE CHILDREN, October 7, 2017.
https://www.vg.no/spesial/2017/undercover-darkweb/?lang=en

Internet Watch Foundation: IWF Annual Report 2016.
https://annualreport.iwf.org.uk/2016/

Julian Morgans, VICE: Everything We Know About the Melbourne Teen Who Founded a Child Porn Empire, February 19, 2016.
https://www.vice.com/en_au/article/7bd394/heres-everything-we-know-about-the-teenager-who-founded-a-child-porn-empire

Mark Ward, BBC NEWS: Tor's most visited hidden sites host child abuse images, December 30, 2014.
https://www.bbc.com/news/technology-30637010

Patrick Howell O'Neill, The Daily Dot: Internet's worst pedophile abruptly shuts down his 'PedoEmpire', June 24, 2014.
https://www.dailydot.com/crime/lux-pedoempire-child-porn-shut-down/

Richard Wortley and Stephen Smallbone, Internet Child Pornography: Causes, Investigation, and Prevention, Praeger, 2012.

Terre des Hommes: CHILDREN OF THE WEBCAM.
https://www.terredeshommes.nl/sites/tdh/files/uploads/hr_17021_tdh_report_webcam_manilla.pdf

DeepDotWeb, While Markets Get Seized: Pedophiles Launch a Crowdfunding Site, November 9, 2014.
https://www.deepdotweb.com/2014/11/09/as-drug-markets-are-seized-pedophiles-launch-a-crowdfunding-site/

Wikipedia: Joop Wilhelmus, last edited on 30 September 2018, at 07:57 (UTC).
https://en.wikipedia.org/wiki/Joop_Wilhelmus

Wikipedia: Matthew Falder, last edited on 22 November 2018, at 12:32 (UTC).
https://en.wikipedia.org/wiki/Matthew_Falder

Wikipedia: Peter Scully, last edited on 25 November 2018, at 08:56 (UTC).
https://en.wikipedia.org/wiki/Peter_Scully

[補論1]

『危ない1号 第2巻 特集：キ印良品』、データハウス、1996年

オリバー・ストーン『スノーデン』、2016年（映画）

産経新聞「匿名化ソフト「Tor」使い児童ポルノ公開疑い　京都府警が初摘発」、2018年6月5日
https://www.sankei.com/west/news/180605/wst1806050108-n1.html

チャーリー・シスケル『アメリカン・アナーキスト』、2016年（Netflixドキュメンタリー）

[第5章]

https://bitcoinmagazine.com/articles/not-ready-silk-roads-the-armory-terminated-1344277092/

Max Daly, VICE: A Journey into the Worst Corners of the Dark Web, March 17, 2018.
https://www.vice.com/en_au/article/mbxqqy/a-journey-into-the-worst-corners-of-the-dark-web

[第 3 章]

エド・サンダース『ファミリー——シャロン・テート殺人事件（上下巻）』（小鷹信光訳）、草思社文庫、2017 年

デヴィッド・ケレケス、デヴィッド・スレイター『キリング・フォー・カルチャー——殺しの映像』（菊池淳子、とちぎあきら訳）、フィルムアート社、1998 年

C. Aliens, DeepDotWeb: British Model Supposedly Kidnapped for Darknet Auction, August 11, 2017.
https://www.deepdotweb.com/2017/08/11/timeline-british-model-supposedly-kidnapped-darknet-auction/

Chris Monteiro, pirate dot London: Debunking the 'Black Death Group', August 10, 2017.
https://pirate.london/debunking-the-black-death-group-5ab52f074052

Eileen Ormsby, All Things VICE: The curious case of Besa Mafia, May 14, 2016.
https://allthingsvice.com/2016/05/14/the-curious-case-of-besa-mafia/

Eileen Ormsby, All Things VICE: Waiting in the Red Room, August 29, 2015.
https://allthingsvice.com/2015/08/29/waiting-in-the-red-room/

Joseph Cox, Motherboard: My Brief Encounter with a Dark Web 'Human Trafficking' Sitet, July 27, 2015.
https://motherboard.vice.com/en_us/article/vvbazy/my-brief-encounter-with-a-dark-web-human-trafficking-site

Joseph Cox, Motherboard: This Fake Hitman Site Is the Most Elaborate, Twisted Dark Web Scam Yet, May 19, 2016.
https://motherboard.vice.com/en_us/article/mg77bn/this-fake-hitman-site-is-the-most-elaborate-twisted-dark-web-scam-yet

Marwa Eltagouri, The Washington Post: A model was drugged and stuffed in a suitcase to be sold as a sex slave, police say, February 7, 2018.
https://www.washingtonpost.com/news/worldviews/wp/2018/02/07/a-model-was-drugged-and-stuffed-in-a-suitcase-to-be-sold-as-a-sex-slave-police-say/

Matthew Weaver and Angela Giuffrida, The Guardian: Chloe Ayling kidnapper sentenced to 16 years in prison, January 11, 2018.
https://www.theguardian.com/uk-news/2018/jun/11/chloe-ayling-kidnap-plot-prison?CMP=share_btn_tw

SCARY FOR KIDS: Red Room, October 1, 2015.
http://www.scaryforkids.com/red-room/

[第 4 章]

中村聖司「フィリピン独自のインターネットサービス『PISONET』って何だ?」（GAME Watch）、2016 年 5 月 2 日
https://game.watch.impress.co.jp/docs/news/757782.html

ヘルムット・ガーンズハイム『写真家 ルイス・キャロル』（人見憲司、金沢淳子訳）、青弓社、1998 年

Child Pornography and Pedophillia. Report Made by the Permanent Subcommittee on Investigations of the Committee on Governmental Affairs, United States Senate, Ninety-Ninth Congress, Second Session, October 9, 1986.
https://files.eric.ed.gov/fulltext/ED275958.pdf

Chris Johnston, The Age: How 'Lux' became a recluse and found child porn on the darknet, February 4, 2016.
https://www.theage.com.au/national/victoria/how-lux-became-a-recluse-and-found-child-porn-on-the-darknet-20160204-gmm1nb.html

David Murray, The Courier-Mail: Heroes of Task Force Argos went to extreme lengths to track Shannon McCoole and shut down sickening pedophile site, May 22, 2015.
https://www.couriermail.com.au/news/queensland/heroes-of-task-force-argos-went-to-extreme-lengths-to-track-shannon-

ジュリアン・アサンジほか『サイファーパンク――インターネットの自由と未来』(松田和也訳)、青土社、2013 年

スティーブン・レビー『暗号化――プライバシーを救った反乱者たち』(斉藤隆央訳)、紀伊國屋書店、2002 年

セキュリティ集団スプラウト『闇ウェブ』、文春新書、2016 年

日刊大衆「『闇ウェブの世界』あなたの知らないインターネットの最深階層」、2018 年 5 月 14 日
https://taishu.jp/articles/-/59203

毎日新聞東京朝刊「仮想通貨流出：ネム、交換止まらず　追跡あきらめない　奮闘、白ハッカー」、2018 年 3 月 19 日
https://mainichi.jp/articles/20180319/ddm/041/020/097000c

結城浩『暗号技術入門 第3版』、SB クリエイティブ、2015 年

NHK「クローズアップ現代　追跡! 脅威の " 海賊版 " 漫画サイト」、2018 年 4 月 18 日
https://www.nhk.or.jp/gendai/articles/4118/index.html

Runa Sandvik, Times Open: The New York Times is Now Available as a Tor Onion Service, October 27, 2014.
https://open.nytimes.com/https-open-nytimes-com-the-new-york-times-as-a-tor-onion-service-e0d0b67b7482

『ラジオライフ　2017 年 1 月号』所収、ぱるぼら「ダークウェブ裏入門」、三才ブックス

Tor Project
https://www.torproject.org/

通信用語の基礎知識「PGP」、2011 年 5 月 12 日更新
https://www.wdic.org/w/TECH/PGP

『現代思想 2017 年 2 月号　特集=ビットコインとブロックチェーンの思想』所収、Goh Uozumi「「信頼なき信頼」の試論」、大黒岳彦「ビットコインの社会哲学」、小泉寛之「ブロックチェーンは貨幣の本質か」など、青土社

[第 2 章]

アレックス・ウィンター『ディープ・ウェブ』、2015 年 (Netflix ドキュメンタリー)

Andy Greenberg「ビットコインの資金洗浄ソフト『ダークウォレット』を、なぜ彼らはつくったのか」(Sara Mikata 訳、WIRED 日本版)、2014 年 5 月 18 日
https://wired.jp/2014/05/18/dark-wallet/

Andy Greenberg, Forbes: An Interview With A Digital Drug Lord: The Silk Road's Dread Pirate Roberts, August 14, 2013.
https://www.forbes.com/sites/andygreenberg/2013/08/14/an-interview-with-a-digital-drug-lord-the-silk-roads-dread-pirate-roberts-qa/

Andy Greenberg, WIRED: PROSECUTORS WON'T LET A JURY SEE MY INTERVIEW WITH SILK ROAD'S DREAD PIRATE ROBERTS, January 20, 2015.
https://www.wired.com/2015/01/prosecutors-dont-want-jury-see-interview-silk-roads-dread-pirate-roberts

antilop.cc: Silk Road Tales and Archives, Last update on June 16, 2018.
https://antilop.cc/sr/

Judith Aldridge and David Décary-Hétu, Not an 'Ebay for Drugs': The Cryptomarket 'Silk Road' as a Paradigm Shifting Criminal Innovation, May 13, 2014.
https://ssrn.com/abstract=2436643

Eileen Ormsby: Silk Road, Macmillan Australia, 2014.

Greg Callaghan, The Sydney Morning Herald: The dark web - uncovering monsters (and myths) in the Net's "evil twin", March 9, 2018.
https://www.smh.com.au/technology/the-dark-web-uncovering-monsters-and-myths-in-the-net-s-evil-twin-20180307-p4z39d.html

Justin Porter, Bitcoin Magazine: Silk Road's "The Armory" Terminated, August 6, 2012.

参考文献

［序章］

イーライ・パリサー『閉じこもるインターネット──グーグル・パーソナライズ・民主主義』（井口耕二訳）、早川書房、2012年

池田純一『ウェブ×ソーシャル×アメリカ──〈全球時代〉の構想力』、講談社現代新書、2011年

キャス・サンスティーン『インターネットは民主主義の敵か』（石川幸憲訳）、毎日新聞社、2003年

くま（id:kumagi）「NTTによるブロッキングの何が許せないのか」（Software Transactional Memo）、2018年4月24日
http://kumagi.hatenablog.com/entry/why-ntt-blocking

ジョン・ペリー・バーロウ「サイバースペース独立宣言」（鈴木啓介訳、DEF CON ZERO）
http://museum.scenecritique.com/lib/defcon0/1st.htm

瀧口範子「米国騒然！『ネット中立性』撤廃の真の恐怖 コンテンツによって通信速度が変わる？」（東洋経済オンライン）、2017年11月28日
https://toyokeizai.net/articles/-/199000

ばるぼら、さわやか『僕たちのインターネット史』、亜紀書房、2017年

弁護士ドットコムニュース「海賊版サイト『ブロッキング要請は法的に無理筋』東大・宍戸教授、立法を議論すべきと批判」、2018年4月6日
https://www.bengo4.com/internet/n_7683/

マイケル・ベネディクト編『サイバースペース』（山田和子、鈴木圭介訳）、NTT出版、1994年

武邑光裕『さよなら、インターネット──GDPRはネットとデータをどう変えるのか』、ダイヤモンド社、2018年

佐藤由紀子「『インターネットトレンド2018』注目ポイント　メアリー・ミーカーの発表から」（ITmedia）、2018年6月3日
http://www.itmedia.co.jp/pcuser/articles/1806/03/news014.html

佐藤俊樹『社会は情報化の夢を見る──［新世紀版］ノイマンの夢・近代の欲望』、河出文庫、2010年

［第1章］

クリストファー・カヌーチアリ『仮想通貨 ビットコイン』、2017年（Netflixドキュメンタリー）

小林恭子ほか『日本人が知らないウィキリークス』、新書y、2011年

ジェイミー・バートレット『闇ネットの住人たち──デジタル裏社会の内幕』（星水裕訳）、CCCメディアハウス、2015年

ダークウェブ・アンダーグラウンド

社会《しゃかい》秩序《ちつじょ》を逸脱《いつだつ》するネット暗部《あんぶ》の住人《じゅうにん》たち

2019年1月20日　第1刷発行
2019年2月5日　第2刷発行

著者：木澤佐登志《きざわさとし》

1988年生まれ。中央大学経済学部国際経済学科卒。ブロガー、文筆家。インターネット文化、思想など複数の領域に跨った執筆活動を行う。サブカルチャー批評ZINE『Merca』などに寄稿。また、kzwmn名義で『シックスサマナ』にて「ダークウェブの歩き方」を連載。

編集：方便凌／ブックデザイン：森敬太（合同会社飛ぶ教室）
DTP：臼田彩穂／発行者：北畠夏影

発行所：株式会社イースト・プレス
〒101-0051　東京都千代田区神田神保町2-4-7　久月神田ビル
TEL：03-5213-4700
FAX：03-5213-4701
http://www.eastpress.co.jp

印刷所：中央精版印刷株式会社

ISBN978-4-7816-1741-1　C0036